本著作得到

教育部人文社会科学研究规划基金（项目编号为：15YJCZH225）

广东省哲学社会科学"十二五"规划基金（项目编号为：GD14XGL53）

广东省自然科学规划基金（项目编号为：S2012040007328）

资助

广东省人才结构优化与产业转型升级的协同发展理论与实证研究

张延平 ◎ 著

中国社会科学出版社

图书在版编目（CIP）数据

广东省人才结构优化与产业转型升级的协同发展理论与
实证研究/张延平著. —北京：中国社会科学出版社，2016.6
ISBN 978 - 7 - 5161 - 8489 - 9

Ⅰ.①广…　Ⅱ.①张…　Ⅲ.①人才结构学—研究—广东省
②区域产业结构—产业结构升级—广东省　Ⅳ.①C964.2
②F127.65

中国版本图书馆 CIP 数据核字(2016)第 144277 号

出 版 人	赵剑英
责任编辑	王　曦
责任校对	周晓东
责任印制	戴　宽

出　　　版	中国社会科学出版社
社　　　址	北京鼓楼西大街甲 158 号
邮　　　编	100720
网　　　址	http：//www.csspw.cn
发 行 部	010 - 84083685
门 市 部	010 - 84029450
经　　　销	新华书店及其他书店

印　　　刷	北京君升印刷有限公司
装　　　订	廊坊市广阳区广增装订厂
版　　　次	2016 年 6 月第 1 版
印　　　次	2016 年 6 月第 1 次印刷

开　　　本	710×1000　1/16
印　　　张	15.25
插　　　页	2
字　　　数	227 千字
定　　　价	58.00 元

凡购买中国社会科学出版社图书，如有质量问题请与本社营销中心联系调换
电话：010 - 84083683

作者序

区域产业结构升级与区域人才结构优化动态匹配是客观规律要求。在今后的实践中，我国的区域人才结构优化与区域产业结构升级的协同发展需求性越来越强。而目前，我国的区域人才结构优化与区域产业结构升级的动态适配性不高。因此，区域人才结构优化与区域产业结构升级的协调匹配将会成为"十三五"时期一个不容忽视的重大课题，亟待展开研究。广东省是我国经济改革的前沿阵地，是中国经济改革的标杆和风向标，其产业结构调整优化得是否科学合理直接影响到我国整体的经济结构调整，具有广泛的影响和示范效应。因此，人才结构动态优化、产业转型升级及二者协调发展得到了广东省委省政府的高度重视。本书以支撑广东省产业结构升级的人才结构动态优化作为研究主题，在分析和总结现有相关理论研究及实践基础上，基于协同学理论、大协调理论和"推力—拉力"等理论，系统性地研究广东省产业人才结构优化的问题，以实现广东省产业人才结构与产业结构升级动态适配及推动产业结构可持续升级的目的。

本书分为八章，基本内容与框架安排如下：第一章为绪论。主要点明研究的背景与意义，说明研究的基本框架与方法，阐述研究的基本内容。第二章对广东省产业人才资本贡献率展开研究。主要应用人才资本外部性模型，分析了广东省总量经济增长中人才资本存量及结构的作用，同时也分析了三次产业的人才资本贡献率。第三章对广东省人才结构优化与产业结构升级协调适配的比较展开研究。主要运用协同学理论，从分析区域人才结构动态适配区域产业结构升级的协同关系入手，提炼区域人才结构与区域产业结构升级的协同序参量以组成评价指标体系，应用功效函数对广东省的产业人才结构与区域产业升级的协调适配度进行了评价，与其他 29 个省（市、区）（除西藏外）进行横向比较及聚类分析，并重点与北京及上海进行了横向比较分析。第四章对广东省代表性城市的人才结构优化与产业转型升级的协同发展展开研究。以人才结构优化与产业结构升级的协调适配度评价模型为基础，通过调研收集 2001—2010 年十年间的数据，来纵向及横向比较分析广东省五个代表性城市，即广州、深圳、汕头、韶关、湛江的发展情况，进而分析问题、总结原因及提出相应对策建议。第五章对广东省产业人才资本发展环境展开评价研究。主要应用大协调理论，从区域影响因素、企业影响因素和个人影响因素三个层面构建了广东省产业人才资本生成（包括内部人才资本生成的影响指标体系和外部人才吸引的影响指标体系）及人才资本效能转化的影响因素评价指标体系。通过调研优化，提炼出关键因素指标。并针对广东省各指标得分情况进行相应的问题总结分析，据此提出广东省人才资本发展环境因素的相关优化建议。第六章对广东省"十二五"时期三次产业人才资本供需展开研究。主要应用人才资本供需预测方法对广东省 2010—2015 年的人才资本需求和供给进行了具体预测，包括数量和质量两个方面。同时据此剖析了在产业结构优化升级中，广东省人才资本需求和供给方面存在的问题，最后给出了广东省人才资本开发的对策建议。第七章对广东省"十二五"时期主导产业人才资本供需展开研究。应用因子分析模型，建立广东省主导产业的评价指标体系，结合 2006—2008 年广东省工业统计年鉴与中国统计年鉴 2005—2007 年有关广东省工业和第三产业的统计数据，对广东省的各个行业进行综合评价，而后遴选出广东省今后应重点发展的主导产业。为了实现广东省主导产业的发展，对广东省 2010—2015 年主导产业的人才资本供需进行预测，分析供需间不匹配的问题及原因，继而给出对策建议。第八章给出广东省人才资本动态优化配置模型及政策性建议。提出了广东省人才资本动态优化配置模型，即应用戴明环的"P—D—C—A"的思想，从区域产业人才资本投入、生成、配置和效能转化四个环节入手，并实现四个环节的环环相扣，达成动态优化配置的效应；提出了具体的应对性的政策建议，即应用"目标—手段链"原理，对广东省的产业人才资本动态优化配置提出了优化建议。综观全书，彰显出两点创新：其一，提出了区域人才结构优化与产业转型升级的协同发展系统观；其二，以广东省为区域研究对象，共分六个专题进行深入

的纵向和横向比较研究。每个专题研究都先进行理论综述和分析，在此
基础上勾勒出本书所研究专题的理论框架，并力争在一定程度上对既有
相关理论进行二次创新。

　　著作的付梓出版，离不开大家的支持和帮助。感谢各项课题基金的
支持，感谢各位研究生在课题调研中付出的努力和艰辛，尤其感谢中国
社会科学出版社编辑王曦同志认真的编辑及热诚的帮助。在此一并
致谢！

2016 年 6 月于花城

目　　录

第一章　绪论

第一节　问题提出及研究意义

一　问题提出

广东省是我国经济改革的前沿阵地，是中国经济改革的标杆和风向标，其产业结构调整优化得是否科学合理直接影响到我国整体的经济结构调整，具有广泛的影响和示范效应。因此，人才结构动态优化、产业转型升级及二者协调发展得到了广东省委省政府的高度重视。本书以支撑广东省产业结构升级的人才结构动态优化作为研究主题，在分析和总结现有相关理论研究及实践基础上，基于协同学理论、大协调理论和"推力—拉力"等理论，系统性地研究广东省产业人才结构优化的问题，以实现广东省产业人才结构与产业结构升级动态适配及推动产业结构可持续升级的目的。

二　研究意义

1. 理论价值

本书试图站在系统的角度，重点研究了支撑广东省产业结构升级的人才结构动态优化的六个专题。每个专题研究都先进行理论综述和分析，在此基础上，勾勒出本书所研究专题的理论框架和研究方法，并力争在一定程度上对既有相关理论进行二次创新，为基础理论研究添砖加瓦。

2. 实践意义

本书在具体研究六个专题时，在理论研究基础上，进行了实证研究，即以广东省为区域研究对象进行了实践应用性研究。有些章节还进行了跨省级区域的横向比较研究。最后对广东省产业人才资本动态优化配置提出了战略路径及对策性建议。因此，本书对动态优化广东省级区域人才结构，推动产业结构转型升级，实现广东省区域经济的可持续发展，具有较好的实践指导意义。

第二节　研究内容与基本框架

一　基本概念界定

产业人才资本是指通过教育、培训、保健、劳动力迁移、就业信息等获得的凝结于在不同产业中就业的劳动者身上的技能、学识、健康状况和水平的总和。

产业转型升级是指产业结构协调化和高级化发展的过程，是实现区域产业结构与资源供给结构、技术结构、需求结构相适应的状态。

人才资本动态优化配置是指动态优化配置人才资本，以保证人才资本可持续适配区域产业结构的升级，实现二者的协同发展。动态优化配置是否科学性的衡量标志主要体现在两个层面，其一为某时间点上的人才资本结构与产业结构的静止适配；其二为某时间段内的人才资本结构与产业结构的可持续适配。

二　研究的基本内容

本书分为八章，基本内容与框架安排如下：

第一章　绪论。本章主要点明研究的背景与意义，说明研究的基本框架与方法，阐述本书研究成果的基本内容。

第二章　广东省产业人才资本贡献率研究。本章应用人才资本外部性模型，分析了广东省总量经济增长中人才资本存量及结构的作用，包括人才资本存量对经济增长的贡献率和人才资本结构水平的贡献率；同时也分析了三次产业的人才资本贡献率。最后得出结论：人才资本存量的提高有利于促进广东省产业的增长方式由粗放型向集约型转型，且优化了产业结构，促进了广东省经济的增长；但广东省人才资本对区域产业结构优化升级的贡献率仍然较低，人才资本的存量与结构不能满足产业结构优化升级的需要。

　　第三章　广东省人才结构优化与产业结构升级协调适配的比较研究。本章运用协同学理论，从分析区域人才结构动态适配区域产业结构升级的协同关系入手，提炼区域人才结构与区域产业结构升级的协同序参量以组成评价指标体系，应用功效函数对广东省的产业人才结构与区域产业升级的协调适配度进行评价，与其他 29 个省（市、区）（除西藏外）进行横向比较及聚类分析，并重点与北京及上海进行比较分析。分析了协调适配存在的问题：①1999—2008 年的十年间，广东省的人才结构与产业结构升级的协调适配度等级并没有本质性的提升；②广东省的区域人才结构投入及生成两个环节是拉低协调适配等级度的"瓶颈"环节。提出改进的政策性建议：提高教育投入占全省的 GDP 比重；提高高等教育投入占 GDP 比重、科技投入占 GDP 比重和 R&D 投入占 GDP 比重；在人才引进、人才培养及借助产业转移促使低级劳动力流出等方面采取措施，提升广东省的人才占人口比例及人才占从业人员比例；在第三产业人才引进及人才培养等方面采取措施，使广东省第三产业人才占三次产业总人才的比率及第三产业人才增长率都有一个更高层次的提升。

　　第四章　广东省代表性城市的人才结构优化与产业转型升级的协同发展研究。本章首先系统地阐述了产业结构转型升级与人才结构优化之间的协同效应的理论基础，在此基础上，引入人才结构优化与产业结构升级的协调适配度评价模型，建立评价及衡量标准。在此标准上，通过 2001—2011 年的数据，分析研究广东省五个代表性城市，即广州、深圳、汕头、韶关、湛江，它们分别代表珠三角地区、粤北山区、粤东粤西两翼的发展情况。通过协调适配度的计算得知，目前广东省整体的产业结构与人才结构不协调，并分析了原因提出相应的发展对策：大力发展普通高等教育与职业教育相结合，转变珠三角地区的用人观念，构建"前店后厂"模式，以制度创新带动自主创新，推动产业融合发展，并且福利待遇配套实施跟进，建立人才大循环机制等政策意见。

　　第五章　广东省产业人才资本发展环境评价研究。本章应用大协调理论，从区域影响因素、企业影响因素和个人影响因素三个层面构建了广东省产业人才资本生成（包括内部人才资本生成的影响指标体系和外部人才吸引的影响指标体系）及人才资本效能转化的影响因素评价指标体系。通过调研优化，提炼关键因素指标；并针对广东省的各指标得分情况进行相应的问题总结分析。存在的问题有：①广东省人才资本的生成综合环境因素得分不高，素质教育和企业培训两方面最薄弱；②广东省内部产业人才资本培养力度和外部产业人才资本引进力度明显失衡；③广东省人才资本的效能转化综合状态欠佳，在推动区域人才资本效能转化的总体政策、措施的实施上还比较薄弱；④广东省的企业绩效考核制度、人才资本退出机制、人才评价体系激励机制和人才资本产权激励设计与实施方面较差。据此提出优化广东省人才资本发展的环境因素的建议：继续深化教育改革；建立全方位的企业培训体系；坚持海外、域外人才引进和本地人才培养并举；继续加强知识产权保护；完善企业人力资源绩效考核制度；健全人才价值激励机制；建立人才资本产权制度；完善企业人才资本退出机制。

第六章 广东省"十二五"时期三次产业人才资本供需研究。应用人才资本需求预测的方法对广东省 2010 年和 2015 年的人才资本需求和供给进行了具体预测，包括数量和质量两个方面。同时据此剖析了在产业结构优化升级中，广东省的人才资本需求和供给方面存在的问题，最后给出了广东省人才资本需求和供给开发的战略选择建议：加强技能人才的培养，优化技能人才结构，保障广东省产业结构优化升级对高技能人才的需求；加强专业技术人才队伍建设，逐步优化专业技术人才职称结构，保障广东省产业结构优化升级对中高级专业技术人才的需求；加强学历人才的培养，逐步优化人才队伍学历结构，保障广东省产业人才结构优化升级对高层次学历人才的需求。

第七章 广东省"十二五"时期主导产业人才资本供需研究。本章应用因子分析模型，建立广东省主导产业的评价指标体系，结合 2006—2008 年广东省的工业统计年鉴与 2005—2007 年中国统计年鉴有关广东省工业和第三产业的统计数据，对广东省的各个行业进行综合评价，最终得出广东省今后应重点发展的主导产业包括：通信设备、计算机及其他电子设备制造业，电气机械及器材制造业，交通运输设备制造业，金属制品业，化学原料及化学制品制造业，专用设备制造业，通用设备制造业，化学纤维制造业，石油与天然气开采业，金融业，房地产业，批发零售业，交通运输、仓储和邮政业。为了实现上述广东省主导产业的发展，对广东省 2010 年和 2015 年主导产业的人才资本供给进行预测。测算出广东省 2010 年和 2015 年各个主导产业的全部从业人员平均人数、人才供给总量和人才供给结构（包括学历、技术、职称三种类型）；经综合分析发现的问题有：广东省主导产业人才资本的需求量和供给量总体上处于上升趋势。但通信设备、计算机及其他电子设备制造业的人才资本需求存量和批发零售业的人才资本供给存量在未来五年内会出现下降趋势；另外，石油与天然气开采业、金融业的人才资本的供给量在未来五年内上升速度十分缓慢，完全不能满足产业发展对人才资本的巨大需求量；交通运输、仓储和邮政业，专用设备制造业，化学纤维制造业，房地产业的人才资本供给量在预测的五年中将出现巨大过剩，而产业发展对人才资本的需求量却没有相应程度的增长，这种趋势会愈演愈烈。针对上述问题，提出的对策建议有：广东省相关部门要重视优先培养、开发和引进主导产业发展所需的人才资本问题，动态协调主导产业人才资本的供需及优化主导产业人才资本结构；采取强有力的人才资本引进政策，以及制定可持续的人才资本培养政策，以解决目前人才缺口及长久人才缺口的问题。

第八章 广东省人才资本动态优化配置模型及政策性建议。本章提出了广东省人才资本动态优化配置模型及战略路径，即应用戴明环的"P—D—C—A"的思想，从区域产业人才资本投入、生成、配置和效能转化四个环节入手，并实现四个环节的环环相扣，达到动态优化配置的效应。提出了具体的应对性的政策性建议、应用"目标—手段链"原理，对广东省的产业人才资本动态优化配置提出了应对性的建议；在实现提升广东省产业人才资本贡献率、产业人才资本与产业结构协调匹配度、产业人才资本与产业环境因素协调匹配度和支撑产业转移的战略目标下，分别提出对应性的提升和改进措施。

三 研究的基本框架

上述研究的专题内容构成了一个完整的研究框架，具体研究框架及各研究主题之间的逻辑关系如图 1 - 1 所示。

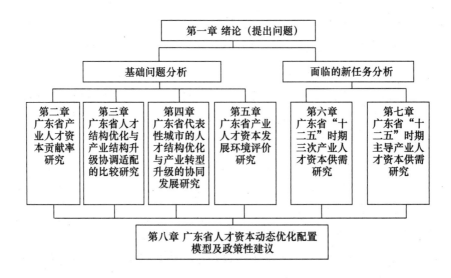

图1-1　研究框架

第三节　研究方法及创新点

一　研究方法

利用复杂系统、劳动经济学、产业经济学、协同学等理论对动态优化配置广东省人才资本以支撑产业结构升级的相关问题进行了定性分析和定量评价，本书主要采用了以下四种研究方法：

1. 系统分析法

把区域产业人才资本与区域产业结构升级动态适配当作一个耦合的复合系统，采用协同学等系统理论分析二者的协调匹配关系，构建协调匹配的评价指标体系及协同实施模型；另外，本书认为区域产业人才资本的动态优化配置是个系统性的问题，因此，将该系统性的问题分成六项子专题进行深入研究。

2. 理论分析法

本书涉及六大方面的研究专题。对每个专题进行具体论述时，都首先进行理论分析，即对相关的理论进行简要综述分析，从中选择出最适合解决本专题的理论，并进行重点介绍；在借鉴相关理论的基础上，进行一定的理论创新，进而应用其解决广东省的具体问题。

3. 实证分析法

本书研究的各项具体问题均是针对广东省而言的，因此，本书的六个专题在理论分析的基础上，分别对广东省进行了实证研究，并提出相应的改进性对策建议。

4. 比较分析法

在具体研究六个专题时，每个专题的研究都应用了纵向时序比较研究法，从而对广东省的产业人才资本发展趋势有个清晰的认识；在进行论述区域产业人才资本与区域产业结构升级协调匹配时，也应用了横向区域比较研究法，即将广东省与另外 29 个省（市、区）（除西藏外）进行横向区域比较，从而分析得出广东省的优劣势。

二　拟突破的创新点

本书依据前人的经典理论，也借鉴了课题参与人的博士论文中的创新理论成果，再次进行了理论创新的探索。其中主要的创新有三个方面：

其一，人才结构优化与产业结构升级协调适配研究。运用协同学理论，从分析区域人才结构动态适配区域产业结构升级协同机理着手，提取区域人才结构与区域产业结构升级的协同的序参量以组成评价指标体系，应用功效函数法对广东省区域产业人才结构与区域产业升级的协调适配度进行了评价。

其二，广东省产业人才资本发展环境评价研究。应用大协调理论，参考部分学者的理论观点，从区域影响因素、企业影响因素和个人影响因素三个层面构建了广东省产业人才资本生成（包括内部人才资本生成的影响指标体系和外部人才吸引的影响指标体系）及人才资本效能转化的影响因素评价指标体系，采用专家问卷调查法对广东省的产业人才资本发展环境进行了评价。

其三，广东省"十二五"时期主导产业人才资本供需研究。应用因子分析模型，建立广东省主导产业的评价指标体系，结合 2006—2008 年广东省的工业统计年鉴与 2005—2007 年中国统计年鉴有关广东省工业和第三产业的统计数据，对广东省的各个行业进行综合评价，最终得出广东省今后应重点发展的主导产业。为了实现上述广东省主导产业的发展，对广东省 2010 年和 2015 年主导产业的人才资本供给进行预测。测算出广东省 2010 年和 2015 年各个主导产业的全部从业人员平均人数、人才供给总量和人才供给结构（包括学历、技术、职称三种类型）；并根据分析发现的问题提出对策建议。

第二章　广东省产业人才资本贡献率研究

　　产业结构优化升级是各区域经济发展的一种规律性的表现，是生产力提高和科技进步的必然要求。任何区域产业结构调整的中心内容都是产业结构不断优化和升级，但如何实现产业结构的优化升级，或者说寻找何种途径和通过何种方式来达到优化升级的目的，各区域由于自身条件和情况差异，则会有所不同。

　　进入 21 世纪，广东省如要全面落实科学发展观，继续发挥"排头兵"作用，就必须不断培育和强化促进产业优化升级的内在驱动力。众多理论学者认为，人才资本是影响区域产业结构优化升级的内在的重要驱动因素之一。因此，有必要研究和分析广东省区域人才资本支撑区域产业结构优化升级的贡献度，据此制定发展区域人才资本的相关政策和提出改进性建议，以便更好地内在驱动广东省产业结构优化升级。

第一节　研究内容及模型选择

一　研究内容

　　本章主要研究广东省人才资本对产业结构调整中的贡献程度。具体研究内容包括以下两个方面：

　　1. 总量经济增长中人才资本作用分析

　　在分析人才资本对总量经济增长中的作用时，既分析人才资本存量对经济增长的贡献率，也分析人才资本水平的贡献率。

　　人才资本存量对经济增长的贡献率（又称直接贡献率）是指人才资本作为生产要素的直接产出贡献率。估计直接贡献率需要利用经济增长方程将各要素（资本、劳动力、人才资本和综合要素生产率）的作用分离。

人才资本水平的贡献率（又称间接贡献率）是人才资本的外部性使其他要素（资本、劳动力、综合要素生产率）的效应提高的贡献率。估计间接贡献率需要利用特殊方法将各投入要素中由于人才资本的外部性作用而提高的效应部分剥离出来。

2. 三次产业的人才资本作用分析

总量经济增长是通过各次产业的产出增长实现的，而各次产业具有不同技术条件和生产方式，因而需要分别分析各次产业中人才资本对产出增长的作用及其特点，从而可以更准确地判断人才资本在各次产业经济增长中的作用。为此，建立各次产业的经济增长方程，计算各次产业中人才资本的贡献率。

二 模型选择

主要利用新经济理论的人才资本外部性模型，实证研究广东省人才资本对产业结构调整的作用。

该模型不仅充分考虑了人才资本的生产功能，而且也充分考虑了人才资本对其他非人才资本要素的外部性作用，真实地反映了产出与要素投入的函数关系。该模型为分析判断人才资本在广东省产业结构调整中的贡献作用提供了可靠的分析框架。其数学表达式为：

$$Y_t = A(t) h_t^{\alpha} K_t^{\beta} H_t^{1-\beta} \qquad (2-1)$$

其中，Y_t 为产出总量；$A(t)$ 为技术因子（综合要素生产率或技术进步率）；K_t 为资本的投入；H_t 为卢卡斯所说的有效劳动，即人才资本存量；h_t 为从业人员的平均受教育年限，用以衡量劳动力具有的平均人才资本水平；假设每个从业人员的人才资本水平一致，并均以相同的时间提供相同的劳动量，则有 $h_t = \dfrac{H_t}{L_t}$，L_t 为产业的从业人员总数。

为了能够利用样本数据对该模型的生产函数进行回归分析，克服计量模型中可能存在的多重共线性关系，本模型采用直接估计方法，得到线性回归方程，并推算出物质资本和人才资本对各次产业的贡献率。具体步骤如下：

（1）对式（2-1）两边取自然对数，得：

$$\ln Y_t = \ln A + \alpha \ln h_t + \beta \ln K_t + (1-\beta)\ln H_t \qquad (2-2)$$

根据线性化得到的方程，利用选取的样本数据，运用多元线性回归的方法，可以估算得到相应参数 α、β 及常数项 $\ln A$。

（2）根据式（2-2）两边取微分，可推导出经济增长的差分方程。

$$\frac{\Delta Y_t}{Y_t} = \frac{\Delta A_t}{A_t} + \alpha \frac{\Delta h_t}{h_t} + \beta \frac{\Delta K_t}{K_t} + (1-\beta)\frac{\Delta H_t}{H_t} \qquad (2-3)$$

该公式表明了经济增长的动力可以归结于人才资本水平、资本的投入以及人才资本存量的增长。经推导后，$\alpha \dfrac{\Delta h_t}{h_t} \bigg/ \dfrac{\Delta Y_t}{Y_t}$ 为人才资本水平的贡献率；$\beta \dfrac{\Delta K_t}{K_t} \bigg/ \dfrac{\Delta Y_t}{Y_t}$ 为资本投入的贡献率；$(1-\beta)\dfrac{\Delta H_t}{H_t} \bigg/ \dfrac{\Delta Y_t}{Y_t}$ 为人才资本存量的贡献率；$1 - \alpha \dfrac{\Delta h_t}{h_t} \bigg/ \dfrac{\Delta Y_t}{Y_t} - \beta \dfrac{\Delta K_t}{K_t} \bigg/ \dfrac{\Delta Y_t}{Y_t} - (1-\beta)\dfrac{\Delta H_t}{H_t} \bigg/ \dfrac{\Delta Y_t}{Y_t}$ 为综合要素的贡献率。

第二节　模型构建及应用分析

一　模型指标的选择与度量

1. 产出指标的选择与度量

产出指标主要反映一段时期内一个国家或者地区的经济发展水平。本章主要引用广东省统计年鉴上的数据，选取国内生产总值（GDP）表示产出指标。但为了消除物价的变动因素的影响，对广东省生产总量以及三次产业的各年的产值统一按 1978 年的价格换算。广东省总 GDP 产值与三次产业 GDP 的换算结果详见附表 2-1、附表 2-2、附表 2-3、附表 2-4。

2. 资本投入指标的选择与度量

资本存量估算及其相关研究一直是国内经济学界研究的热点，但因广东省对资本存量的统计数据缺失，为国内学者对广东省以及各省份的资本存量的估算带来极大的困难。截至目前，已被国内学者普遍采用的测算资本存量的方法是戈登史密斯（Goldsmith）在 1951 年开创的永续盘存法。该方法首先通过确定某一基期的资本存量，然后在可比价格的前提下，在最初基期资本存量数据的基础上，逐年累计各年的增量数据，从而得到以后若干年份的资本存量。

国内运用永续盘存法对各省域资本存量估算的学者有张军和徐现祥的研究成果。徐现祥在张军的研究基础上，利用中国国内生产总值核算资料的统一数据来源系统地测量了各个省域的资本存量。因此，本章主要参照徐现祥的资本度量方法，得到1978—2007年广东省的资本存量。

具体步骤如下：

第一步，建立资本存量的测算模型。徐现祥只提供了广东省1978—2002年的资本存量测量数据，但徐现祥的永续盘存法提供的基期数据，为估算广东省2003—2007年的资本存量数据提供了极大的方便，因此本章引用徐现祥的永续盘存法模型分别继续测算广东省2003—2007年各次产业的资本存量。模型如下：

$$K_t^j = K_{t-1}^j + (I_t^j - D_t^j)/IP_t^j (j=1,2,3; t=2003,\cdots,2007) \quad (2-4)$$

其中，K、I、D、IP分别表示广东省的三次产业的资本存量、当年的固定资本形成额、当年的固定资产折旧、当年的固定资产投资缩减指数（当年固定资产物价/上一年固定资产物价）。

第二步，当年固定资本形成额的测量。因国家统计局与广东省统计局只公布了每年的总固定资本的形成额，并没有公布每年广东省分三次产业的固定资本形成额的数据，但考虑到每年的固定资本形成额与每年的固定资产投资总额成正比，因此，本章采用再分配的方法，即利用广东省2003—2007年固定资产投资年鉴，分别核算各次产业的固定资产投资额的比例，再乘以总固定资本形成额，得到2003—2007年各次产业的固定资本形成额。

第三步，当年固定资产折旧额的测量。各年三次产业的固定资产折旧额，可以在各年的广东省统计年鉴得到。但因统计周期的问题，广东省并没有公布2004年广东省三次产业的固定资产折旧额数据。因此，本章仍然采用再分配的方法，假设各次产业固定资产折旧额在2003—2005年平稳增长，估算2004年广东省各次产业固定资产折旧额的比例，再乘以固定资产折旧总额，得到2004年广东省各次产业固定资产折旧额。

第四步，固定资产形成额缩减指数的构造。因国家与广东省统计局都没有公布历年分产业的固定资产投资价格指数的数据，故仍然引用徐现祥的固定资产投资价格指数的估算方法，假设广东省的总 GDP 缩减指数与总固定资产形成额缩减指数的比例等于广东省某次产业 GDP 缩减指数与该产业固定资产形成额的缩减指数的比例，即利用公式 $\dfrac{GDP_t}{IP_t} = \dfrac{GDP_{tj}}{IP_{tj}}$，其中，$GDP_t$、$IP_t$、$GDP_{tj}$、$IP_{tj}$ 分别为 GDP 缩减指数、固定资产形成额缩减指数、某产业 GDP 缩减指数、该产业固定资本形成额缩减指数，分别计算出各次产业的固定资产形成额缩减指数。但对于2002—2007 年的固定资产投资缩减数，本章直接采用 2008 年广东省统计年鉴公布的固定资产投资价格指数换算得到。

广东省三次产业的资本存量的计算结果详见附表 2 - 1、附表 2 - 2、附表 2 - 3、附表 2 - 4。

3. 人才资本的选择与度量

人才资本度量的方法主要有受教育年限法、劳动者报酬法、学历指数法、技术等级法与教育经费法。不同的人才资本度量方法有不同的优点与不足，但依据广东省现有的统计体系与数据基础，本章采用了受教育年限法分别度量广东省各次产业的人才资本存量，并且假设同级教育中成人教育与普通教育和自学考试取得的学历是同质的，将教育层次定义为五级，即大专以上、高中、初中、小学、文盲和半文盲。受教育年限法度量广东省各次产业的人才资本存量公式如下：

人才资本存量 $= 16 \times H_1 + 12 \times H_2 + 9 \times H_3 + 6 \times H_4 + 1 \times H_5$ 　（2 - 5）

平均受教育年限 = 产业的人才资本存量/该产业从业人员总数

其中，H_1、H_2、H_3、H_4、H_5 分别代表该产业具有大专以上、高中、初中、小学、文盲和半文盲的从业人员人数。

由于除了 1982 年、1990 年、2000 年的人口普查资料以及 1987 年、1995 年广东省人口抽样调查数据外，广东省并没有分产业受教育程度的数据。因此，为了得到研究所需的数据，本章采用简化的线性内插法，估算 1978—2007 年广东省各次产业的人才资本存量。具体分三步估算：

第一步，利用 1982 年、1987 年、1990 年、1995 年、2000 年各年的人口普查以及抽样调查数据计算三次产业各级受教育程度的人数占总从业人员的比例。

第二步，利用 1982—1987 年、1987—1990 年、1990—1995 年、1995—2000 年四个时间段的三次产业各级受教育程度比例的平均增长率，分别测算四个时间段之间各级受教育程度人数占总从业人员的比例。并且，利用 1982—1987 年的平均增长率向外推四年，得到 1978—1982 年三次产业各级受教育程度的比例；同理，利用 1995—2000 年的平均增长率向外推 7 年得到 2000—2007 年各级受教育程度的比例。

第三步，利用以上得到历年的广东省三次产业的各级教育程度比例乘以广东省统计年鉴历年公布的三次产业的从业人数，得到广东省各级受教育程度的从业人员。

广东省三次产业的人才资本存量及水平的计算结果详见附表 2 - 1、附表 2 - 2、附表 2 - 3、附表 2 - 4。

二　模型具体构建及应用分析

在选择模型的同时，将样本数据，分别调入 SPSS 软件中进行回归分析，根据对四个模型分别进行的拟合度检验、F 检验以及对系数显著性进行的检验，对整体模型的精确性进行了考察。其中，拟合度检验是指对已制作好的计量模型进行检验，比较它们的预测结果与实际数据情况的吻合程度。F 检验是指对引起方差变化的各种因素进行分析比较，从而检验出形成各样本（各部分）差异的主要原因（因素），并与规定的理论 F 值相比较，以判定它们之间的差异是否显著。系数显著性水平是检验模型所得到的相关系数的可信程度。

考察模型的拟合度、F 检验以及系数显著性水平，可以了解模型对数据的解释意义。在 SPSS 软件的拟合度检验和 F 检验中，通常检验值越大，代表解释性水平越高，对数据的解释能力越强。而系数显著性水平一般默认为 5% 之内。

根据 SPSS 软件的检验结果（见表 2 - 1），从拟合度来看，广东省四个计量模型对原始数据有较高的拟合程度，全部高于 93% 。这表明了模型对原始数据有较高的吻合程度。从 F 检验来看，总量与第三产业的计量模型的 F 检验结果较好，其中第一产业与第三产业的计量模型 F

值相对偏小，两者 F 值低于 100，但整体 F 检验结果是可以通过的；从系数的显著性水平来看，各计量模型的系数的显著性水平低于 5%，这表明模型所得系数具有可信性。因此，广东省四个计量模型整体通过检验，适用于实证研究广东省经济增长各要素的贡献率。

表 2 - 1　　　　　　　　模型检验结果（因变量为 $\ln Y_i - \ln H_i$）

变量	系数	标准化误差	标准化系数	T 检验	显著性水平
常数	- 8.927	2.413		- 3.700	0.001
$\ln h_t$	3.467	0.967	0.516	3.585	0.001
$\ln K_t - \ln H_t$	0.478	0.143	0.482	3.352	0.002

R = 0.996　R^2 = 0.992　adjusted R^2 = 0.992　F = 1754.538

变量	系数	标准化误差	标准化系数	T 检验	显著性水平
常数	- 12.192	0.608		- 20.041	0
$\ln h_{1t}$	5.388	0.599	1.174	8.991	0
$\ln K_{1t} - \ln H_{1t}$	0.461	0.204	0.296	2.264	0.032

R = 0.935　R^2 = 0.874　adjusted R^2 = 0.864　F = 93.487

变量	系数	标准化误差	标准化系数	T 检验	显著性水平
常数	- 8.013	2.274		- 3.523	0.002
$\ln h_{2t}$	2.098	0.947	0.373	2.215	0.035
$\ln K_{2t} - \ln H_{2t}$	0.377	0.110	0.578	3.429	0.002

R = 0.930　R^2 = 0.865　adjusted R^2 = 0.885　F = 86.542

变量	系数	标准化误差	标准化系数	T 检验	显著性水平
常数	- 14.191	2.879		- 4.929	0
$\ln h_{3t}$	5.229	1.147	0.592	4.559	0
$\ln K_{3t} - \ln H_{3t}$	0.321	0.105	0.396	3.045	0.005

R = 0.975　R^2 = 0.950　adjusted R^2 = 0.946　F = 255.432

由以上检验可知，该模型整体通过检验，适用于分析广东省总量与三次产业的人才资本贡献率。因此，利用以上得到的模型标准化系数，分别建立广东省产出总量与三次产业的人才资本外部性模型。模型如下：

$$Y_0 = A_0 K_0^{0.482} H_0^{0.518} h_0^{0.516} \qquad (2-6)$$

其中，Y_0 为广东省产出总量；A_0 为技术因子（综合要素生产率或技术进步率）；K_0 为资本的投入；H_0 为有效劳动，即人才资本存量；h_0 为从业人员的平均受教育年限。

$$Y_1 = A_1 K_1^{0.296} H_1^{0.704} h_1^{1.174} \qquad (2-7)$$

其中，Y_1 为广东省第一产业产出总量；A_1 为技术因子（综合要素生产率或技术进步率）；K_1 为资本的投入；H_1 为有效劳动，即人才资本存量；h_1 为从业人员的平均受教育年限。

$$Y_2 = A_2 K_2^{0.578} H_2^{0.422} h_2^{0.373} \qquad (2-8)$$

其中，Y_2 为广东省第二产业产出总量；A_2 为技术因子（综合要素生产率或技术进步率）；K_2 为资本的投入；H_2 为有效劳动，即人才资本存量；h_2 为从业人员的平均受教育年限。

$$Y_3 = A_3 K_3^{0.396} H_3^{0.604} h_3^{0.592} \qquad (2-9)$$

其中，Y_3 为广东省第三产业产出总量；A_3 为技术因子（综合要素生产率或技术进步率）；K_3 为资本的投入；H_3 为有效劳动，即人才资本存量；h_3 为从业人员的平均受教育年限。

根据式（2-6）、式（2-7）、式（2-8）、式（2-9）可以分别计算得到广东省各时期经济总量与三次产业各要素的贡献率。结果见表 2-2 至表 2-5。

表 2-2 　　　广东省不同时期各要素对经济总量增长的贡献率 　　　单位:%

年份	Y_0 增长率	K_0 增长率	H_0 增长率	h_0 增长率	K_0 贡献率	H_0 贡献率	h_0 贡献率	A_0 贡献率
1978—1985	12.33	12.46	3.87	1.20	48.69	16.25	5.02	30.04
1986—1990	13.45	13.81	3.78	1.14	49.49	14.57	4.36	31.58
1991—1995	20.05	18.47	3.79	1.59	44.40	9.78	4.08	41.73
1996—2000	10.90	9.25	3.32	0.99	40.93	15.81	4.70	38.56
2001—2007	14.17	21.86	5.86	0.93	74.33	21.40	3.38	0.90
1978—2007	13.80	14.81	4.26	1.20	51.73	15.99	4.48	27.80

表 2 - 3　　　　广东省不同时期各要素对第一产业增长的贡献率　　　单位：%

年份	Y_1 增长率	K_1 增长率	H_1 增长率	h_1 增长率	K_1 贡献率	H_1 贡献率	h_1 贡献率	A_1 贡献率
1978—1985	8.25	1.34	0.07	0.33	4.79	0.64	4.76	89.80
1986—1990	7.69	-1.66	1.28	0.86	-6.41	11.74	13.08	81.59
1991—1995	4.15	-2.33	-1.71	1.04	-16.63	-28.97	29.34	116.26
1996—2000	3.66	-5.11	2.75	0.89	-41.29	52.79	28.47	60.03
2001—2007	3.83	8.31	0.74	0.74	64.30	13.69	22.59	-0.57
1978—2007	5.53	0.33	0.56	0.75	1.78	7.12	15.89	75.21

表 2 - 4　　　　广东省不同时期各要素对第二产业增长的贡献率　　　单位：%

年份	Y_2 增长率	K_2 增长率	H_2 增长率	h_2 增长率	K_2 贡献率	H_2 贡献率	h_2 贡献率	A_2 贡献率
1978—1985	13.46	15.11	11.48	1.23	64.87	35.97	3.41	-4.25
1986—1990	18.13	20.02	8.24	0.79	63.84	19.19	1.62	15.35
1991—1995	28.35	12.86	7.47	0.93	26.21	11.12	1.23	61.43
1996—2000	11.97	0.91	-1.54	0.66	4.41	-5.43	2.06	98.97
2001—2007	16.92	36.84	11.36	0.41	125.84	28.34	0.91	-55.09
1978—2007	16.58	16.50	7.68	0.83	57.53	19.54	1.86	21.07

表 2 - 5　　　　广东省不同时期各要素对第三产业增长的贡献率　　　单位：%

年份	Y_3 增长率	K_3 增长率	H_3 增长率	h_3 增长率	K_3 贡献率	H_3 贡献率	h_3 贡献率	A_3 贡献率
1978—1985	16.31	14.80	8.35	0.94	35.95	30.95	3.41	29.70
1986—1990	13.23	6.27	3.77	0.79	18.76	17.23	3.54	60.46
1991—1995	17.20	31.49	7.25	0.64	72.51	25.46	2.20	-0.18
1996—2000	11.37	17.16	8.71	0.67	59.76	46.25	3.48	-9.48
2001—2007	12.72	6.83	4.88	0.71	21.26	23.18	3.33	52.23
1978—2007	14.63	14.77	7.16	0.76	39.98	29.59	3.08	27.35

第三节　分析及结论

下面，综合表 2 - 2、表 2 - 3、表 2 - 4 和表 2 - 5 所列示的数据进行分析。

1. 从产出弹性方面进行分析

从产出弹性方面来看，资本投入、人才资本存量与人才资本水平三个要素在总量增长模型与三次产业模型的产出弹性为：总量经济中产出弹性分别为 0.482、0.518 和 0.516；第一产业中产出弹性分别为 0.296、0.704 和 1.174；第二产业中产出弹性分别为 0.578、0.422 和 0.373；第三产业中产出弹性分别为 0.396、0.604 和 0.592。上述产出弹性数据表明了广东省人才资本在总量经济以及各次产业增长中具有巨大的生产要素功能以及外部性作用，增加人才资本的投入与投资有利于促进广东省经济的发展。

2. 从产业的贡献率方面进行分析

由经济总量增长来看，30 年间广东省整体经济增长的主要动力来源于资本投入的增长与综合要素生产率的提高。虽然整体经济的人才资本存量与人才资本水平产出弹性较高，但各次产业的人才资本存量与人才资本水平的增长速度缓慢，造成现阶段广东省的人才资本存量与人才资本水平对促进经济增长的贡献率仍然较低。这表明广东省整体上对人才资本投资力度仍然不足，人才资本的投资对促进广东省整体经济增长仍然有较大的空间。

从第一产业增长来看，第一产业的人才资本水平存量与人才资本水平对产业增长的贡献率高于资本投入的贡献率，值得关注的是 1978—2007 年广东省人才资本水平的贡献率（15.89%）高于人才资本存量的贡献率（7.12%）。这主要是由三方面的原因造成的，其一，1978 年以来，广东省人才资本结构尚处于文盲以及半文盲的人数占总从业人口的绝大比例，处于中等、高等教育的人数只占绝小的比例；其二，长期以来城乡发展的差异，造成农村的中级与高级的人才资本向城市转移，造成人才资本存量的减少；其三，广东省加大对农村的教育投资普及义务教育，提高了农村每个个体的人才资本存量，此消彼长，造成广东省农村的人才资本存量增长速度慢于人才资本水平的增长速度，即造成广东省第一产业人才资本水平对产业增长的贡献率高于人才资本存量贡献率。因此，广东省第一产业的经济增长主要依靠综合要素生产率与人才资本水平增长的拉动，但广东省城市已经普遍处于中等、高等的教育阶段，农村尚处于义务教育阶段向中等教育阶段转变，城乡的人才资本差异仍然较大，人才资本平均水平仍然处于较低层次。

从第二产业增长来看，第二产业的增长主要依靠资本投入、综合要素生产率提高以及人才资本存量的增长拉动，人才资本存量的增长速度快于人才资本水平增长的速度，令人才资本水平的贡献率仍然处于较低水平。而且，2001—2007 年，广东省资本的增长速度有显著的提高。这表明广东省工业仍然处于劳动密集型、资本密集型向技术密集型产业的转型阶段。

从第三产业增长来看，广东省第三产业的增长主要依靠资本增长、人才资本存量与综合要素生产率增长拉动，人才资本水平的贡献率尚处于较低水平，处于劳动密集型与资本密集型向技术密集型产业转型阶段。

3. 从综合要素生产效率的贡献率方面进行分析

综合要素生产效率的贡献率主要反映了技术进步、政策、对外贸易环境等因素对广东省的经济影响。如表 2 - 2、表 2 - 3、表 2 - 4 和表 2 - 5 中所列示的 30 年间，综合要素生产率对广东省经济总量增长与三次产业产出增长的贡献率分别为 27.80%、75.21%、21.07%、27.35%，这表明技术进步与政府的政策、贸易环境对促进广东省经济增长也发挥着重要的作用，特别是对于第一产业的发展，综合要素生产率的贡献率达到 75.21%。因此，广东省政府还应积极采取政策，大力促进科学技术的进步，保持稳定的经济环境。

综上分析，人才资本存量的提高有利于促进广东省产业的增长方式由粗放型向集约型转变，优化产业结构，实现广东省经济的增长。这也验证了学者的研究理论，人才资本积累的提高对区域产业结构调整具有巨大的支撑性作用。但因广东省人才资本的存量与结构不能满足产业结构优化升级的需要，人才资本支撑区域产业结构优化升级的贡献率仍然较低。这需要广东省政府积极采取措施，优化区域人才资本的结构，构建完备的人才资本投资系统及相应的投资机制，提高人才资本存量，促进人才资本发展，以此支撑和匹配产业发展的需要。

附表 2 – 1　广东省历年总 GDP（按 1978 年计算）、资本存量、
人才资本存量、人才资本水平

年份	GDP（亿元）	资本存量（亿元）	人才资本存量（万人·年）	人才资本水平（年）
1978	185.85	242.31	15125.96	6.65
1979	201.55	258.51	15413.76	6.69
1980	235.08	280.67	15963.78	6.74
1981	256.24	313.19	16438.25	6.78
1982	286.88	365.33	17264.70	6.85
1983	307.78	415.16	17725.32	6.90
1984	355.66	478.27	18502.08	7.02
1985	419.51	551.24	19366.76	7.09
1986	472.95	627.78	20195.78	7.18
1987	565.83	705.40	21127.92	7.26
1988	655.2	811.07	22346.72	7.46
1989	702.3	918.48	23196.18	7.63
1990	783.53	1053.27	24241.64	7.77
1991	922.05	1176.83	25632.77	7.86
1992	1125.95	1379.49	26833.21	7.97
1993	1384.73	1711.51	27725.60	8.07
1994	1657.59	2027.11	28438.80	8.14
1995	1915.37	2318.39	29089.41	8.19
1996	2131.21	2611.56	30389.67	8.35
1997	2369.75	2846.90	31343.27	8.47
1998	2625.75	3120.78	32465.86	8.58
1999	2891.57	3431.36	32969.99	8.68
2000	3223.17	3720.61	35384.70	8.87
2001	3561.25	4060.65	36492.10	8.99
2002	4001.89	4523.00	37622.56	9.10
2003	4595.96	5258.35	40199.07	9.14
2004	5275.66	6648.23	43410.08	9.27
2005	6003.72	8585.38	47277.12	9.41
2006	6879.84	10601.51	50012.35	9.53
2007	7888.45	13294.61	51971.38	9.62

附表 2 - 2　　　　广东省第一产业历年 GDP、资本存量、
人才资本存量、人才资本水平

年份	GDP（亿元）	资本存量（亿元）	人才资本存量（万人·年）	人才资本水平（年）
1978	55.31	59.55	10019.91	5.97
1979	58.70	61.56	9957.19	6.00
1980	66.16	62.90	10089.94	6.03
1981	69.56	63.67	10294.45	6.06
1982	77.87	64.02	10483.99	6.08
1983	80.69	64.72	10567.01	6.11
1984	90.74	65.10	10306.19	6.14
1985	96.34	65.35	10149.28	6.16
1986	101.77	65.42	10051.80	6.19
1987	111.58	65.40	9974.99	6.21
1988	118.92	64.26	10216.00	6.36
1989	127.53	62.64	10592.34	6.49
1990	136.86	61.17	10920.42	6.61
1991	144.28	59.74	10941.67	6.65
1992	152.34	59.17	10664.34	6.69
1993	156.19	57.60	10177.09	6.73
1994	161.05	56.24	10000.47	6.76
1995	169.76	54.36	10022.89	6.80
1996	178.02	52.52	10226.43	6.90
1997	186.34	48.86	10583.72	7.00
1998	193.38	47.75	11035.65	7.10
1999	200.94	43.69	11326.58	7.19
2000	205.58	42.58	11613.98	7.29
2001	210.13	40.60	11711.99	7.38
2002	219.18	38.07	11742.57	7.47
2003	224.07	33.97	12214.70	7.55
2004	233.27	36.04	12385.25	7.63
2005	244.76	41.17	12418.10	7.71
2006	255.03	50.57	12421.05	7.79
2007	263.23	65.56	12493.59	7.87

附表 2 - 3　　　　　　广东省第二产业历年 GDP、资本存量、
人才资本存量、人才资本水平

年份	GDP（亿元）	资本存量（亿元）	人才资本存量（万人·年）	人才资本水平（年）
1978	86.62	111.76	2483.12	7.93
1979	90.32	112.91	3026.33	7.94
1980	105.56	110.83	3216.71	7.95
1981	119.17	122.62	3259.65	7.95
1982	132.84	163.83	3558.14	7.96
1983	146.21	201.96	3652.92	7.96
1984	173.72	247.27	3968.29	7.97
1985	209.69	299.28	4899.12	7.97
1986	226.57	343.74	5087.90	7.98
1987	288.79	397.69	5622.36	7.98
1988	360.71	485.93	6082.67	8.18
1989	391.56	587.01	6254.88	8.36
1990	441.17	713.29	7254.29	8.55
1991	545.39	786.70	7989.04	8.56
1992	727.78	913.02	8792.80	8.58
1993	991.93	1131.65	9583.25	8.59
1994	1246.94	1214.32	10091.5	8.60
1995	1480.25	1276.32	10331.47	8.62
1996	1666.62	1349.83	10696.66	8.78
1997	1881.29	1365.17	10873.30	8.93
1998	2114.91	1373.59	11016.71	9.07
1999	2339.11	1394.41	10854.76	9.19
2000	2619.93	1399.81	10357.47	9.29
2001	2899.35	1427.88	10617.28	9.38
2002	3297.13	1574.85	11373.95	9.46
2003	3966.49	2074.93	14822.62	9.52
2004	4710.53	3302.57	16538.24	9.57
2005	5418.63	5085.55	18423.27	9.61
2006	6333.81	6900.18	19662.04	9.65
2007	7407.74	9376.19	20385.20	9.68

附表2-4　　　　广东省第三产业历年 **GDP**、资本存量、
人才资本存量、人才资本水平

年份	GDP（亿元）	资本存量（亿元）	人才资本存量（万人·年）	人才资本水平（年）
1978	43.92	71.00	2622.94	9.17
1979	51.63	84.04	2430.23	9.18
1980	63.03	106.94	2657.12	9.18
1981	69.3	126.89	2884.16	9.18
1982	77.97	137.48	3222.56	9.19
1983	84.92	148.48	3505.39	9.19
1984	98.24	165.9	4227.60	9.19
1985	126.45	186.61	4318.36	9.19
1986	157.7	218.63	5056.08	9.19
1987	190.19	242.32	5530.57	9.19
1988	216.34	260.89	6048.04	9.40
1989	228.61	268.84	6348.96	9.60
1990	259.19	278.81	6066.93	9.82
1991	309.47	330.38	6702.07	9.84
1992	368.35	407.29	7376.07	9.86
1993	430.03	522.26	7965.26	9.89
1994	509.32	756.55	8346.83	9.91
1995	583.86	987.70	8735.05	9.94
1996	650.90	1209.21	9466.57	10.05
1997	720.35	1432.86	9886.26	10.16
1998	795.20	1699.44	10413.50	10.26
1999	884.54	1993.26	10788.65	10.37
2000	1001.38	2278.22	13413.26	10.47
2001	1121.76	2592.17	14162.83	10.58
2002	1261.98	2910.07	14506.03	10.68
2003	1404.97	3149.45	13161.75	10.78
2004	1573.66	3309.62	14486.60	10.88
2005	1788.89	3458.66	16435.75	10.98
2006	2029.08	3650.76	17929.27	11.08
2007	2300.67	3852.87	19092.60	11.18

第三章 广东省人才结构优化 与产业结构升级协调 适配的比较研究

区域产业结构升级与区域人才结构优化形成必然的动态匹配适应的相互影响关系。区域产业结构的升级是区域产业中各生产要素在各个产业中的重新优化配置。区域要素配置的优化,使各种层次和类型的区域人才需求量随区域产业结构调整而变化。区域人才的质和量的需求在区域产业结构调整过程中需要不断调整,以促使区域人才结构得到优化和升级,与调整中的区域产业结构形成动态匹配适应。

广东省区域的产业结构正经历着由低级向高级发展的过程,此阶段典型的特征为技术、知识日益取代资本成为生产要素构成中的最重要的因素,导致技术密集、知识密集的高技术产业日益兴起。从生产要素构成角度来看产业结构的变化过程,表现为整个产业的重心从劳动密集型产业向资本密集型产业,再向技术和知识密集型产业的转移过程。广东省区域产业结构的升级,必然要求更高层次的区域人才结构与之匹配。

基于上述背景,选择广东省区域人才资本中的高端资本——人才资本的结构动态适配区域产业结构升级作为研究主题,在分析和总结现有相关理论研究及实践操作的基础上,基于协同学理论系统性地研究区域人才结构优化与区域产业结构升级的动态协调匹配问题,以期在理论研究上有所突破和发展,在实践中科学指导政府和企业正确认识区域人才结构优化与区域产业结构升级的互动关系,促进广东省区域产业结构可持续升级,进而促进广东省区域经济可持续健康发展。

第一节 文献回顾与理论分析

一 文献综述

国外关于人才结构优化与产业结构升级关联研究的文献较少。其中最为经典的理论尚属 Petty – Clark 定理。Clark（1940）指出：随着经济的发展，人均国民收入水平的提高，第一产业国民收入和劳动力的相对比重逐渐下降；第二产业国民收入和劳动力的相对比重上升，经济进一步发展，第三产业国民收入和劳动力的相对比重也开始上升。Elisa Barbour（2002）从理论上分析了产业结构与职业结构的相关关系。他通过对加利福尼亚州 11 个大城市的分析得出产业结构和职业结构两者之间的一致性，从国家的产业组合中可以分析得到大城市的职业需求，并且通过建立产业—职业矩阵来判断就业情况。而 Feser 和 Koo（2001）认为从职业组合中可以推断地区产业结构。Florida Richard（2002）研究了人才经济地理，探讨了吸引创意人才的因素及对创意产业、高科技产业和地区收入的影响。上述国外文献从不同角度论证了劳动力结构与产业结构的互动关系，但没有具体涉及区域人才结构与区域产业结构升级协调适配评价问题的研究。

人才结构理论是研究人才结构状况及其发展变化规律的科学，国内学者关于区域人才结构的研究一般包括人才结构的划分、评价和优化调整三个方面内容。在人才结构划分方面，一些学者按照各自的研究需要对人才结构进行了分类，如赵光辉（2006）和吴中伦（2009）等。在区域人才结构评价及优化方面，值得借鉴的有：潘晨光（2005）等在《中国人才发展报告 NO.3》中构建了 31 个省（市、区）人才竞争力的评价体系，该指标体系的目标层是由人才规模、素质、投入、产出和环境指标体系组成，之后采用了集对分析模型进行了统计分析和计算。毛瑞福（2006）等在《浙江人才发展报告》认为区域人才竞争力包括人才竞争力数量、素质、结构、效能、潜力和环境指标，采用了主成分分析方法对多指标进行综合分析，并采用了专家赋值法确定各级指标的权重。广州市"十一五"人才规划中设定的四大人才发展规划的目标为：

一流竞争力、一流配置、一流环境和一流效益指标。

区域产业结构理论是指研究在社会再生产过程中，一个区域的产业组成即资源在产业间配置状态，产业发展水平即各产业所占比重，以及产业间的技术经济联系即产业间相互依存、相互作用方式的科学。国内大多数学者认为各区域产业结构升级具有两个导向维度，即区域产业结构高级化和区域产业结构协调化，如孔令丞（2003）和张萍（2009）等。关于区域产业结构高级化的功能内容，宋泓明（2001）认为具体内容有三项：一是产业的高附加值化和高技术化；二是产业高集约化；三是产业高加工度化。关于区域产业结构协调化的功能内容，李悦等（2002）认为有四项：产业间相对地位的协调性，即各层次产业在国民经济中所起的作用和所处的地位比较合理；产业关联的协调性，即产业之间的投入产出关系比较合理和协调；产业增长速度分布的协调性；产业结构变动阶段交替的协调性和产业素质的协调性。

另外，国内也有一些学者对区域人才结构优化与区域产业结构升级进行了互动性研究，如菊莲（2007）和罗文标（2004）等。通过综合性的文献检索，并没有发现有具体文献涉及区域人才结构与区域产业结构升级协调适配评价问题的研究。然而我国各省市区域产业结构优化升级步履维艰，远远未达到预期目标。究其原因，其中重要一点是缺少适配的区域人才结构来支撑区域产业结构升级。因此，有必要开展区域人才结构与区域产业结构升级协调适配评价研究，指导各区域政府正确认识和提升二者的协调适配程度，推动各区域经济可持续发展。

二　理论分析

1. 研究问题界定

区域人才结构与区域产业结构升级的协调适配的衡量标志体现在两个层面，其一为某时间点上的静止适配；其二为某时间段内的可持续适配。

本章重点研究的为第一个层面的问题，即如何评价区域人才结构与区域产业结构在某静止时间点上的协调适配度；而第二个层面的问题，即如何确保区域人才结构与区域产业结构在某时间段内可持续协调适配，是重点研究协调适配的方法与途径的问题。但在具体提炼区域人才结构协调适配区域产业结构的评价指标时，应考虑可持续适配性，这也是下文提出从区域人才结构优化四个时序环节对接区域产业结构高级化及协调化两个导向维度提炼评价指标的原因所在。

2. 相关概念界定

为了准确把握所研究的主题内涵，将相关概念界定如下：

关于区域。主要指省级及直辖市层级的区域，属于行政经济区域范畴。

关于人才。对人才的界定，采用《国家中长期人才发展规划纲要（2010—2020 年）》中的概念：人才是指具有一定的专业知识或专门技能，进行创造性劳动并对社会作出贡献的人，是人力资源中能力和素质较高的劳动者。在具体搜集指标数据时，采用大多数省（市、区）五年规划中对人才资源统计口径范围。即一般符合下列三个条件之一的人员均列入人才范围：①具有大专及以上学历的人员，即大专以上学历人才；②具有初级及以上专业技术职务的人员，即专业技术人才；③具有专业技术特长，按国家统一标准，经职业技能鉴定合格，取得中级及以上技术资格证书的人员，即中级技工以上技能人才。

关于人才结构及四个时序环节。《中国大百科全书·哲学卷》（2009）将结构界定为：事物系统的诸要素所固有的相对稳定的组织方式或联结方式。因此，从以下两个角度来考量人才结构，其一为区域内人才系统中各组成要素之间的组合方式，包含区域人才数量的结构和区域人才质量的结构；其二为区域内人才系统中各组成要素之间的联结方式。本章从时序联结视角入手，将区域人才优化时序联结结构分成区域人才投入、生成、配置及效能转化四个环节，四个环节环环相扣，构成一个封闭循环的时序联结结构。区域人才投入结构是指为了区域人才培养和开发所开展的不同类型的投入工作，如包括区域人才教育投入、区域 R&D 投入、区域人才开发和培养若干政策的制定等，是形成产业发展所需的区域人才数量及质量结构的提前性安排；区域人才生成结构是指在区域人才实际生成阶段所形成的人才数量结构及人才质量结构；区域人才配置结构是指在区域人才实际生成后在产业间配置的人才数量结构及人才质量结构；区域人才效能转化结构是指区域人才在产业间配置后的实际发挥的功能性效果结构。

关于区域产业结构升级及导向维度。产业结构是国民经济结构重要的组成部分，是产业经济系统的内部构成，是实现经济增长的关键环节。区域产业结构升级是指推动区域产业结构协调化和高级化发展的过程，是实现区域产业结构与资源供给结构、技术结构、需求结构相适应的状态。本章依据大多数学者的观点认为，各区域产业结构升级具有共同的导向维度，即区域产业结构高级化和区域产业结构协调化。关于区域产业结构高级化及协调化的功能内容，本章经过综合分析后，最终以宋泓明（2001）及李悦（2002）所论述的观点为标准，进行后续的有关研究。

3. 理论分析基础及复合系统构建

（1）理论分析基础。协同学是20世纪60年代初联邦德国理论物理学家哈肯创立的。协同学理论是一种系统理论，它把一切研究对象看成是由组元、部分或子系统构成的系统，这些子系统彼此之间会通过物质、能量或者信息交换等方式相互作用。通过子系统之间的这种相互作用，整个系统将形成一种整体效应或者一种新型的宏观结构。宏观结构下的各个子系统相互竞争和协同作用同时并存，各子系统之间的协同作用与竞争决定着系统从无序到有序的演化过程。由子系统组成的大系统实现从无序向有序的转变，也代表着大系统实现了相变。标志相变出现的参量就是序参量。序参量表示系统的有序结构和类型。它是子系统介入协同运动程度的集中体现。序参量来源于子系统间的协同合作，同时又起着支配子系统行为的作用。

（2）耦合的复合系统及系统层次定位。区域人才结构与区域产业结构的协调适配的本质含义即为二者的协同实施及协同发展。因此，可依照协同学的理论思想对区域人才结构与区域产业结构的协调适配进行具体分析和研究。区域人才结构优化子系统与区域产业结构升级之间具有很强的关联性，两者在多方位、多层次上相互作用和影响，可耦合成为一个有机的整体，形成区域人才结构优化子系统与区域产业结构升级子系统耦合的复合系统，如图3-1所示。该复合系统与外界进行信息流、能量流及物质流的交换，可持续地实现相变——区域产业结构可持续升级和区域经济的可持续发展。

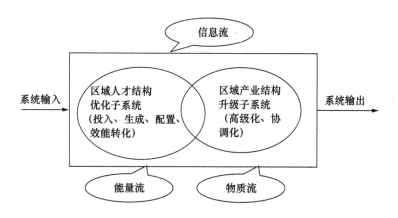

**图 3 - 1 区域人才结构优化子系统与区域产业结构
升级子系统耦合的复合系统**

耦合的复合系统下的区域人才结构优化与区域产业结构升级是两个互为输入输出的子系统。复合系统的可持续发展是两个子系统之间协调发展的结果。协调发展是指在各自对外开放的条件下，两个子系统之间的协同与竞争推动着复合系统从无序到有序的演化。两个子系统的协调发展关系有多重体现。例如，区域产业人才结构通过产业间质的组合和量的规定，构成了产业间人才资源的分布结构。这种分布结构既是产业间人才数量比例关系协调化要求的体现，也是产业间人才质量高级化要求的满足；另外，这种分布结构既是静态比例的关系，又是动态关联的发展。又如，区域产业人才结构优化的四个环节，即投入、配置、生成和效能转化环节，分别与区域产业结构的高级化和协调化有着动态的协调和匹配的关系。

复合系统的系统层次定位。本章所研究的复合系统，属于区域经济系统下子系统层级问题，且是两个子系统间耦合而成的。区域系统的复杂属性、多层次属性及耦合的复合系统层次定位如图 3 - 2 所示。

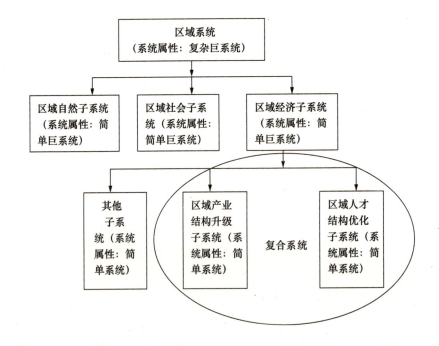

图 3-2　区域系统下的复合系统层次定位

第二节　指标体系与评价模型

一　指标体系的具体建立

1. 指标提取思路

依据协同学的理论思想可知，复合系统的有序程度，也反映着耦合的两个子系统的协调适配程度。对区域人才结构与区域产业结构升级的协调适配程度的测评，可转变为对复合系统的有序度进行测评。

复合系统的有序，需要两个子系统之间的协同，亦即协同才会有序。如何促使两个子系统之间的协同，需寻找影响两个子系统之间协同的关键的主导因素，即寻找序参量。序参量是系统相变前后所发生的质的飞跃的最突出的标志，它表示系统的有序结构和类型，它是所有子系统对协同运动的贡献总和，是子系统介入协同运动程度的集中体现。序参量来源于子系统间的协同合作，同时又起支配子系统的作用。

两个子系统之间协同的最高等级为两个子系统间结构与功能的统一。因此，从以下区域人才结构优化与区域产业结构升级两个子系统间结构与功能的耦合统一角度去提取序参量。具体思路是：将区域人才结构优化的四个时序环节与区域产业结构升级的两个导向维度耦合对接。具体来讲，即从区域人才投入、生成、配置和效能转化四个时序环节来对接区域产业结构高级化中的结构规模扩张及结构水平提升两个角度，以及对接区域产业结构协调化中的产业人才供需结构协调化和区域产业劳动生产率水平协调化两个角度，提取序参量构成系列评价指标体系。具体对接思路参见图3-3和图3-4。

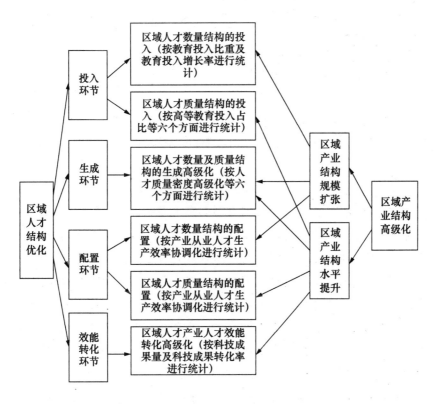

图3-3　区域人才结构投入、生成、配置和效能转化环节与
区域产业结构高级化耦合对接提取序参量

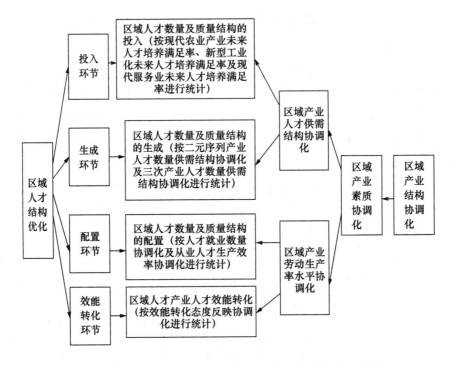

图 3 - 4　区域人才结构投入、生成、配置和效能转化环节与

区域产业结构协调化耦合对接提取序参量

2. 评价原则

在提取评价指标时，同时需遵循的基本原则有：①科学性原则，即指标要能比较客观真实地反映系统的状态及各子系统和指标间的相互联系；②可比较性原则，即所选用指标应具有一定的可比性，可在不同区域之间进行比较；③动态性与静态性相结合的原则，即既要考虑应用静态性指标，也要考虑应用动态性指标体现出系统动态发展趋势；④可操作性与时效性原则，即所设计的各考评指标数据要易于获取，且各项指标的设计不能脱离我国经济发展状况，要与当前经济发展状态相适应。

3. 评价指标体系综合框架及具体量化

根据上述评价思路和原则，将评价指标体系设计为"系统层—目标层—准则层—主题层—指标层"五个层次的框架结构。

另外，为了能够清晰地辨识各项指标，故对第五层次的各项评价指标进行了具体量化计算的说明。具体见表 3 - 1。

表3-1　　　　　评价指标体系综合框架及指标的计算方式说明

系统层	目标层	准则层	主题层	指标层	指标的具体量化计算方式说明
区域人才结构适配区域产业结构升级	投入环节适配	产业人才数量及质量结构高级化	区域人才数量结构的投入高级化	教育投入占GDP比重	=区域教育投入经费/区域GDP
				教育投入增长率	=（区域教育投入当年经费/区域教育投入上一年经费）-1
			区域人才质量结构的投入高级化	高等教育投入占GDP比重	=区域高等教育投入经费/区域GDP
				高等教育投入增长率	=（区域高等教育投入当年经费/区域高等教育投入上一年经费）-1
				科技投入占GDP比重	=区域科技投入经费/区域GDP
				科技投入增长率	=（区域科技投入当年经费/区域科技投入上一年经费）-1
				R&D投入占GDP比重	=区域R&D投入经费/区域GDP
				R&D投入增长率	=（区域R&D投入当年经费/区域R&D投入上一年经费）-1
	生成环节适配	产业人才数量及质量结构高级化	人才质量密度高级化	人才占人口比率	=区域人才数量/区域人口数量
				人才占从业人员比率	=区域人才数量/区域从业人员数量
			二元序列产业人才结构高级化	二元序列产业人才数量比例高度化	=高新技术产业人才数量/传统产业人才数量
				二元序列产业人才数量增长量高度化	=高新技术产业人才数量增长量/传统产业人才数量增长量
			三次产业人才结构高级化	第一产业人才数量比例高度化	=第一产业人才数量/三次产业总人才数量
				第二产业人才数量比例高度化	=第二产业人才数量/三次产业总人才数量
				第三产业人才数量比例高度化	=第三产业人才数量/三次产业总人才数量

续表

系统层	目标层	准则层	主题层	指标层	指标的具体量化计算方式说明
区域人才结构适配区域产业结构升级	生成环节适配	产业人才数量供需结构协调化	二元序列产业人才数量供需结构协调化	传统产业人才数量供需结构协调化	=传统产业人才供给数量/传统产业人才需求数量
				高新技术产业数量供需结构协调化	=高新技术产业人才供给数量/高新技术产业人才需求数量
			三次产业人才数量供需结构协调化	第一产业人才数量供需结构协调化	=第一产业人才供给数量/第一产业人才需求数量
				第二产业人才数量供需结构协调化	=第二产业人才供给数量/第二产业人才需求数量
				第三产业人才数量供需结构协调化	=第三产业人才供给数量/第三产业人才需求数量
	配置环节适配	产业从业人才生产效率协调化	人才就业数量协调化	从业人才占人才的比率	=区域从业人才数量/区域人才数量
			二元序列产业从业人才生产效率协调化	传统产业从业人才结构偏离度	=（GDP传统产业构成比/传统产业从业人才构成比）−1
				高新技术产业从业人才结构偏离度	=（GDP高新技术产业构成比/高新技术产业从业人才产业构成比）−1
			三次产业从业人才生产效率协调化	第一产业从业人才结构偏离度	=（GDP第一产业构成比/第一产业从业人才构成比）−1
				第二产业从业人才结构偏离度	=（GDP第二产业构成比/第二产业从业人才产业构成比）−1
				第三产业从业人才结构偏离度	=（GDP第三产业构成比/第三产业从业人才构成比）−1

续表

系统层	目标层	准则层	主题层	指标层	指标的具体量化计算方式说明
区域人才结构适配区域产业结构升级	效能转化环节适配	产业人才效能转化成果反映高级化	科技成果量	每万人专利申请量	＝区域专利申请量/区域人口数
				每万人专利授权量	＝区域专利授权量/区域人口数
				专利发明申请授权量的增加率	＝（区域发明申请当年授权量/区域发明申请上一年授权量）－1
			科研成果转化率	技术市场成交合同数	无须计算公式，直接计量
				技术市场成交合同金额	无须计算公式，直接计量
		产业人才效能转化经济效益反映高级化	高新技术经济效益反映高级化	高新技术产品产值占区域工业总产值比重	＝高新技术产品产值/区域工业总产值
			劳动生产效率反映高级化	社会从业人才生产率	＝区域 GDP/社会从业人才数量

二 评价模型

依据上述构建的评价指标体系，可对两个子系统的协调适配度进行计算。具体计算时需解决四个方面的问题：建立功效函数、建立协调适配度函数、确定评价指标的权重和确定协调适配等级的划分标准。

1. 功效函数的建立

复合系统（见图 3－1）的各个序参量指标（见表 3－1）都有明确的发展目标值，把每个指标的实际值与目标值通过某种转化关系得到的结果就能够反映该指标在系统中的作用或者功效，这个结果称之为指标的功效系数，用 E_i 表示。一般情况要求 E_i 在 0 和 1 之间（i＝1，2，3，…，n），当指标的目标值最优时取 E_i＝1，最差时取 E_i＝0，描述 E_i 的关系式称为功效函数，如果指标用 C_i 表示，则 $E_i = F(C_i)$，其中 F 代表关系式。

设序参量评价指标 $C_i(i=1, 2, 3, \cdots, n)$ 的实际表现值为 $X_i(i=1, 2, 3, \cdots, n)$。$\alpha_i$、$\beta_i$ 为系统稳定时指标变量 C_i 的临界点上、下限，即 $\beta_i \leq X_i \leq \alpha_i$。

根据协同学理论可知，当一个系统处于稳定状态时，状态函数应为线性关系，函数的极值点是系统稳定区域的临界点。同时系统起决定作用的慢弛豫变量，在发生量变时，对系统有序度有两种功效：其一，慢弛豫变量的增大，系统的有序度的趋势增加，这是正功效；其二，系统有序度的趋势减少，这是负功效。因此功效函数可以表示如下：

$$E(C_i) = (X_i - \beta_i)/(\alpha_i - \beta_i), \quad (\beta_i \leq X_i \leq \alpha_i, \ E(C_i) \text{具正功效})$$
$$(3-1)$$

$$E(C_i) = (\beta_i - X_i)/(\beta_i - \alpha_i), \quad (\alpha_i \leq X_i \leq \beta_i, \ E(C_i) \text{具负功效})$$
$$(3-2)$$

式中，$E(C_i)$ 为 C_i 的指标值对系统的有序的功效系数。

2. 协调适配度函数的建立

鉴于某个单一指标的功效系数不能说明适配度评价系统的综合发展态势，因此需要建立一个全部指标的功效系数为自变量的关系式，用以描述指标的综合作用或功效，它是指标要素相互协调状态的最终反映，同时也是系统整体功能协调状态的反映，把该函数称为区域人才结构与区域产业结构升级的协调适配度函数，函数值称为协调适配度（Harmony Degree，HD），协调适配度取值范围是 $0 \leq HD \leq 1$。协调适配度越大，说明区域人才结构与区域产业结构升级的整体的协调适配性越好；反之越差。

协调适配度模型的设计思路：把每一指标对协调适配度评价系统的贡献看成系统发展的目标，设系统有 N 个目标 $f_i(x)$（$i=1, 2, 3, \cdots, N$），其中 N1 个目标要求越大越好，N2 个目标要求越小越好，余下的 $N-N1-N2$ 个目标要求不大不小，接近某一值为好。现分别给这些目标以一定的功效系数 E_i，$0 \leq E_i \leq 1$（$i=1, 2, \cdots, K$）。建立一个总功效函数 $HD = F(e_1, e_2, \cdots, e_k)$ 反映系统的整体功能，总功效函数值即为系统的协调适配度值。

通常描述协调适配度的函数有四种，本章经过分析，采用如下三种函数进行计算①，其中，$EC(V_{ji})$ 均表示指标 V_i 对系统的有序的功效。

（1）几何平均法

$$HD = \sqrt[n]{EC(V_{11}) \cdot EC(V_{12}) \cdots EC(V_{mn})} = \sqrt[n]{\prod_{j=1,i=1}^{m \cdot n} EC(V_{ji})} \quad (3-3)$$

式中，m 代表子系统下标，n 代表序参量的下标（以下同）。HD 值越大，说明系统的协调性越好；反之，则说明系统协调性越差。加权平均法同于此。

（2）加权平均法

$$HD = W_{11} \cdot EC(V_{11}) + W_{12} \cdot EC(V_{12}) + \cdots + W_{mn} \cdot EC(V_{mn}) = \sum_{i=1}^{n} W_{ji} \cdot$$
$$EC(V_{ji}) \quad (3-4)$$

式中，$\sum_{j=1,i=1}^{m \cdot n} W_{ji} = 1$，$W_{ji}$ 为 $EC(V_{ji})$ 的权重系数，计算的加权和即系统的协调度。

（3）方差法

$$HD = \frac{[EC(V_{11}) - EC(\overline{V})]^2 + [EC(V_{12}) - EC(\overline{V})]^2 + \cdots + [EC(V_{mn}) - EC(\overline{V})]^2}{n-1}$$

$$(3-5)$$

式中，$EC(\overline{V})$ 代表序参量功效系数的平均值。HD 值越大，系统的协调度越低。

由于每种方法都有缺陷，本章以三种方法求得的数值的平均值作为协调适配度。

3. 评价指标权重的确定

本章采用熵值赋权法来确定各项指标的权重，是一种客观赋权法。利用熵值法确定权重的步骤如下：

设有 n 个观测值，p 个指标，则 X_{ij} 为第 i 个观测值的第 j 个指标（$i = 1, 2, \cdots, n$；$j = 1, 2, \cdots, p$），对于给定的 j，X_{ij} 的差异越大，

---

① 经过分析，变异系数法并不适合本章的计算应用，因此，将其舍去。

该项指标对系统的比较作用越大，该项指标包含和传输的信息越多。信息的增加意味着熵的减少，熵可以用来度量这种信息量的大小。

第一步，计算第 j 项指标下，第 i 个观测值的特征比重。

$$P_{ij} = X_{ij} \Big/ \sum_{i=1}^{n} X_{ij} \quad (i = 1, \cdots, n; j = 1, \cdots, p) \qquad (3-6)$$

式中，P_{ij} 为 X_{ij} 的特征比重值，X_{ij} 为初始值。

第二步，计算第 j 项指标的信息熵。

$$e_j = -k \sum_{i=1}^{n} P_{ij} \times \ln P_{ij} \qquad (3-7)$$

其中，$k > 0$。如果 X_{ij} 对于给定的 j 全部相等，那么 $P_{ij} = \dfrac{1}{n}$，此时 $e_j = k \ln n$。

第三步，计算指标 X_j 的差异性系数。

对于给定的 j，X_{ij} 的差异越小，则 e_j 越大，当 X_{ij} 全部相等时，$e_j = e_{max} = 1$（$k = 1/\ln n$），此时对于观测值之间的比较，指标 X_j 毫无作用；当 X_{ij} 差异越大，e_j 越小，指标对于观测值的比较作用越大。因此定义差异系数：

$$g_j = 1 - e_j \qquad (3-8)$$

g_j 越大，越应重视该项指标的作用。

第四步，确定第 j 项指标的权数：

$$\omega_j = g_j \Big/ \sum_{j=1}^{p} g_j, \quad j = 1, 2, \cdots, p \qquad (3-9)$$

ω_j 即为归一化了的权重系数。

4. 协调适配等级划分标准的确定

协调适配等级是指把协调适配度的范围划分为若干连续区间，即将协调度 0.0000—1.0000 划分成 10 个等级区间，每一区间代表一个协调等级，每个等级代表一类协调状态，形成连续的阶梯。协调适配度 0.5000 是失调与协调状态的分界线。依据三种不同计算方法下的均值来评定协调适配等级类型的标准如表 3-2 所示。

表 3 - 2　　　　　依据三种不同计算方法下的均值评定协调
适配等级类型的标准

协调等级	含义	平均协调适配值
1	极度失调	0. 0000—0. 1000
2	高度失调	0. 1001—0. 2000
3	中度失调	0. 2001—0. 3000
4	低度失调	0. 3001—0. 4000
5	弱度失调	0. 4001—0. 5000
6	弱度协调	0. 5001—0. 6000
7	低度协调	0. 6001—0. 7000
8	中度协调	0. 7001—0. 8000
9	高度协调	0. 8001—0. 9000
10	极度协调	0. 9001—1. 0000

第三节　评价模型应用分析

一　研究对象的选取和指标的取舍

本章选取中国 30 个省（市、区）为区域对象进行研究分析。由于
西藏的多个年份的相关数据缺失，故在本次研究中将其排除。

由于大多数的统计数据只能查阅到 2008 年的，故只对 1999—2008
年中国 30 个省（市、区）的区域人才结构与区域产业结构协调适配度
进行测评及分析。

由于有些数据无法获得及现有统计口径不统一，故在实际测评中对
原始评价指标体系中的指标进行了优化处理，投入适配环节中舍掉了产
业人才数量及质量结构协调化的相关指标；生成适配环节舍掉了二元序
列产业人才数量供需结构协调化相关指标及三次产业人才数量供需结构
协调化相关指标；配置适配环节舍掉了三次产业内部从业人才生产效率
协调化的相关指标[①]；效能转化环节舍掉了三次产业人才效能转化态度

---

①　舍掉的理由：现代农业、现代工业、现代服务业、传统产业和高新技术产业等一系列
概念截至目前还没有清晰界定，统计口径不统一及相关数据不全面。

反映度。① 从测评的实际结果来看，相应指标的取舍并未对协调适配度结果有实质性的影响。

二 协调适配度计算

1. 原始数据收集及指标权重的计算

对照所设计的指标，通过查阅《中国统计年鉴》、《中国人口统计年鉴》、《中国科技统计年鉴》、《中国教育经费统计年鉴》、《中国高技术统计年鉴》和各省（市、区）相关统计年鉴获得原始数据。

本章采用熵值赋权法确定指标权重。计算权重的数据源自 1999—2008 年各原始数据指标中的中位数。

计算时需先进行标准化处理，其中涉及两个环节，其一为生成环节，其二为配置环节。采用的方法为非负化处理。在此基础上，进行各项指标的权重值计算。各环节指标的权重值分别见表 3 - 3、表 3 - 4、表 3 - 5 和表 3 - 6。

表 3 - 3　　　　　　　　　　投入环节各指标的权重值

教育投入占 GDP 比重	教育投入增长率	高等教育投入占 GDP 比重	高等教育投入增长率	科技投入占 GDP 比重	科技投入增长率	R&D 投入占 GDP 比重	R&D 投入增长率
0.0167	0.0218	0.0395	0.0138	0.0354	0.0282	0.0429	0.0190

表 3 - 4　　　　　　　　　　生成环节各指标的权重值

人才占人口比率	人才占从业人员比率	二元序列产业人才数量比例高度化	二元序列产业人才数量增量高度化	第一产业人才数量比例高度化	第一产业人才数量供需结构协调化	第二产业人才数量比例高度化	第二产业人才数量供需结构协调化	第三产业人才数量比例高度化	第三产业人才数量供需结构协调化
0.0433	0.0434	0.0350	0.0267	0.0161	0.0098	0.0143	0.0116	0.0128	0.0176

---

① 舍掉的理由：三次产业人才效能转化态度反映度需要做具体的问卷调查，但进行全国 30 个省（市、区）的问卷调查工作短时间内无法完成，故此次分析将其舍掉。

表 3 - 5　　　　　　　　　配置环节各指标的权重值

从业人才占人才的比率	传统产业从业人才结构偏离度	高新技术产业从业人才结构偏离度	第一产业从业人才结构偏离度	第二产业从业人才结构偏离度	第三产业从业人才结构偏离度
0.0161	0.0625	0.0596	0.0060	0.0077	0.0421

表 3 - 6　　　　　　　　效能转化环节各指标的权重值

每万人专利申请量	每万人专利授权量	专利发明申请授权量的增加率	技术市场成交合同数	技术市场成交合同金额	高技术产品产值占区域工业总产值比重	社会从业人才生产率
0.0560	0.0596	0.0275	0.0647	0.0850	0.0365	0.0287

2. 功效值及协调度函数计算

（1）功效值计算。依据式（3－1）和式（3－2）进行功效值计算时，先要确定上限及下限的标准。本章将全国各省份指标的最大值上调 10% 作为上限，最小值下调 10% 作为下限。

在具体计算功效值时，大都按照一般功效值的计算公式进行计算。其中有部分指标采用增长率追求稳定值作为功效值的计算方式，如教育投入增长率指标、科技投入增长率指标和高等教育投入增长率指标三项指标。

（2）协调适配度函数计算。计算协调适配度函数，主要是先采用三种方法，即几何平均法、加权平均法（权重由熵值法求得）和方差法求得协调适配度，再求得三种方法的协调适配度平均值，作为协调适配度的最终值。30 个省（市、区）（除西藏外）1999—2008 年各年及十年间协调适配度均值见表 3－7。

表 3 - 7　　　　　1999—2008 年各年及十年间协调适配度均值

省（市、区）＼年份	1999	2000	2001	2002	2003	2004	2005	2006	2007	2008	十年均值
北京	0.6787	0.6826	0.6928	0.7308	0.7327	0.7408	0.7530	0.7314	0.7288	0.7205	0.71921

续表

年份 省 （市、 区）	1999	2000	2001	2002	2003	2004	2005	2006	2007	2008	十年 均值
天津	0.5467	0.5663	0.5688	0.5892	0.5914	0.5935	0.5923	0.5952	0.5882	0.5757	0.58073
河北	0.4354	0.4292	0.4242	0.4418	0.4355	0.4190	0.4309	0.4274	0.4306	0.4254	0.42994
山西	0.3973	0.4143	0.4275	0.4410	0.4227	0.4273	0.4312	0.4328	0.4245	0.4251	0.42437
内蒙古	0.4115	0.4172	0.4284	0.4383	0.4325	0.4372	0.4370	0.4208	0.4147	0.4090	0.42466
辽宁	0.4925	0.4869	0.4885	0.5158	0.4999	0.5063	0.5155	0.4903	0.4964	0.4784	0.49705
吉林	0.4474	0.4532	0.4543	0.4765	0.4351	0.4611	0.4599	0.4447	0.4518	0.4397	0.45237
黑龙江	0.4547	0.4432	0.4459	0.4617	0.4538	0.4287	0.4571	0.4332	0.4407	0.4319	0.44509
上海	0.5744	0.6055	0.6224	0.6336	0.6588	0.6452	0.6797	0.6519	0.6721	0.6492	0.63928
江苏	0.5234	0.5379	0.5413	0.5584	0.5778	0.5702	0.5822	0.5640	0.5616	0.5854	0.56022
浙江	0.5190	0.5442	0.5457	0.5402	0.5743	0.5569	0.5519	0.5387	0.5561	0.5472	0.54742
安徽	0.4267	0.4297	0.4254	0.4369	0.4464	0.4367	0.4481	0.4406	0.4454	0.4491	0.4385
福建	0.4892	0.5030	0.5015	0.5072	0.5286	0.5135	0.5285	0.5217	0.5202	0.5119	0.51253
江西	0.4246	0.4387	0.4277	0.4439	0.4391	0.4355	0.4480	0.4456	0.4364	0.4304	0.43699
山东	0.4893	0.4847	0.4791	0.4890	0.4759	0.4906	0.5002	0.4826	0.4913	0.4861	0.48688
河南	0.4372	0.4238	0.4214	0.4141	0.4184	0.4309	0.4225	0.4459	0.4364	0.4362	0.42868
湖北	0.4641	0.4562	0.4670	0.4797	0.4752	0.4578	0.4993	0.4687	0.4612	0.4771	0.47063
湖南	0.4605	0.4698	0.4633	0.4587	0.4711	0.4686	0.4741	0.4521	0.4220	0.4568	0.4597
广东	0.5640	0.5716	0.5766	0.5930	0.6109	0.5913	0.6138	0.6119	0.6152	0.6018	0.59501
广西	0.4068	0.4064	0.4149	0.4198	0.4198	0.4131	0.4176	0.3989	0.4112	0.4146	0.41231
海南	0.4151	0.4019	0.4043	0.4031	0.4203	0.3759	0.4086	0.4064	0.3962	0.4047	0.40365
重庆	0.4500	0.4561	0.4546	0.4741	0.4876	0.4804	0.4843	0.4861	0.4733	0.4721	0.47186
四川	0.4628	0.4607	0.4688	0.4703	0.4686	0.4370	0.4812	0.4763	0.4808	0.4690	0.46755
贵州	0.4009	0.3637	0.3626	0.4264	0.4200	0.4110	0.4170	0.4297	0.3980	0.4172	0.40465
云南	0.4234	0.4160	0.4162	0.4241	0.3947	0.4106	0.4211	0.4063	0.4147	0.3977	0.41248
陕西	0.4887	0.4767	0.5041	0.5167	0.4932	0.5021	0.4741	0.4713	0.4811	0.4775	0.48855
甘肃	0.4204	0.4220	0.4225	0.4283	0.4314	0.4146	0.4321	0.4263	0.4168	0.4115	0.42259
青海	0.3992	0.3892	0.3959	0.4310	0.4010	0.3899	0.4010	0.4211	0.4246	0.4064	0.40593
宁夏	0.4144	0.4318	0.4211	0.4377	0.4295	0.4142	0.4207	0.4318	0.4187	0.4162	0.42361
新疆	0.4133	0.3913	0.4076	0.3979	0.3976	0.4202	0.3992	0.4066	0.4020	0.3969	0.40326

依据表 3 - 2 平均协调适配值的协调适配等级类型的划分标准，再对比表 3 - 7 的各省（市、区）的十年均值协调适配度，可进行各省（市、区）协调适配等级的判定，见表 3 - 8。

表 3 - 8　　　　　　　各省（市、区）协调适配等级判定

协调等级	含义	平均协调适配值	所属省市
1	极度失调	0.0000—0.1000	无
2	高度失调	0.1001—0.2000	无
3	中度失调	0.2001—0.3000	无
4	低度失调	0.3001—0.4000	无
5	弱度失调	0.4001—0.5000	其余省市
6	弱度协调	0.5001—0.6000	广东、天津、江苏、浙江、福建
7	低度协调	0.6001—0.7000	上海
8	中度协调	0.7001—0.8000	北京
9	高度协调	0.8001—0.9000	无
10	极度协调	0.9001—1.0000	无

第四节　30 个省(市、区)的协调适配度聚类分析

采用分层聚类模式中的 Between - groups linkage 组间连接方法，进而应用欧几里得距离平方和间距进行聚类分析。

聚类分析所用原始数据如表 3 - 9 所示（依据表 3 - 7 整理）。

表 3 - 9　　　　　　　聚类分析所用原始数据

年份 省（市、区）	1999	2000	2001	2002	2003	2004	2005	2006	2007	2008
北京	0.68	0.68	0.69	0.73	0.73	0.74	0.75	0.73	0.73	0.72
天津	0.55	0.57	0.57	0.59	0.59	0.59	0.59	0.60	0.59	0.58
河北	0.44	0.43	0.42	0.44	0.44	0.42	0.43	0.43	0.43	0.43
山西	0.40	0.41	0.43	0.44	0.42	0.43	0.43	0.43	0.42	0.43

续表

年份 省（市、区）	1999	2000	2001	2002	2003	2004	2005	2006	2007	2008
内蒙古	0.41	0.42	0.43	0.44	0.43	0.44	0.44	0.42	0.41	0.41
辽宁	0.49	0.49	0.49	0.52	0.50	0.51	0.52	0.49	0.50	0.48
吉林	0.45	0.45	0.45	0.48	0.44	0.46	0.46	0.44	0.45	0.44
黑龙江	0.45	0.44	0.45	0.46	0.45	0.43	0.46	0.43	0.44	0.43
上海	0.57	0.61	0.62	0.63	0.66	0.65	0.68	0.65	0.67	0.65
江苏	0.52	0.54	0.54	0.56	0.58	0.57	0.58	0.56	0.56	0.59
浙江	0.52	0.54	0.55	0.54	0.57	0.56	0.55	0.54	0.56	0.55
安徽	0.43	0.43	0.43	0.44	0.45	0.44	0.45	0.44	0.45	0.45
福建	0.49	0.50	0.50	0.51	0.53	0.51	0.53	0.52	0.52	0.51
江西	0.42	0.44	0.43	0.44	0.44	0.44	0.45	0.45	0.44	0.43
山东	0.49	0.48	0.48	0.49	0.48	0.49	0.50	0.48	0.49	0.49
河南	0.44	0.42	0.42	0.41	0.42	0.43	0.42	0.45	0.44	0.44
湖北	0.46	0.46	0.47	0.48	0.48	0.46	0.50	0.47	0.46	0.48
湖南	0.46	0.47	0.46	0.46	0.47	0.47	0.47	0.45	0.42	0.46
广东	0.56	0.57	0.58	0.59	0.61	0.59	0.61	0.61	0.62	0.60
广西	0.41	0.41	0.41	0.42	0.42	0.41	0.42	0.40	0.41	0.41
海南	0.42	0.40	0.40	0.40	0.42	0.38	0.41	0.41	0.40	0.40
重庆	0.45	0.46	0.45	0.47	0.49	0.48	0.48	0.49	0.47	0.47
四川	0.46	0.46	0.47	0.47	0.47	0.44	0.48	0.48	0.48	0.47
贵州	0.40	0.36	0.36	0.43	0.42	0.41	0.42	0.43	0.40	0.42
云南	0.42	0.42	0.42	0.42	0.39	0.41	0.42	0.41	0.41	0.40
陕西	0.49	0.48	0.50	0.52	0.49	0.50	0.47	0.47	0.48	0.48
甘肃	0.42	0.42	0.42	0.43	0.43	0.41	0.43	0.43	0.42	0.41
青海	0.40	0.39	0.40	0.43	0.40	0.39	0.40	0.42	0.42	0.41
宁夏	0.41	0.43	0.42	0.44	0.43	0.41	0.42	0.43	0.42	0.42
新疆	0.41	0.39	0.41	0.40	0.40	0.42	0.40	0.41	0.40	0.40

聚类分析结果如表 3 - 10 所示。

表 3 - 10　　　　　　　　聚类状态（Agglomeration Schedule）

阶	集群组合		系数	首次出现阶群集		下一阶
	集群 1	集群 2				
1	27	29	0.070	0	0	4
2	12	14	0.104	0	0	12
3	4	5	0.161	0	0	7
4	3	27	0.166	0	1	7
5	17	23	0.208	0	0	10
6	20	25	0.237	0	0	11
7	3	4	0.256	4	3	15
8	6	15	0.318	0	0	14
9	7	8	0.334	0	0	19
10	17	22	0.357	5	0	20
11	20	30	0.362	6	0	13
12	12	16	0.390	2	0	15
13	20	21	0.424	11	0	17
14	6	26	0.433	8	0	22
15	3	12	0.438	7	12	23
16	2	19	0.463	0	0	24
17	20	28	0.498	13	0	21
18	10	11	0.555	0	0	24
19	7	18	0.644	9	0	20
20	7	17	0.963	19	10	25
21	20	24	1.036	17	0	23
22	6	13	1.157	14	0	25
23	3	20	1.221	15	21	26
24	2	10	2.305	16	18	27
25	6	7	2.681	22	20	26
26	3	6	6.428	23	25	29
27	2	9	8.370	24	0	28
28	1	2	32.016	0	27	29
29	1	3	51.656	28	26	0

聚类分析树状图如图 3–5 所示。

（组调连接法）
（综合聚类距离尺度）

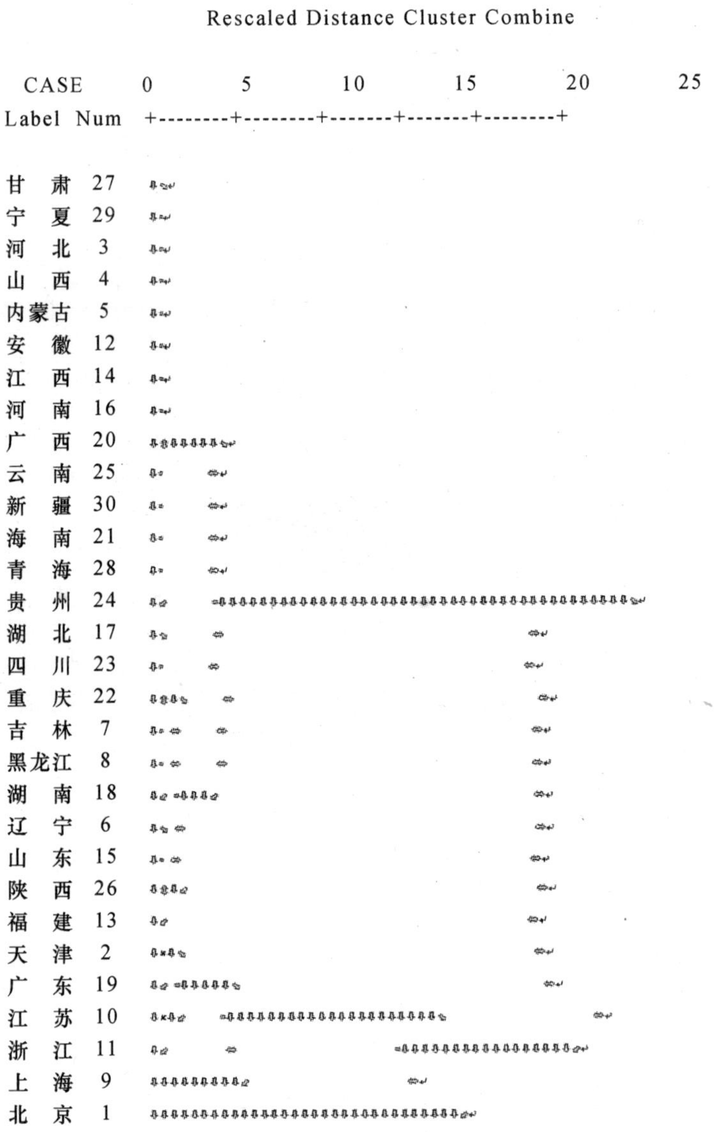

图 3–5 30 个省（市、区）协调适配度聚类分析树状示意

由上述聚类分析结果，可将全国 30 个省（市、区）聚类成 6 个群类。其中北京为第一类；上海为第二类；天津、江苏、浙江、广东为第三类；辽宁、福建、山东、陕西为第四类；吉林、黑龙江、湖北、湖南、重庆、四川为第五类；其余省（市、区）为第六类。

第五节　广东省协调适配度发展趋势预测

一　灰色系统建模

依据广东省 1999—2008 年的协调适配数据值，采用灰色系统 GM（1，1）模型求出了广东省协调适配度的 GM（1，1）方程。再根据 GM（1，1）方程预测 2009—2013 年广东省协调适配度。

灰色系统建模如下：

$$\frac{dy^{(1)}(t)}{dt} + ay^{(1)}(t) = bx^{(1)}(t)$$

式中的 $y^{(1)}(t)$、$x^{(1)}(t)$ 为系统状态变量的一次累加值，$y(t)$ 是 t 年从业人员数，$x(t)$ 是 t 年 GDP 值，a、b 为待定参数。

构建 B 矩阵和 Y 矩阵：

$$B = \begin{bmatrix} -\frac{1}{2}[y^{(1)}(1) + y^{(1)}(2)]x^{(1)}(2) \\ -\frac{1}{2}[y^{(2)}(2) + y^{(1)}(3)]x^{(1)}(3) \\ \vdots \\ -\frac{1}{2}[y^{(1)}(n-1) + y^{(1)}(n)]x^{(1)}(n) \end{bmatrix}$$

$$Y = \begin{bmatrix} y^{(0)}(2) \\ y^{(0)}(3) \\ \vdots \\ y^{(0)}(n) \end{bmatrix}$$

则 a、b 可按照以下方法求得：

$$[a, b]^T = [B^T B]^{-1} B^T Y$$

时间响应方程为：

$$y^{(1)}(k+1) = \left[y^{(1)}(1) - \frac{b}{a}x^{(1)}(k) \right] e^{-ak} + \frac{b}{a}x^{(1)}(k)$$

则预测方程为：

$$y^{(0)}(k+1) = y^{(1)}(k+1) - y^{(1)}(k) \qquad\qquad (3-10)$$

二 灰色系统模型检验

灰色系统模型，相对误差都小于3%，说明预测效果非常好。模型检验具体结果如表3-11所示。

表3-11　　　　　　　　　　　灰色系统模型检验

年份	实际值	预测值	绝对误差	相对误差（％）
1999	0.5640	0.5640	0	0
2000	0.5716	0.5803	0.0087	1.52
2001	0.5766	0.5848	0.0082	1.42
2002	0.5930	0.5893	0.0037	0.62
2003	0.6109	0.5938	0.0171	2.8
2004	0.5913	0.5983	0.0070	1.18
2005	0.6138	0.6029	0.0109	1.78
2006	0.6119	0.6076	0.0043	0.7
2007	0.6152	0.6122	0.0030	0.49
2008	0.6018	0.6169	0.0151	2.51

三 具体预测

应用式（3-10），对广东省的2009—2015年协调适配度进行预测，具体预测值如表3-12所示：

表3-12　　　　　　广东省2009—2015年协调适配度预测值

年份	2009	2010	2011	2012	2013	2014	2015
预测值	0.6217	0.6264	0.6312	0.6361	0.6410	0.6483	0.6524

第六节　总体分析及对策建议

一　比较分析

1. 纵向时序比较分析

以广东省十年间（1999—2008 年）发展情况为例来进行分析，可发现如下一些特点：

其一，十年间广东省的区域人才结构与产业结构的协调适配度整体上是呈现上升趋势的，从 1999 年的 0.5640 上升至 2008 年的 0.6018。

其二，上升趋势缓慢，等级升势幅度较小。从 1999 年的 0.5640 上升至 2008 年的 0.6018，整体上升 0.0378。等级升势幅度从弱度失调上升至弱度协调，等级升势幅度为一个等级。

其三，等级升势幅度变化有质的改变。2002 年的协调适配度为 0.5930，2003 年的协调适配度为 0.6109，实现由弱度失调到弱度协调的转变，协调适配度的本质发生了改变。

具体上述分析的依据详见表 3 – 13 及图 3 – 6。

表 3 – 13　　　　　　　广东省 1999—2008 年协调适配度

年份	1999	2000	2001	2002	2003	2004	2005	2006	2007	2008
广东	0.5640	0.5716	0.5766	0.5930	0.6109	0.5913	0.6138	0.6119	0.6152	0.6018

2. 横向比较分析

依据表 3 – 7 和图 3 – 6，将广东省十年间（1999—2008 年）发展情况与其他省（市、区）进行横向比较分析，可发现如下一些特点：

其一，广东省协调适配度处在第三层次位置，且在第三层次的前端位置。处在第三层次位置的省份有广东、天津、江苏和浙江，广东省十年间的协调适配度均值为 0.59501，为第三层次中的最高分数。

其二，广东省协调适配度与处在第一层次的北京及处在第二层次的

上海来比，还有一定的差距。广东省十年间的协调适配度均值为
0.59501，处在弱度失调等级；北京十年间的协调适配度均值为
0.71921，处在中度协调等级；上海十年间的协调适配度均值为
0.63928，处在弱度协调等级。

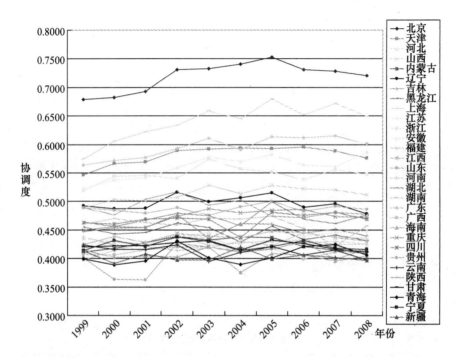

图 3-6　1999—2008 年全国 30 个省（市、区）协调适配度变化趋势

二　趋势预测分析

广东省 2009—2015 年七年间协调适配度预测值如表 3-12 所示。
对表 3-12 所示的数据分析，可发现如下一些特点：

其一，七年间广东省的区域人才结构与产业结构的协调适配度整体
上是呈现上升趋势的，从 2009 年的 0.6217 上升至 2015 年的 0.6524。

其二，上升趋势缓慢，等级幅度未有本质改变。从 2009 年的
0.6217 上升至 2015 年的 0.6524，虽然整体上升 0.0307，但等级幅度依
然处在弱度协调层次上。

三 原因分析

对广东省上述自身纵向时序比较及横向比较分析的结果进行原因探析，就需要具体剖析对广东省协调适配度有影响的四个主要环节，即区域人才结构投入环节、生成环节、配置环节及效能转化环节存在的问题，在横向比较分析四个环节时，也需要与北京及上海的相关环节进行对比分析。

1. 投入环节协调适配情况分析

对广东省1999—2008年十年间的投入环节功效函数值分析，可发现：十年间广东省的区域人才结构与产业结构的协调适配度整体上是呈现上升趋势的，从1999年的0.5079上升至2008年的0.5440。但是上升趋势缓慢，等级幅度未有本质改变。1999—2008年整体上升0.0361，但等级幅度依然处在弱度协调层次上。

与北京及上海十年间的投入环节功效函数值比较，可发现：北京的投入环节的协调适配函数值较高，每一年的数值（绝大部分）在0.8001—0.9000层次上；上海的投入环节的协调适配函数值相对较高，每一年的数值（绝大部分）在0.6001—0.7000层次上。

通过对广东省十年间自身时序纵向分析及与北京和上海的横向比较分析，可得出如下结论：广东省在投入环节的协调适配函数值不高，且提升趋势缓慢，致使广东省整体的协调适配度难有较大幅度的提升。

广东、北京及上海投入环节的协调适配函数值见表3-14。

表3-14　　广东、北京及上海投入环节的协调适配函数值

年份	1999	2000	2001	2002	2003	2004	2005	2006	2007	2008
广东	0.5079	0.4944	0.5251	0.4781	0.5141	0.5059	0.5194	0.5257	0.5484	0.5440
北京	0.8937	0.8195	0.8808	0.8640	0.8804	0.8704	0.8940	0.8556	0.7614	0.8092
上海	0.6210	0.5652	0.6509	0.6202	0.6392	0.6528	0.6663	0.6472	0.6350	0.6324

2. 区域人才结构生成环节分析

对广东省1999—2008年十年间的生成环节功效函数值分析，可发

现：十年间广东省的区域人才结构与产业结构的协调适配度整体上是呈现上升趋势的，从 1999 年的 0.5061 上升至 2008 年的 0.5886。但是上升趋势缓慢，等级幅度未有本质改变。1999—2008 年整体上升 0.0825，但等级幅度依然处在弱度协调层次上。

与北京及上海十年间的生成环节功效函数值比较，可发现：北京的生成环节的协调适配函数值相对较高，每一年的数值（绝大部分）在 0.6001—0.7000 层次上；上海的生成环节的协调适配函数值也相对较高，每一年的数值都在 0.5001—0.7000 层次上。

通过对广东省十年间自身时序纵向分析及与北京和上海的横向比较分析，可得出如下结论：广东省在生成环节的协调适配函数值不高，且提升趋势缓慢，致使广东省整体的协调适配度难有较大幅度的提升。

广东、北京及上海生成环节的协调适配函数值见表 3 – 15。

表 3 –15　　　　广东、北京及上海生成环节的协调适配函数值

年份	1999	2000	2001	2002	2003	2004	2005	2006	2007	2008
广东	0.5061	0.5419	0.4967	0.5839	0.5863	0.5471	0.5926	0.5789	0.5685	0.5886
北京	0.6242	0.6512	0.6078	0.6976	0.6658	0.6934	0.7268	0.6679	0.6789	0.6994
上海	0.5391	0.6019	0.5517	0.6236	0.6494	0.6150	0.6573	0.6014	0.6266	0.6642

3. 区域人才结构配置环节分析

对广东省 1999—2008 年十年间的配置环节功效函数值分析，可发现：十年间广东省的区域人才结构与产业结构的协调适配度整体上是呈现动荡调整趋势的，从 1999 年的 0.6114 下降至 2000 年的 0.5815，再上升至 2007 年的 0.6790，再降至 2008 年的 0.6191。虽然处在动荡调整局面，但等级幅度没有本质改变，等级幅度依然处在弱度协调层次上。

与北京及上海十年间的配置环节功效函数值比较，可发现：北京的配置环节的协调适配函数值在十年间也处于动荡调整，但总体上还是呈现出上升的趋势，从 1999 年的 0.6857 上升至 2008 年的 0.7113；上海

的配置环节的协调适配函数值在十年间也处于动荡调整，但总体上还是呈现出上升的趋势，从 1999 年的 0.6011 上升至 2008 年的 0.6926，甚至在中间年份实现了层次上的突破，如 2004—2007 年，从 0.7276 升至 0.8252。

通过对广东省十年间自身时序纵向分析及与北京和上海的横向比较分析，可得出如下结论：广东省在配置环节的协调适配函数值不高，且提升趋势缓慢，致使广东省整体的协调适配度难以有较大幅度的提升。

广东、北京及上海配置环节的协调适配函数值见表 3 - 16。

表 3 - 16   广东、北京及上海配置环节的协调适配函数值

年份	1999	2000	2001	2002	2003	2004	2005	2006	2007	2008
广东	0.6114	0.5815	0.6146	0.6202	0.6371	0.6563	0.6517	0.6773	0.6790	0.6191
北京	0.6857	0.6250	0.6672	0.6997	0.7287	0.7575	0.7462	0.8528	0.8953	0.7113
上海	0.6011	0.5665	0.6443	0.5647	0.6442	0.7276	0.7041	0.7918	0.8252	0.6926

4. 区域人才结构效能转化环节分析

对广东省 1999—2008 年十年间的效能转化环节功效函数值分析，可发现：十年间广东省的区域人才结构与产业结构的协调适配度整体上呈现动荡调整的趋势，从 1999 年的 0.6406 升至 2003 年的 0.7146，再降至 2008 年的 0.6555。虽然处在动荡调整局面，但等级幅度发展至目前，依然处在弱度协调层次上。

与北京及上海的十年间的效能转化环节功效函数值比较，可发现：北京及上海效能转化环节的协调适配函数值在十年间也处于动荡调整，总体上未呈现出较强的上升态势。

通过对广东省十年间自身时序纵向分析及与北京和上海的横向比较分析，可得出如下结论：广东省在效能转化环节的协调适配函数值与北京和上海相比，具有一定的比较优势，但十年间的提升趋势缓慢，仍然处在弱度协调层次，致使广东省整体的协调适配度难有较大幅度的提升。

广东、北京及上海效能转化环节的协调适配函数值见表3-17。

表3-17　　　广东、北京及上海效能转化环节的协调适配函数值

年份	1999	2000	2001	2002	2003	2004	2005	2006	2007	2008
广东	0.6406	0.6637	0.6930	0.6986	0.7146	0.6754	0.6991	0.6850	0.6872	0.6555
北京	0.5881	0.6443	0.6717	0.6878	0.6999	0.6792	0.6719	0.6342	0.6488	0.6612
上海	0.5714	0.6717	0.6774	0.7050	0.7018	0.6337	0.6987	0.6449	0.6727	0.6290

四　对策建议

通过上述对广东省自身纵向时序比较及横向比较分析的结果进行的原因探析，可以发现广东省在影响协调适配度的四个主要环节中，具有优势的环节为配置环节及效能转化环节，而在区域人才结构投入环节和生成环节两个方面均存在一定的问题。因此，针对区域人才结构投入环节和生成环节相应的问题，依据协调适配考评指标体系，针对相应的考评指标可考虑采取如下系列措施：

1. 加强区域人才数量结构的投入方面的工作

依据表3-18所示的数据，从教育投入增长率这个指标比较来看，广东与北京及上海基本持平，每一年基本保持15%—20%的增长率；但从教育投入占GDP比重这个指标比较来看，广东省的年约3%略逊于上海市的年约4%，但远远低于北京市的年约6%。

因此，广东省在教育投入方面，除了继续保持每年的教育投入增长率外，还要注意提高教育投入占全省的GDP比重，在教育投入的总量上应有一个更高层次的提升。

表 3 - 18　　广东、北京及上海 1999—2008 年区域人才数量
结构投入方面的指标比较

省(市、区)	指标	1999 年	2000 年	2001 年	2002 年	2003 年	2004 年	2005 年	2006 年	2007 年	2008 年
广东	教育投入增长率	0.1876	0.0658	0.1479	0.1672	0.2349	0.1958	0.1389	0.1381	0.0728	0.2403
	教育投入占 GDP 比重	0.0348	0.0325	0.0299	0.0312	0.0328	0.0329	0.0316	0.0308	0.0278	0.0300
北京	教育投入增长率	0.2875	0.2809	0.2964	0.2753	0.1085	0.1102	0.1435	0.1635	-0.3544	0.2083
	教育投入占 GDP 比重	0.0693	0.0778	0.0674	0.0737	0.0704	0.0648	0.0652	0.0664	0.0360	0.0388
上海	教育投入增长率	0.2366	0.1603	0.1515	0.1551	0.1806	0.1206	0.2483	0.1035	-0.1234	0.1648
	教育投入占 GDP 比重	0.0372	0.0383	0.0385	0.0404	0.0409	0.0380	0.0418	0.0408	0.0304	0.0315

2. 加强区域人才质量结构投入高级化方面的工作

依据表 3 - 19 所示的数据，从高等教育投入增长率这个指标比较来看，广东与北京及上海基本类似，每一年都基本保持在 20% 上下的增长；但从高等教育投入占 GDP 比重这个指标比较来看，广东的年约0.8% 逊于上海的年约 1.5%，远远低于北京的年约 4%。

表 3 - 19　　广东、北京及上海 1999—2008 年区域人才质量
结构投入高级化方面的指标比较

省(市、区)	指标	1999 年	2000 年	2001 年	2002 年	2003 年	2004 年	2005 年	2006 年	2007 年	2008 年
广东	高等教育投入占 GDP 比重	0.0054	0.0065	0.0068	0.0074	0.0082	0.0082	0.0083	0.0077	0.0112	0.0096
	高等教育投入增长率	0.2280	0.3941	0.2878	0.2234	0.3081	0.1794	0.2115	0.0778	0.7263	-0.0105
	科技投入占 GDP 比重	0.0110	0.0222	0.0213	0.0215	0.0209	0.0206	0.0200	0.0207	0.0220	0.0234
	科技投入增长率	0.1028	0.1296	0.1990	0.1318	0.1410	0.1739	0.1477	0.2100	0.2625	0.2257

续表

省(市、区)	指标	1999 年	2000 年	2001 年	2002 年	2003 年	2004 年	2005 年	2006 年	2007 年	2008 年
广东	R&D 投入占GDP 比重	0.0074	0.0110	0.0114	0.0115	0.0113	0.0111	0.0109	0.0119	0.0130	0.0140
	R&D 投入增长率	0.1853	0.6301	0.2831	0.1380	0.1496	0.1746	0.1543	0.2838	0.2916	0.2431
北京	高等教育投入占 GDP 比重	0.0424	0.0510	0.0418	0.0424	0.0439	0.0416	0.0404	0.0393	0.0403	0.0445
	高等教育投入增长率	0.2299	0.3701	0.2263	0.1845	0.2019	0.1425	0.1026	0.1107	0.2212	0.2363
	科技投入占GDP 比重	0.0852	0.1230	0.0924	0.0907	0.0869	0.0855	0.0920	0.0937	0.0882	0.0868
	科技投入增长率	0.1149	0.6460	0.1247	0.1457	0.1103	0.1874	0.2226	0.1624	0.1203	0.1039
	R&D 投入占GDP 比重	0.0446	0.0628	0.0461	0.0506	0.0510	0.0523	0.0554	0.0550	0.0540	0.0524
	R&D 投入增长率	0.0962	0.2804	0.0993	0.2823	0.1676	0.2380	0.2042	0.1332	0.1672	0.0888
上海	高等教育投入占GDP 比重	0.0147	0.0161	0.0165	0.0173	0.0177	0.0182	0.0182	0.0166	0.0168	0.0172
	高等教育投入增长率	0.1576	0.2317	0.1770	0.1503	0.1978	0.2379	0.1351	0.0285	0.1923	0.1485
	科技投入占GDP 比重	0.0295	0.0421	0.0426	0.0441	0.0430	0.0435	0.0446	0.0421	0.0433	0.0423
	科技投入增长率	0.1098	0.6106	0.1587	0.1386	0.1386	0.2199	0.1617	0.0675	0.2114	0.0975
	R&D 投入占GDP 比重	0.0133	0.0162	0.0169	0.0192	0.0192	0.0211	0.0227	0.0249	0.0252	0.0259
	R&D 投入增长率	0.1531	0.4470	0.1934	0.2522	0.1686	0.3273	0.2180	0.2418	0.1881	0.1557

　　从科技投入增长率来看，广东与北京及上海基本类似，每一年都基本保持在 10%—30% 的增长；但从科技投入占 GDP 比重来看，广东的年约 2% 逊于上海的年约 4%，远远低于北京的年约 9%。

　　从 R&D 投入增长率来看，广东与北京及上海基本类似，每一年都基本保持 15%—30% 的增长；但从 R&D 投入占 GDP 比重来看，广东的年约 1% 逊于上海的年约 2%，远远低于北京的年约 5%。

　　因此，广东省在教育投入方面，除了继续保持和提高每年的高等教育投入增长率、科技投入增长率和 R&D 投入增长率外，更要注意提高高等教育投入占 GDP 比重、科技投入占 GDP 比重和 R&D 投入占 GDP 比重。在人才质量培养的投入总量上要有一个更高层次的提升，尤其要向北京看齐。

　　3. 加强区域人才质量在生成方面的高级化工作

　　据表 3 - 20 所示，从人才占人口比率来看，广东的年约 5% 远远逊于上海的年约 25% 及北京的年约 20%；从人才占从业人员比率来看，广东的年约 10% 远远逊于上海及北京市的年约 40%。

表 3 - 20　　　　广东、北京及上海 1999—2008 年区域人才质量
生成高级化方面的指标比较

省（市、区）	指标	1999 年	2000 年	2001 年	2002 年	2003 年	2004 年	2005 年	2006 年	2007 年	2008 年
广东	人才占人口比率	0.0330	0.0350	0.0434	0.0475	0.0466	0.0468	0.0545	0.0543	0.0612	0.0669
	人才占从业人员比率	0.0638	0.0785	0.0854	0.0942	0.0901	0.0901	0.1067	0.1012	0.109	0.1166
北京	人才占人口比率	0.1070	0.1072	0.1286	0.1451	0.1557	0.1783	0.1721	0.2123	0.2067	0.2213
	人才占从业人员比率	0.2329	0.2666	0.2999	0.3176	0.3454	0.3824	0.3575	0.4449	0.4381	0.4664
上海	人才占人口比率	0.1829	0.1653	0.1818	0.1929	0.1928	0.2280	0.2355	0.2818	0.2866	0.2651
	人才占从业人员比率	0.3697	0.3672	0.3995	0.3437	0.3271	0.3804	0.3936	0.4386	0.4211	0.3828

　　从上述指标对比分析，可以看出广东是人口大省，也是吸纳从业人员就业的大省，但人才比例规模与北京及上海比起来相形见绌。因此，广东省有关部门需着手调整人才比例规模的结构，在人才引进、人才培养及借助产业转移促使低级劳动力流出等方面采取措施，使广东的人才

占人口比率及人才占从业人员比率有一个更高层次的提升，尤其要向上海及北京看齐，并力争在"十二五"时期实现追赶目标，"十三五"时期基本与上海与北京持平。

4. 加强三次产业人才结构高级化的工作

依据表 3 - 21 所示的数据，以 2008 年数据进行横向比较发现，在第一产业人才数量比例高度化方面，广东远远高于北京及上海；而在第二产业人才数量比例高度化方面，广东高于上海，与北京基本相近；而在第三产业人才数量比例高度化方面，广东低于上海，与北京基本相近。正因为广东第二产业人才数量比例高度化较高，挤占了广东第三产业人才数量比例的高度化，从而影响了广东第三产业人才数量的快速提升。

表 3 - 21 　　　广东、北京及上海 1999—2008 年三次产业人才结构高级化方面的指标比较

省(市、区)	指标	1999 年	2000 年	2001 年	2002 年	2003 年	2004 年	2005 年	2006 年	2007 年	2008 年
广东	第一产业人才数量比例高度化	0.0336	0.0196	0.0326	0.0217	0.0133	0.0149	0.0300	0.0202	0.0179	0.0239
	第一产业人才数量增长量高度化	0.1332	-0.3476	0.3875	-0.1089	-0.3103	0.1727	1.2054	-0.3181	0.0038	0.5147
	第二产业人才数量比例高度化	0.2620	0.2620	0.2734	0.2672	0.2791	0.2908	0.3069	0.3221	0.3356	0.3343
	第二产业人才数量增长量高度化	0.1212	0.1140	-0.1277	0.3089	0.1731	0.0874	0.1614	0.0636	0.1765	0.1336
	第三产业人才数量比例高度化	0.7043	0.7182	0.6938	0.7109	0.7075	0.6941	0.6630	0.6576	0.6463	0.6417
	第三产业人才数量增长量高度化	0.0837	0.1361	-0.1924	0.3721	0.1178	0.0240	0.05120	0.0050	0.1097	0.1300
北京	第一产业人才数量比例高度化	0.0112	0.0062	0.0102	0.0062	0.0033	0.0034	0.0065	0.0043	0.0037	0.0046
	第一产业人才数量增长量高度化	0.0907	-0.3926	0.7314	-0.3815	-0.2953	0.2784	0.8178	-0.1333	-0.1375	0.3296

续表

省 (市、 区)	指标	1999 年	2000 年	2001 年	2002 年	2003 年	2004 年	2005 年	2006 年	2007 年	2008 年
北京	第二产业人才数量 比例高度化	0.4426	0.4283	0.4169	0.4120	0.4102	0.3951	0.3870	0.3923	0.3975	0.3929
	第二产业人才数量 增长量高度化	0.1024	0.0574	0.0313	0.0042	0.2959	0.1920	−0.0488	0.3212	0.0021	0.0661
	第三产业人才数量 比例高度化	0.5461	0.5650	0.5728	0.5817	0.5863	0.6013	0.6064	0.6032	0.5986	0.6023
	第三产业人才数量 增长量高度化	0.1289	0.1314	0.0732	0.0322	0.3118	0.2690	−0.0207	0.2967	−0.0185	0.0853
上海	第一产业人才数量 比例高度化	0.0097	0.0055	0.0091	0.0046	0.0027	0.0028	0.0061	0.0040	0.0036	0.0047
	第一产业人才数量 增长量高度化	0.1381	−0.5055	0.5579	−0.1992	−0.2808	0.1960	1.3757	−0.1534	−0.0726	0.3254
	第二产业人才数量 比例高度化	0.3365	0.3240	0.3345	0.3084	0.3263	0.2641	0.2459	0.2372	0.2299	0.2185
	第二产业人才数量 增长量高度化	0.0796	−0.1705	−0.0189	0.4530	0.2897	−0.0800	0.0371	0.2285	0.0190	−0.0409
	第三产业人才数量 比例高度化	0.6537	0.6703	0.6562	0.6869	0.6709	0.7329	0.7478	0.7586	0.7664	0.7767
	第三产业人才数量 增长量高度化	0.1565	−0.1164	−0.0698	0.6497	0.1905	0.2418	0.1362	0.2923	0.0618	0.0229

　　因此，广东有关部门需着手调整第三产业人才比例规模的结构，在第三产业人才引进及人才培养等方面采取措施，使广东第三产业人才占三次产业的比率及第三产业人才增长率都有一个更高层次的提升。

第四章　广东省代表性城市的人才
结构优化与产业转型
升级的协同发展研究

本章依据第三章所提出的协调适配评价模型，通过对广东省代表性城市人才结构与产业转型升级的协同发展进行实证研究，并提出相应的对策建议。

第一节　五个代表性城市总体协调适配度分析

一　代表性城市的选择依据以及原始数据来源

对于广东省五个代表性城市的选取，主要以地理位置以及经济区域为标准做出选择，确定广州、深圳、汕头、湛江和韶关五个区域代表性城市。其中，广州和深圳代表珠三角地区，韶关代表粤北山区，汕头代表东翼，湛江代表西翼。

本章选取上述五个城市 2001—2011 年的相关数据进行分析。且通过查阅《广州统计年鉴》、《深圳市统计年鉴》、《汕头市统计年鉴》、《湛江市统计年鉴》、《韶关市统计年鉴》、《广东科技统计年鉴》、《广东教育经费统计年鉴》等资料来获取原始数据。

二　五个代表性城市总体协调适配度分析

采取熵值赋权法来确定指标权重。选取加权平均法计算协调适配度。经测算，五个代表性城市的协调适配度如表 4-1、图 4-1 所示。

广州、深圳一线大城市达到弱度协调的程度，而汕头、湛江、韶关则为中度失调的程度。广州和深圳在 2006 年之前在 0.5 以下，属于弱度失调，后续在 2006—2008 年保持弱度协调的状态，之后 2009—2011 年

表 4 – 1 五个代表性城市的协调适配度

年份	广州	深圳	汕头	湛江	韶关
2001	0.4972	0.4385	0.2293	0.2705	0.2989
2002	0.5576	0.4550	0.2557	0.2795	0.2474
2003	0.4605	0.4149	0.2652	0.2661	0.3587
2004	0.5094	0.4965	0.2747	0.2901	0.2735
2005	0.4230	0.4578	0.2952	0.2796	0.3569
2006	0.5027	0.5030	0.2852	0.2919	0.3041
2007	0.5777	0.5122	0.3090	0.2835	0.2575
2008	0.5967	0.5024	0.3078	0.2988	0.2528
2009	0.6482	0.6352	0.2614	0.3241	0.2198
2010	0.6315	0.6396	0.2903	0.3232	0.2273
2011	0.6459	0.6159	0.2772	0.2954	0.2462
平均值	0.5500	0.5155	0.2774	0.2912	0.2766
协调等级	弱度协调	弱度协调	中度失调	中度失调	中度失调

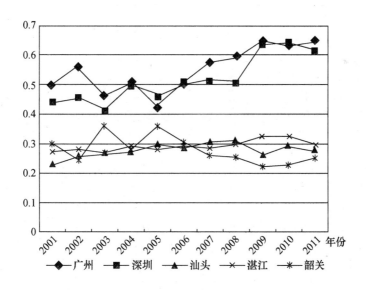

图 4 – 1　2001—2011 年五个代表性城市协调适配度变化趋势

资料来源：根据五城市 2002—2012 年统计年鉴相关数据整理计算。

达到低度协调，说明广州、深圳这两座城市的人才结构和产业结构协调适配，能够彼此相互促进。另外，汕头、韶关两市的人才结构和产业结构一直保持在中度失调的状态，湛江虽然均值反映出为中度失调，但从2009年之后呈现出逐步增长的态势，过渡至低度失调的状态。

<h1 style="text-align:center">第二节 五个代表性城市协调适配
四环节及具体指标分析</h1>

一 投入环节适配度及相应指标分析

依据表4-2可知，在投入环节，十一年之间，广州和深圳一线发达城市存在着失调状态。汕头和湛江也分别呈现出低度失调和中度失调状态，只有韶关地区呈现低度协调的状态。

表4-2　五个代表性城市2001—2011年投入环节协调适配度

年份	广州	深圳	汕头	韶关	湛江
2001	0.2560	0.2803	0.0828	0.7397	0.2306
2002	0.3484	0.4770	0.2425	0.5703	0.2308
2003	0.2572	0.4727	0.2544	0.7868	0.2011
2004	0.4597	0.3626	0.2557	0.6708	0.1902
2005	0.1492	0.3183	0.2433	0.7734	0.2001
2006	0.3822	0.5190	0.3280	0.6020	0.2829
2007	0.3127	0.4804	0.3821	0.4338	0.2244
2008	0.3882	0.3882	0.3820	0.4845	0.2403
2009	0.2944	0.5379	0.3176	0.4768	0.2776
2010	0.2418	0.5688	0.5261	0.5553	0.2673
2011	0.4130	0.3407	0.4979	0.5244	0.1435
平均值	0.3184	0.4314	0.3193	0.6016	0.2263
环节协调等级	低度失调	弱度失调	低度失调	低度协调	中度失调

针对投入环节的具体适配情况，下面具体从教育投入、科技投入、R&D投入等几个方面进行比较分析。

（一）教育投入

通过对比 2001—2011 年的教育投入经费数据，可以明显得出，广州、深圳两个一线城市对于教育的投入是相当巨大的，而且逐年增长，基本能够发挥出珠三角地区是广东省的人才培养重要地区的作用。而东部代表性城市汕头，也在逐步加强教育经费的投入。为了实现"十二五"的教育强省规划，韶关以及湛江都在不断提高教育经费的比例。因此，可以肯定的是广东省整体教育投入水平在不断提高，但部分地区相对来说仍投入不足，以至于人才培养的后劲不足。

教育投入增长比例不稳定，时高时低，且占本地区 GDP 的比重并不高，如表 4-3 所示。而欧美国家的教育投入比重一般可以占到 GDP 的 25% 以上，这说明在教育投入上面，任重而道远。

表 4-3　　　　　　　　　　　教育投入占 GDP 比重　　　　　　　　单位:%

年份	广州	深圳	汕头	韶关	湛江
2001	2.82	1.10	1.63	4.60	2.82
2002	2.95	1.08	1.77	4.47	2.95
2003	2.57	1.09	1.79	4.66	2.57
2004	2.52	0.98	1.66	4.62	2.52
2005	2.08	1.03	1.74	5.33	2.08
2006	2.14	1.07	1.97	4.45	2.14
2007	1.97	1.33	2.12	3.88	1.97
2008	1.76	1.32	2.22	3.38	1.76
2009	1.51	1.67	2.37	3.30	1.51
2010	1.52	1.59	2.51	2.73	1.52
2011	1.45	1.71	3.12	2.94	1.45

在国外，将高等教育视为整个产业转型升级至关重要的一环。在欧美国家，每万名公民里面，就有 66 位科研人员。即使如此，各高校仍然不断在全球网罗人才来发展高科技事业，在美国硅谷有 25% 以上是来自不同国家的科学家。目前广东省对于高等教育的投入只能说在维持平稳水平，而且高等学校区域分布严重失衡，大部分高校都集中在珠三

角地区，仅仅广州市就已经占据广东省高校总数的 70% ，而粤北山区只有韶关学院一所大学，汕头地区只有汕头大学和汕头职业技术学院。而且人才往往不愿意留在当地工作及服务，高新产业无法得到长足发展，大大制约了当地产业结构的转型升级。如此一来，粤东、粤西、粤北与珠三角地区层级差，势必会进一步加剧。

表 4 – 4 　　　　　　　　　　高等教育投入占 GDP 比重 　　　　　　　单位:%

年份	广州	深圳	汕头	韶关	湛江
2001	0.15	0.14	0.14	0.52	0.34
2002	0.18	0.15	0.20	0.55	0.37
2003	0.17	0.17	0.23	0.63	0.34
2004	0.19	0.19	0.21	0.62	0.35
2005	0.18	0.18	0.25	0.90	0.30
2006	0.21	0.22	0.26	0.76	0.35
2007	0.26	0.29	0.33	0.72	0.35
2008	0.27	0.33	0.42	0.66	0.35
2009	0.29	0.43	0.48	0.73	0.32
2010	0.26	0.43	0.53	0.63	0.33
2011	0.37	0.46	0.59	0.71	0.32

（二）科技投入

综合十一年科技经费投入数据，可知深圳市科技投入经费最多，最高可以达到 116 亿元左右，但在 2010 年后有较大幅度的回落，但这不能影响深圳以高科技为支柱性产业的战略发展选择。相对而言，广州市的科技经费投入一直保持平稳增长。自从《关于珠三角 2011—2020 年中长期规划》提出后，广州针对科技投入经费有了较大幅度的提升。2010 年起广东省开始实施"双转移"战略，在此期间韶关市受惠较大，建立了一批高科技工业园，并且投入了较高的科技发展经费，为北部山区的科技发展注入了活力与动力。而湛江和汕头地区投入的科技经费则相对较低。

另从表 4-5 可知，目前整个广东省对于科技投入的总体情况不是特别理想。对比新加坡 2011 年的数据，其科技投入已经达到了 74 亿新元（约合 381 亿元人民币），占其 GDP 的 2.3%。而在这方面，韶关基本能达到，广州、深圳等一线大城市仍有差距。

表 4-5 科技投入占 GDP 比重 单位:%

年份	广州	深圳	汕头	韶关	湛江
2001	0.31	0.40	0.12	1.48	0.11
2002	0.34	0.61	0.13	1.98	0.10
2003	0.34	0.46	0.14	2.37	0.12
2004	0.35	0.47	0.13	2.77	0.06
2005	0.33	0.59	0.12	3.17	0.10
2006	0.31	0.53	0.11	2.95	0.08
2007	0.30	0.74	0.13	2.67	0.11
2008	0.32	0.70	0.12	2.60	0.10
2009	0.35	0.97	0.13	2.49	0.16
2010	0.30	1.22	0.12	2.09	0.08
2011	0.34	0.61	0.19	2.45	0.10

（三）R&D 投入

从表 4-6 可知，深圳以高科技作为支柱产业，投入的经费是最多的，并且逐年以较高的幅度增长。2012 年深圳市投入 R&D 的经费已经达到 4389800.9 万元，是广州市的 3 倍。而其他三个地区的 R&D 经费投入占 GDP 比重，韶关相对较高，湛江最低。

表 4-6 R&D 投入占 GDP 比重 单位:%

年份	广州	深圳	汕头	韶关	湛江
2001	1.43	2.11	0.37	0.92	0.60
2002	1.39	2.20	0.40	1.24	0.58

续表

年份	广州	深圳	汕头	韶关	湛江
2003	1.24	2.91	0.42	1.67	0.56
2004	1.17	2.31	0.61	1.54	0.35
2005	1.07	2.07	0.61	1.73	0.27
2006	0.97	2.27	0.48	1.72	0.13
2007	0.92	2.30	0.72	1.71	0.15
2008	0.98	2.53	0.43	1.61	0.26
2009	1.13	2.93	0.40	1.23	0.38
2010	1.11	3.15	0.47	1.41	0.20
2011	1.13	3.24	0.75	1.10	0.17

二 生成环节适配度及相应指标分析

从表4-7可知,生成环节的协调适配度,处于珠三角地区的广深两城市分别达到低度协调和弱度协调,而其他三地区则呈现较为明显的中度失调。

表4-7 五个代表性城市2001—2011年生成环节协调适配度

年份	广州	深圳	汕头	韶关	湛江
2001	0.5561	0.6696	0.2064	0.2093	0.1631
2002	0.6799	0.5419	0.2100	0.2285	0.1622
2003	0.5575	0.5187	0.2104	0.3627	0.1645
2004	0.6197	0.6037	0.3169	0.2476	0.1974
2005	0.5451	0.6466	0.2443	0.2627	0.1535
2006	0.6118	0.6243	0.2515	0.2920	0.2000
2007	0.5769	0.6223	0.3302	0.2434	0.1770
2008	0.6392	0.5157	0.3263	0.3550	0.2931
2009	0.6385	0.5967	0.2222	0.3140	0.1908
2010	0.6266	0.5133	0.3179	0.3226	0.3011
2011	0.6196	0.6133	0.2102	0.3352	0.3120
平均值	0.6064	0.5878	0.2587	0.2885	0.2104
环节协调等级	低度协调	弱度协调	中度失调	中度失调	中度失调

针对生成环节的具体适配情况，下面主要从产业人才质量密度结构、三次产业结构与三次产业人才结构来进行比较分析。

（一）产业人才质量密度结构

依据图 4-2 和图 4-3 可知，广州和深圳所占的人才比率较高，这符合克拉克定理，即人才会向经济发达的城市进行转移。从实际状况的整体来看，珠三角地区人才质量密度比较高，而东翼、西翼以及北部山区的人才密度不高。

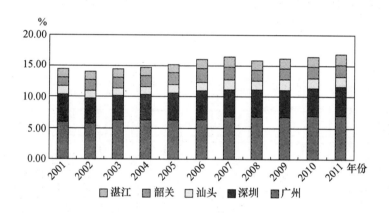

图 4-2　人才占人口比率

资料来源：根据《广东统计年鉴 2012》相关数据整理计算。

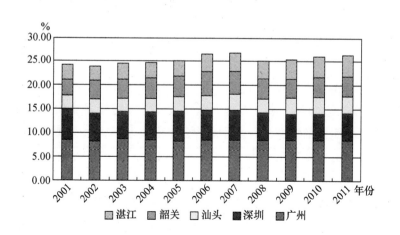

图 4-3　人才占从业人员比率

资料来源：根据《广东统计年鉴 2012》相关数据整理计算。

（二）三次产业结构与三次产业产业人才结构

1. 广州市的相关分析

自 2001 年以来，广州以发展第二产业以及第三产业为主，这两部分占产业总量已接近95%（见图4-4）。据此可以判定，目前广州市已步入后工业化发展时代。而从人才结构来看，第一产业的人才比率正逐步下降，第一产业的人才正逐步往第二产业及第三产业流转。2010 年及以后，广州市进入"十二五"规划的重要战略转型时期，服务业将飞速发展，因此从图4-5 可以明显地看出第三产业的人才比例从 2010 年之后有明显的提高。

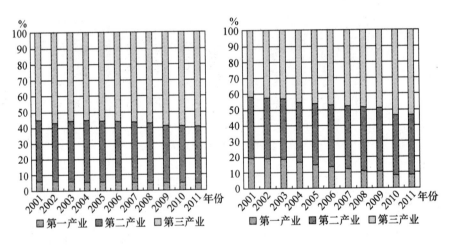

图4-4　广州市三次产业结构　　　图4-5　广州市三次产业人才结构

2. 深圳市的相关分析

自 2007 年之后，深圳市提出深化改革，促进服务业升级改造后，第三产业有明显的提高，占产业结构总量已接近50%（见图4-6），第三产业占据整个深圳市 GDP 产值的一半以上。人才结构也顺应发展形势，第一产业保持在极低的水平，约 0.1%。高新技术是深圳市的支柱性产业，因此相应匹配至第二产业的人才结构比例接近 60%。第三产业的人才比例也正逐步加大，尤其是从 2010 年之后有明显的提高（见图4-7）。

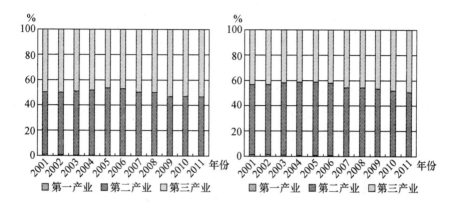

图4-6 深圳市三次产业结构　　　　图4-7 深圳市三次产业人才结构

3. 汕头市的相关分析

汕头市虽作为广东省东翼地区重点发展城市，但据图4-8和图4-9可明显看出人才结构演变与产业转型升级十分不协调。第一产业的人才比例过高，接近30%的水平；而第二产业的人才比例逐年在放大，接近40%的比例；第三产业的人才比例自2008年之后有所收缩，从30%左右降至25%左右。

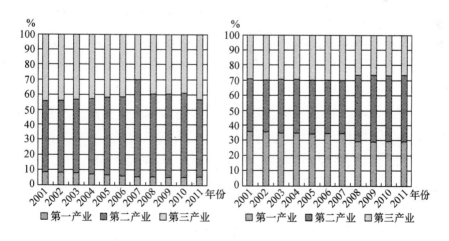

图4-8 汕头市三次产业结构　　　　图4-9 汕头市三次产业人才结构

4. 韶关市的相关分析

韶关地处广东省粤北地区，该地区多丘陵多山地，土地不平整，不适合大量发展种植业，因此第一产业结构比例并不是很高，不及20%的比例（见图4-10）。但从人才结构比例看，有将近40%的人才投身第一产业。在2008年之后，广东省发展双转移政策，将部分工业往粤北转移，由此也带动了第三产业的发展。由图4-11可见，2008年以后第二产业和第三产业人才比例有所增长，但仍然改变不了第一产业人才比例过高的局面。

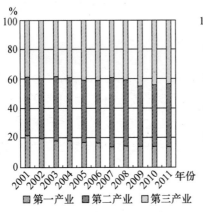

图4-10 韶关市三次产业结构

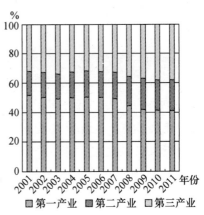

图4-11 韶关市三次产业人才结构

5. 湛江市的相关分析

据图4-12可知，第二产业的比例正逐步加大，但第二产业的发展优势并不明显，第三产业也得不到长足发展。而据图4-13可明显观察到，湛江市的人才结构比例比较平均，基本上每个产业的人才数量都差不多，这足以说明湛江市人才结构与产业转型升级发展不是十分协调。

三 配置环节适配度及相应指标分析

从表4-8可知，除了粤西的湛江，其他四个城市都呈现出失调的状态。而广州尤为突出，呈现高度失调状态。此外，深圳、韶关呈现低度失调，而汕头则呈现弱度失调的状态。

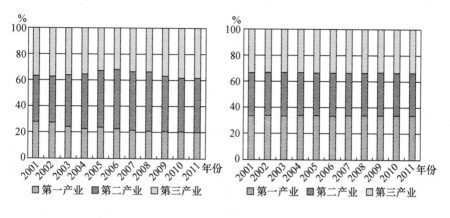

图 4 -12　湛江市三次产业结构　　　图 4 -13　湛江市三次产业人才结构

表 4 -8　　　五个代表性城市 2001—2011 年配置环节协调适配度

年份	广州	深圳	汕头	韶关	湛江
2001	0.1789	0.2922	0.4345	0.4161	0.7750
2002	0.1935	0.3095	0.4231	0.3902	0.7932
2003	0.1654	0.3163	0.4102	0.3315	0.7922
2004	0.1510	0.3253	0.3942	0.3443	0.7844
2005	0.1634	0.3166	0.4084	0.4868	0.7768
2006	0.1607	0.3223	0.4145	0.5135	0.8097
2007	0.1455	0.3325	0.3803	0.3990	0.6858
2008	0.1325	0.2904	0.4009	0.3512	0.7212
2009	0.1312	0.3291	0.4408	0.4163	0.7357
2010	0.1050	0.2769	0.3756	0.3542	0.7212
2011	0.1016	0.2810	0.4102	0.3655	0.7086
平均值	0.1481	0.3084	0.4084	0.3972	0.7549
环节协调等级	高度失调	低度失调	弱度失调	低度失调	中度协调

针对配置环节的具体适配情况，下面主要从产业从业人才生产效率结构偏离度和三次产业从业人才生产效率结构偏离度两个综合型数据来进行比较分析。

（一）产业从业人才生产效率结构偏离度

1. 传统产业从业人才生产效率结构偏离度

从图 4 - 14 可知，五个城市里面，韶关市处在最外，偏离度最大。其次是广州、汕头、深圳，而湛江的偏离度最低。可以表明对于传统产业来说，湛江的人才结构是最协调的。湛江市作为海滨城市，主要发展亚热带农业产品，是重要的水果和水稻出产地。而对于韶关，正如前文所述，第一产业结构比例不高，但其第一产业人才比例结构却很高，由此导致传统产业从业人才生产效率结构偏离度较高。

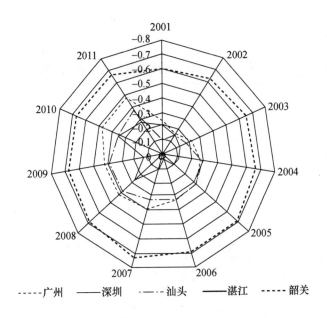

图 4 - 14　传统产业从业人才结构偏离度

资料来源：根据五城市 2002—2012 年统计年鉴相关数据整理计算。

2. 高新技术产业从业人才生产效率结构偏离度

从图 4 - 15 可知，对于高新技术产业从业人才生产效率结构偏离度，深圳的偏离度最低。作为改革开放前沿阵地，深圳 2012 年的高新技术产值已经占到总体 GDP 的 46.41%，而高新技术的蓬勃发展，也吸引了一批高水平的人才。湛江偏离度最高，究其原因是湛江目前的科研发展相对靠后，还未将高新人才发挥出最大效能。

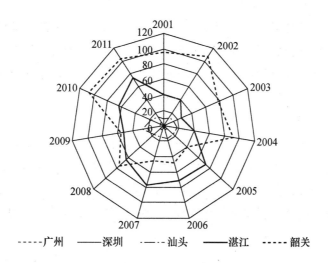

图4-15 高新技术产业从业人才结构偏离度

资料来源：根据五城市2002—2012年统计年鉴相关数据整理计算。

（二）三次产业从业人才生产效率结构偏离度

1. 第一产业结构偏离度

依据图4-16可知，深圳市从2006年之后，第一产业的人才偏离度接近0，这说明深圳市基本上不再发展第一产业。而广州市第一产业

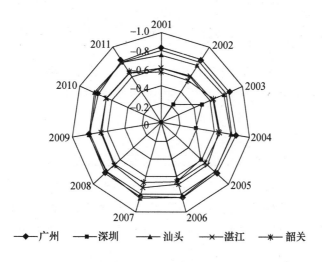

图4-16 五个代表性城市第一产业从业人才结构偏离度

资料来源：根据五城市2002—2012年统计年鉴相关数据整理计算。

的人才结构偏离度最高，以 2013 年为例，广州市实现农林渔牧业总产值为390.51亿元，同比增长2.7%。广州市仍有一部分区域将第一产业作为支柱性产业，如从化、花都和增城等地区。另外，汕头第一产业从业人才偏离度也比较高。

2. 第二产业结构偏离度

依据图4-17可知，汕头市第二产业从业人才偏离度相对不高，主要原因为汕头市的民营工业企业已经成为经济增长的主力军，人才的配置大体上由民营工业企业发挥作用。而湛江的第二产业从业人才结构的偏离度相对较高，这反映出粤西地区的第二产业转型升级与人才结构演进之间不是十分协调。

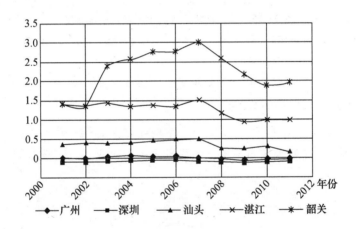

图4-17 五个代表性城市第二产业从业人才结构偏离度

资料来源：根据五城市2002—2012年统计年鉴相关数据整理计算。

3. 第三产业结构偏离度

第三产业发展与人才结构的演进是否相互适配，对于一个城市能否顺利进入后工业化时代来说至关重要。从图4-18可知，一线大城市如深圳和广州的偏离度都比较低，符合产业发展规律。而湛江和汕头的偏离度仍较高，这说明其第三产业的发展与人才结构演进之间不太协调。

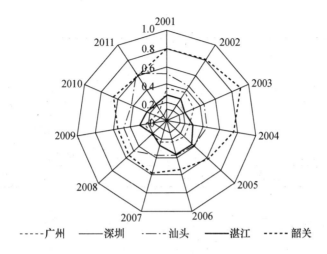

-----广州　——深圳　-·-汕头　——湛江　----韶关

图 4 – 18　五个代表性城市第三产业从业人才结构偏离度

资料来源：根据五城市 2002—2012 年统计年鉴相关数据整理计算。

四　效能转化环节适配度及相应指标分析

根据表 4 – 9 可知，广州和深圳两个一线城市分别呈现中度协调、低度协调，而其他三个城市则呈现比较严重的失调情况。尤其是湛江和韶关，数据显示其均为高度失调的状态，其次则为汕头，为中度失调。

表 4 – 9　五个代表性城市 2001—2011 年效能转化环节协调适配度

年份	广州	深圳	汕头	韶关	湛江
2001	0.8041	0.6549	0.2460	0.1419	0.0178
2002	0.8049	0.6596	0.3124	0.1732	0.0211
2003	0.7928	0.5252	0.2970	0.1209	0.0330
2004	0.7458	0.7301	0.2489	0.1544	0.1086
2005	0.6831	0.5655	0.2849	0.1944	0.1338
2006	0.6929	0.5924	0.1753	0.1995	0.1356
2007	0.6634	0.5585	0.2435	0.1601	0.1265
2008	0.7010	0.6870	0.2144	0.0820	0.1977

续表

年份	广州	深圳	汕头	韶关	湛江
2009	0.6537	0.6945	0.1707	0.0683	0.1344
2010	0.6559	0.7087	0.2257	0.1840	0.1157
2011	0.7478	0.7986	0.1794	0.1736	0.1213
平均值	0.7223	0.6523	0.2362	0.1502	0.1678
环节协调等级	中度协调	低度协调	中度失调	高度失调	高度失调

针对效能转化环节具体适配情况，下面主要从产业人才科技效能发挥和产业人才经济效能发挥来进行比较分析。

（一）产业人才科技效能发挥

根据图 4 – 19、图 4 – 20、图 4 – 21 和图 4 – 22 可知，处于珠三角地区的广州和深圳的人才效能发挥最优。广州和深圳的专利申请数与专利授权量基本已经达到整体比例的 75% 以上，而技术市场成交合同数以及合同金额的所占比例优势更是明显，其比例达到 90% 以上。另外值得注意的是，深圳的科研能力比广州更强，十一年间历年的专利申请以及专利授权量都要超过广州，这说明深圳更是广东高科技人才的汇集地，这与深圳作为广东科技创新的龙头地位是相辅相成的。

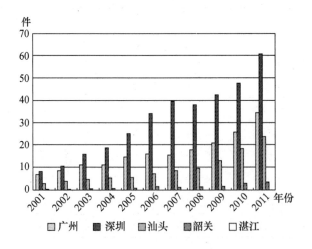

图 4 – 19　每万人专利申请量

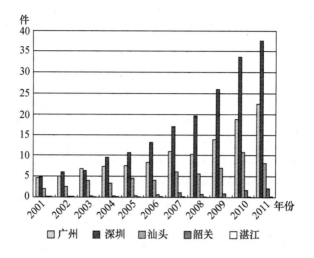

图 4 - 20　每万人专利授权量

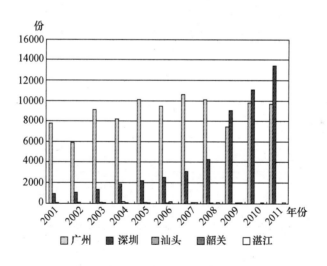

图 4 - 21　技术市场成交合同数

（二）产业人才经济效能发挥

1. 高新技术产业人才经济效能发挥

根据图 4 - 23 可知，十一年间广州高新技术产业人才经济效能发挥始终处于遥遥领先的地位，这与广州市的汽车制造业、石油化工制造业以及电子产品制造业三大支柱产业发展较快密不可分。相对而言，十一年间湛江的产业人才经济效能发挥效果不是十分理想,远远落后于其他四个城市。

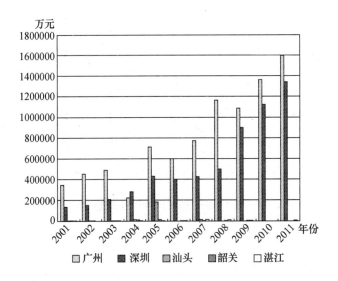

图 4 – 22 技术市场成交合同金额

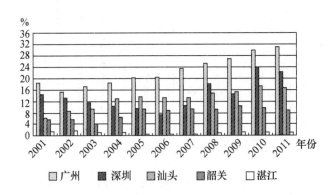

图 4 – 23 高新技术产品产值占区域工业总产值比重

2. 社会从业人才生产率

社会从业人才生产率是由城市 GDP 与城市社会从业人才数量之比所得。根据图 4 – 24 可知,处于珠三角地区的人力资本发挥了较强的人才生产效能。而东部、西部和北部地区人才效能则平稳发展,相互之间基本没有太大差距。

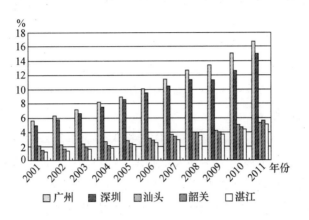

图 4 - 24　社会从业人才生产率

第三节　对五个代表性城市的对策建议

上述实证及表 4 - 10 均表明，目前广东省的人才结构演进与产业结构转型升级的协调适配度不是很高，产业人才没能发挥出最大的效能。着力推进产业转型升级与人才结构优化的协同发展既是亟须解决的问题，也是广东省"十二五"时期进一步发展的首要任务。

表 4 - 10　　　　五个代表性城市十一年均值各项环节汇总

城市 环节	广州	深圳	汕头	韶关	湛江
总体协调度	0.5500	0.5155	0.2774	0.2912	0.2766
投入环节	0.3184	0.4314	0.3193	0.6016	0.2263
生成环节	0.6064	0.5878	0.2587	0.2885	0.2104
配置环节	0.1481	0.3084	0.4084	0.3972	0.7549
效能转化环节	0.7223	0.6523	0.2362	0.1502	0.1678

资料来源：根据五城市 2002—2012 年统计年鉴相关数据整理计算。

1. 关于广州的改进建议

广州总体协调水平处于弱度协调阶段，其中，配置环节为高度失调，投入环节为低度失调。

在配置环节，广州应该着力提升从业人才的比例，提升在职人才的培训力度。把高层次创新创业人才队伍打造成为加快转变经济发展方式的新引擎，以政府带动高校、高校反哺企业，发挥产学研的积极作用，形成闭环协同作用。

在投入环节，广州市目前 R&D 的投入经费不足，对协调适配度有较大影响。广州市政府可主导大企业作为创新表率，助推大企业积极研发，从而带动高新人才的培养。实际上，广州市政府已采取相应措施，如 2010 年 7 月广州市政府出台了《关于加快吸引培养高层次人才的意见》，专门提出了 "1 + 10" 的政策措施来完善培养和吸引高层次人才工作机制，也为 "十二五" 乃至 "十三五" 的规划提供了蓝图导向。

此外，按照现有的行政划分，大广州包括增城区、从化区、花都区和南沙区，这些区域掣肘了广州市的产业转型升级，同时也拉低了人才结构与产业结构协调适配度的水平。因此，增城区、从化区、花都区和南沙区这些区域应积极转变产业结构，发展现代型都市农业结构，在稳定第二产业原有水平之上，着力发展第三产业。提高知识型、智力型、资本化、专业化和高效能化企业的占有率，如积极发展金融行业、会展行业、会计、咨询、设计和第四方物流等。大力推动中新广州知识城、广州科学城、广州大学城和南沙智慧岛等创新型园区探索开展 "人才特区" 试点，打造国际级人才聚集区域，完善区位优势，提升广州的综合竞争力。

2. 关于深圳的改进建议

深圳总体协调度为弱度协调，其中，配置环节为低度失调，投入环节为弱度失调。

在配置环节，应从从业人才生产效率的协调化入手进行改进提升。对于产业人才生产效率的提升，应先加大力度建成一批具有国际竞争力的前沿性的技术共享平台。可以南方科技大学、深圳大学以及北京大学、清华大学、哈尔滨工业大学深圳研究生院的科研产业平台作为人才培养载体，以新一代信息技术、互联网、新能源、新材料等高科技技术为导引目标，以华为、腾讯、联想等大型企业为实践基地，着力培养一批专业性强、实用性高的专业人才队伍，促进从业人才生产效率快速有效提升。

在投入环节，应加快推进教育现代化，特别是着力加快高等教育基础设施建设，例如加快香港科技大学深圳学院和西丽大学城的建设。加大科技投入以及 R&D 投入，此方面深圳已做好相应规划。如《深圳市"十二五"规划》中指出，到 2015 年全社会研发支出占 GDP 比重将达到 4%，科技进步贡献率将达到 60%，高科技产业增加值占 GDP 比重将达到 35%。这些数字都充分表明深圳对于高科技的投入力度在逐年递增，这为深圳市产业结构升级与人才结构优化的协同发展奠定了良好的基础。

3. 关于汕头的改进建议

汕头作为广东省东部的一座发达城市，其产业结构与人才结构间的协同属于中度失调。具体来看，配置环节与投入环节达到弱度失调与低度失调，生成环节和效能转化环节均为中度失调。

综合前述数据以及各方面资料分析来看，目前汕头的发展主要有以下突出问题：

（1）科学发展理念亟须提高。汕头作为特区城市，目前显得故步自封，在发展理念、体制机制和法制建设等方面都未能走在时代发展的前面。城市发展环境一般，城市综合管理水平偏低，商务成本居高不下等因素都让汕头目前的企业不断迁出和人才不断流出。

（2）经济发展方式的转变面临着严峻的挑战。目前汕头产业结构性矛盾十分突出，传统产业的自主创新能力不强，新兴产业也因缺乏核心项目的带动而显得停滞不前；城乡之间产业结构矛盾较为突出，无法构造城乡一体化。

（3）财政经费支持的动力性不足。城市的产业发展与人才结构的优化，都要求政府源源不断的经费投入，以此来维持创新发展的需求。目前，汕头市财政经费收入增长有限，因而对投入环节、生成环节、配置环节和效能转化环节都不能够额外性地拨付经费，各环节优化提升的财政保障性较弱。

针对汕头这座粤东特区城市，主要有以下几点改进建议：

（1）着力发展民生基础事业。不管是投入、生成、配置还是效能转化环节，都要求地区政府能够提供良好的城市基础建设与城市精神文明建设。汕头作为粤东的经济特区，应该发挥其经济地理优势，联结珠三角、长三角，服务粤东、服务福建西南、服务江西东南，融入珠三角的大改革大发展，参与海峡两岸的经济区建设，深化粤港澳三地紧密合作，发挥自主台商优势，形成与周边城市的差异化发展。增加汕头的财政经济收入，着力发展民生基础事业，筑巢引凤，以期助推特区的二次创业。

（2）加快产业转型升级及提高三次产业人才储备量。汕头应在考虑自身特有的发展路径情况下，重点提升传统优势产业，快速实现第二产业和第三产业的转型升级，完成与周边城市错位发展。另外，制定政策激励各企业提高员工培训力度，大幅度提升员工职业技能与职业素质，精准有效地提高三次产业人才储备量，为加快产业转型升级提供支持。

（3）实施"产学研"提升产业自主创新能力。一方面，抓住厦深高铁的建成以及新潮汕机场落实的良好契机，有效吸引高新技术企业来汕头发展。另一方面，助推企业、高等院校和科研机构三者有效结合，以技术创新平台为建设载体，科技创新带动人才发展。引导企业加大R&D 的投入，推动核心技术的攻关，将产业发展从"资源依赖"转向"知识依赖"。加大政府在"产学研"中的政策引导作用，推动科研成果走出实验室实现产业化。

4. 关于韶关的改进建议

韶关属于粤北山区城市，一直以来备受广东省政府的关注及重点扶持。因此，在总体协调度水平偏低的情况下，投入环节仍然能够达到弱度协调水平，而其他三个环节都为中度失调。

目前韶关市主要面临的问题有：发展过度依赖传统产业，低端产业粗放型增长，产业集聚性较低，城乡发展不协调，经济总量得不到大幅度提升。此外，韶关地处粤北山区，投资贸易活动较少，融资渠道较为单一，无法形成完整产业链条。

针对韶关自身的特点，相关建议如下：

（1）借助"产业双转移"政策实现产业良性集聚。借助"双转移"

政策，大力加快东莞（韶关）产业转移园、东莞大岭山（韶关南雄）等产业转移园的基础建设，落实省级高新技术产业开发项目的基础建设，促进市内工业向产业转移园集聚，形成集聚效应，带动中心发展，影响周边区域。着力提升劳动者技能，逐步增加高新技术企业比重。

（2）加大科技创新并提升人才吸引力度。以韶关学院为支撑推进产学研体系建设，重点培养创新型的骨干企业。将优质资源向创新型企业与创新型项目倾斜，逐年提升知识密集型产业的比重额度。与此同时，加大人才引进及激励力度，完善知识产权支撑体系，支撑产业转型升级。

5. 关于湛江的改进建议

湛江作为粤西走廊，目前产业结构转型升级与人才结构优化间的协调水平十分不理想，总体协调水平为中度失调。具体环节比较来看，除了配置环节达到中度协调外，效能转化环节则呈现高度失调，其他两个环节均为中度失调。

根据上述分析来看，湛江在效能转化环节的高度失调主要源于技术市场成交合同数以及金额相对偏低，与珠三角区域内发达城市差距甚远。此外，高新技术产值占 GDP 比重极低，只占到 GDP 的 0.06%。而投入环节和生成环节的不协调，原因则大致与汕头以及韶关的相同。

针对湛江自身的特点，相关建议如下：

（1）坚定发展既定的高新技术产业。目前湛江既定的七大重点产业分别为：电子信息产业、制造业、新材料产业、生物医药产业、节能与新能源产业、海洋产业和现代农业，着力发展好这七大产业，建立省级合作平台，形成紧密型创新联盟，助推具有湛江特色的高新产业结构转型升级与发展。另外，需产学研同步发展，具体路径为：依托广东海洋大学和湛江师范学院，与珠三角各大高校建立合作机制，借此进一步与湛江的各高新技术企业结成产学研协同创新联盟。

（2）利用"双转移"合理优化人才结构。目前湛江市在生成环节中，处于高度失调状态，其中较为明显的是三次产业结构为 21.0：41.1：37.9，而三次产业人才结构为 62：14.2：23.8。目前广东省提出实施产业技术和劳动力"双转移"、"双提升"战略，并且要求湛江在粤西地区要起到振兴龙头带动区域发展的重要作用。因此，湛江要着力转变不协调的

"二三一"产业向高度专业化的"二三一"产业转型升级，凭借"双转移"东风，结合当地产学研环境，不断加快建设省级高新区、省级产业转移工业园，承接珠三角地区的产业与人才转移，利用自身的资源禀赋，坚持差异化发展战略。

（3）加大可以增强竞争软实力的各项投入。目前湛江有多所中央级企业入驻，助推着湛江的工业发展，湛江也在寻求产业转型升级，而人才结构往往不能与之相适应匹配，导致当地许多高新技术无法落地，有资源也无法形成生产能力。湛江需着力投入资金来推动基础教育以及职业教育和高等教育的发展。通过财政的支持以及政策的偏向，在高校、重点企业以及科研机构建设研发中心，实现全方位产学研的合作，带动原始创新，将科技成果加速向现实生产力转化，带动当地经济的快速发展。

第五章　广东省产业人才资本
发展环境评价研究

进入 21 世纪，广东省如要全面落实科学发展观，继续发挥"排头兵"作用，就必须不断培育和强化促进产业优化升级的内在驱动力。众多理论学者认为，产业人才资本是影响区域产业结构优化升级的内在的重要的驱动因素之一。因此，有必要进一步研究和分析哪些因素影响了区域产业人才资本转化为实际生产力来支撑区域产业结构优化升级，并从中提炼出关键因素指标，针对广东省的情况进行相应的评估，据此制定推动广东省区域人才资本转化的相关政策，以便更好地内在驱动广东省产业结构优化升级。

第一节　广东省产业人才资本生成
环境因素评价研究

区域人才资本生成相关理论研究成果丰硕。主要著有《教育与经济增长》（1961）、《人才资本投资》（1961）和《对人投资的思考》（1962）的舒尔茨对人才资本理论的贡献在于：他不仅第一次明确地阐述了人才资本投资理论；而且进一步研究了人才资本形成的方式与途径。另外，Lucas（1988）提出人才资本的形成有两个主要来源：教育和干中学。在当代，李忠民的《人才资本形成的微观模型》和《人才资本形成的制度选择》两篇文章从博弈论的视角，论述了人才资本形成的制度安排问题。李忠民的《中国人才资本投资收益分析》《我国人才资本形成战略研究》具体论述了我国人才资本形成问题。李玉江的《区域人才资本研究》主要从投入产出的角度构建了人才资本投入形成系统模型。综观人才资本投资形成研究的演变,虽然许多学者在人才资本投资方面作了大量的探索,但是尚未有研究给出影响区域人才资本生成的环境因素的理论模型。

一 影响区域产业人才资本生成因素指标体系初步构建

(一)指标体系构建的思路

在诸多学者研究的基础上,从支撑产业结构优化升级的视角出发,初步构建区域人才资本生成影响因素指标体系的理论模型。区域人才资本主要来源于区域内部自身投入形成的人才资本和引进区域外部为己所用的高质量的人才资本。因此,区域人才资本生成的影响指标也主要分为两部分:内部人才资本生成的影响因素指标体系和外部人才吸引的影响因素指标体系。

以探索区域人才资本生成指标体系为总目标层,区域、企业、个人各自发生作用或者相互发生作用都能够对区域人才资本生成产生一定的影响,因而以此为三个分目标层。由于个人影响因素对外部人才的引进作用很小,因此可以忽略不计,区域外部人才资本吸引的分目标层则分为区域、集群、企业。主题层是分析并提取分目标层更为具体的影响区域人才资本生成的单个指标。区域主要通过产业引导、区域教育、相关政策规定、保健投资来作用于内部人才资本的生成,而以自身的经济环境、生活环境、文化和政策环境为依托和氛围对外部人才的引进产生影响。企业主要通过产品升级规划、培训、人才资本培养生成以及对人才资本进行保健投资来影响区域人才资本的生成,而主要依赖企业自身的声誉实力和管理水平对区域外部人才产生吸引作用。个体对区域人才资本生成的影响主要通过对自身的保健进行投资实现。集群则是通过区域内部集群特性来吸引外部人才。

(二)区域内部产业人才资本生成影响因素指标体系及含义

1. 构建思路

在主题层下探求其相对应的更为具体、影响更直接的单个指标,是具体指标层。区域有 4 个主题层:产业升级规划引导包含 2 个具体指标,产业人才需求的预测预报与引导企业的人才资本投资方向;教育包含 2 个具体指标,素质教育和职业技术教育;政策性奖励包含 2 个具体指标,人才奖励制度和企业奖励政策;保健投资包含 2 个具体指标,公共医疗卫生投资与公共卫生保健投资。企业有 4 个主题层：企业产品升级规划引导包含 2 个具体指标，资源共享平台与定期培训引导；企业培训包含 4 个具体指标，技术培训、技能培训、管理培训、创新培训；人才资本培养生成激励包含 2 个具体指标，培训进修激励与培训成果激励；保健投资包含 2 个具体指标，医疗投资与保健投资。个人则包含 1 个主题层即保健投资，其包含 2 个具体指标：个人医疗投资、个人健康投资。具体见图 5 – 1。

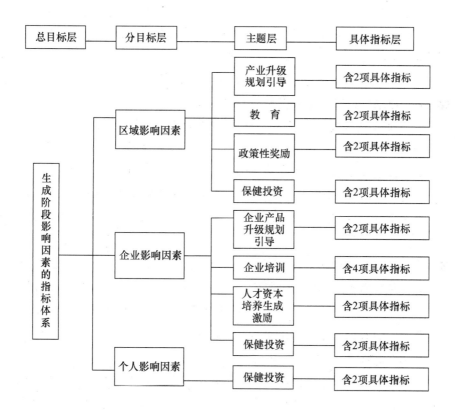

图 5 – 1　区域内部产业人才资本生成影响因素指标体系

2. 具体含义

（1）区域影响因素。用 4 项指标反映政府在人才资本形成中发挥的基础性作用。

①产业升级规划引导

反映区域政府对人才资本开发的产业导向，共选择了 2 项具体指标。

a. 产业人才需求的预测预报，是指政府对产业重点领域人才开发提供预报服务，政府导向越明确，对人才资本生成的影响越大。

b. 引导企业的人才资本投资方向，是指政府根据产业发展策略引导企业对产业人才的需求和培养。反映政府通过引导企业间接影响了人才资本生成的指标。

②教育

反映区域投资教育促进人才资本生成，教育水平越高，生成的人才资本质量越优。共选择了 2 项具体指标。

a. 素质教育，在这里特指中专及以上的正规教育，反映区域培养支撑产业结构升级的中高级人才的指标。

b. 职业技术教育，反映区域培养技能型、应用型、技术型人才的指标。

③政策性奖励

政府采取有效的手段激励个人、企业组织投资于人才资本，通过提高政策质量和发挥政策的杠杆作用，促进人才资本生成，共选择了 2 项具体指标。

a. 人才奖励制度，是指政府为奖励突出贡献的产业人才而建立起来的一种物质和非物质奖励制度。

b. 企业奖励政策，是指对进行人才资本投资的私人单位，可适当采取一些财政税收方面的优惠措施，以扶持其发展。

④保健投资

政府对人才资本的健康投资，反映了政府对人才资本生成的基本保障，共选择了 2 项具体指标。

a. 公共医疗卫生投资（＝涉及全民利益的医疗服务投入，主要包括医疗费用补贴、计划免疫、优生优育、对传染病的预防和治疗、药品生产和销售的监督监测与宏观调控、区域卫生规划和卫生全行业系统管理等）。

b. 公共卫生保健投资（＝涉及对人力资源健康资本存量的投入，主要包括医疗保健补贴、改善污水处理系统、提供廉价的药品供给体系、建立流行性疾病的防疫体系等）。

（2）企业影响因素。用 4 项指标反映企业对区域产业人才资本生成的影响。

①企业产品升级规划引导

是指企业根据产业优化的要求和导向升级产品，引导员工积极参与与企业未来发展相关的新技术、新知识、新技能等培训。反映企业促进人才资本再生成的力度。共选择了 2 项具体指标。

a. 资源共享平台，是指企业为了让员工及时了解最新的市场动态而提供资源共享的平台，从而激发员工学习新技术技能知识以满足企业产品升级的要求，实现人才资本增值。反映企业影响人才资本优化升级的指标。

b. 定期培训引导，是指企业定期让员工接触企业新技术和新产品，了解企业未来发展方向和目标以及行业升级的趋势，引导和激发员工主动积极培训。反映企业激发人才资本再生成的活力的指标。

②企业培训

企业培训主要包括岗前培训和在职培训。用 4 项具体指标反映企业培育员工影响区域人才资本生成的状况和趋势。

a. 技术培训，取得初级及以上专业技术职称，简称专业技术人才，企业通过对这类人才或有条件成为这类人才进行企业所需的专业技术培训。

b. 技能培训，取得中级及以上职业技术资格证书，简称技能人才，企业通过对这类人才或有条件成为这类人才进行企业所需的专业技术培训。

c. 管理培训，反映企业投入生成支撑产品升级所需管理人才的指标。

d. 创新培训，反映企业投入生成支撑产品升级所需创新人才的指标，包括专业的创新培训、在企业培训中培养员工创新意识和能力的时间比、现代化培训手段的使用度，是人才资本支撑产业结构优化升级的重要途径。

③人才资本培养生成激励

反映企业运用激励手段促进人才资本的生成，激励越多，对人才资本生成的影响越大。共选择了 2 项具体指标。

a. 培训进修激励（＝企业用于激励员工积极参与培训的物质、非物质的投入）。

b. 培训成果激励（＝企业为肯定和奖励员工积极参与培训后的成果进行物质、非物质的投入）。

④保健投资

反映企业维持和保障人才资本的指标。共选择了 2 项具体指标。

a. 医疗投资，反映企业为保障员工生命安全、维持身体健康的医疗服务投入的指标，主要包括为员工购买医疗保险、免费提供一般性药品等。

b. 保健投资，反映企业维持人才资本的生命力的指标，主要包括为员工营造安全可靠的工作环境和工作条件、为员工的心理健康投资、提供健身娱乐场所等。

（3）个人影响因素。用 1 项指标即保健投资反映个体对区域人才资本生成的影响。

用 2 项具体指标反映个体对自身的生命健康的投入，投入得越多，人才资本升值和实现的保障越大。

a. 个人医疗投资（＝个体为人体机能健康付出的医疗成本和费用）。

b. 个人健康投资，反映个体为维持身体健康和生命力投入的指标，主要包括防疫、饮食营养、消毒防毒等。通过减少工作时间，增加休息、锻炼和娱乐时间来实现，其投资成本取决于其由于选择闲暇而放弃的机会成本。

（三）区域产业人才资本外部吸引影响因素指标体系及含义

1. 构建思路

区域有 4 个主题层：经济环境包含 3 项具体指标，企业经营环境、经济发展水平、人才市场环境；生活环境包含 3 项具体指标，安全保健设施、子女教育条件、娱乐交通设施；文化环境包含 2 项具体指标，价值取向和创新氛围；政策环境包含 2 项具体指标，人才引进政策和人才成长支持政策。集群只有一个主题层，集群特性包含 5 项具体指标，集群品牌、集群规模、行业潜力、社会网络以及共享劳动力市场。企业有

2个主题层：企业声誉实力包含4项具体指标，企业声誉、科研创新、企业发展前景和工作条件设施；企业管理包含4项具体指标，绩效考核体系、培训发展体系、薪酬体系和人才观念。具体见图5-2。

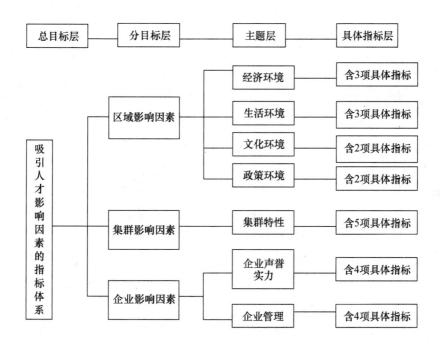

图5-2　区域产业人才资本外部吸引影响因素指标体系

2. 具体含义

（1）区域影响因素。区域的经济环境直接影响到区域的人才吸引力，属于重要的影响因素。共选择了4项具体指标。

①经济环境

区域的经济环境在人口的跨区域迁移中是非常重要的影响因素。区域经济环境对人才吸引力产生正向影响。共选择了3项具体指标。

a. 企业经营环境，完善的企业经营环境影响企业集群的规模、品牌等，从而间接影响区域人才吸引力。

b. 经济发展水平，区域经济发展情况是影响人口迁移的重要因素。

c. 人才市场环境，良好的人才市场发展环境会形成一个供需畅通的劳动力市场，促进了人才集聚和企业集聚。

②生活环境

能使移民改善生活条件的各种生活环境因素是人才吸引的重要影响因素。共选择了 3 项具体指标。

a. 安全保健设施，社会安保、医疗卫生条件和设备的有效供给是吸引人才的重要条件。

b. 子女教育条件，人们对教育等生活配套环境越来越重视，其影响权重也在逐年增加。反映了区域生活环境提供的教育环境配套设施影响人才吸引的指标。

c. 娱乐交通设施，休闲娱乐和生活交通条件是衡量生活质量的重要标准，而生活质量是区域环境吸引人才的重要条件。反映了区域生活质量影响人才吸引的指标。

③文化环境

社会文化背景的差异是克服人口迁移障碍的重要因素，区域文化环境是影响人才流动的重要隐性因素。共选择了 2 项具体指标。

a. 价值取向，区域文化环境影响到企业微观层面人力资源管理方面的人才观等基本价值观念，人们对外来人员所持的态度和看法也影响着大批人才的流入。

b. 创新氛围，区域文化传统氛围影响人们自主创业意识和创业意志，鼓励创新精神和竞争意识，形成鼓励冒险、宽容失败的创新环境，也吸引着大批外地优秀人才流入。

④政策环境

政府政策也是产业集群发展中不可缺少的软环境因素，政府的政策对人口迁移和人才引进所起的作用相当大。共选择了 2 项具体指标。

a. 人才引进政策

主要解释地方政府在人力资源引进方面的基本配套政策。共选择了 4 项具体指标。

社会保障服务，完善的社会保障服务体系减少劳动力流通障碍，提高区域人才吸引力。

户籍政策，户口限制问题是劳动力自由流动的绊脚石，是人才引进的障碍因素之一。

人事代理服务制度，政府提供的一系列流动人员档案管理、职称申报、挂靠组织关系、户粮关系等人事代理服务，能够降低人才引进成本，消除人才的后顾之忧，吸引更多外部人才的平滑流入。

优秀人才奖励政策，反映政府出台的系列优秀人才奖励政策影响区域对人才的吸引力的指标。

b. 人才成长支持政策

区域除了重视人才引进障碍的消除，加大力度引进人才之外，对已有人才提供成长支持政策也非常关键，反映了地方政府对人才使用过程中的政策资助与支持力度。共选择了3项具体指标。

科研资助政策，是指区域政府为避免已有人才外流和吸引外部人才的流入，对优秀人才实施研究资助，反映出政策对引进人才的成长与使用的重视程度。

创业资助政策，是指区域政府出台一系列鼓励外来人才创业、对创业进行资助的政策，反映了区域政策环境支持人才成长从而影响人才流入的指标。

知识产权保护政策，是指区域政府保护个人和企业的优秀成果，营造出人才工作发展和学习交流的良好氛围，打开了人才成长的空间，从而吸引外部优秀人才的流入。

（2）集群影响因素。产业集群作为一种市场与企业之间的企业自组织体，其长期累积产生的集群内部资源，决定了产业集群对人才的吸引力。选择集群特性作为指标。主要解释集群的实力与文化氛围影响产业集群人才的吸引力。共选择了5项具体指标。

a. 集群品牌，是众多企业品牌精华的浓缩和提炼，代表企业集群的核心竞争力、知名度和影响力，反映集群中广泛而持续的品牌效应影响人才吸引的指标。

b. 集群规模，产业集群规模越大也越能够吸引更多的人才加入。

c. 行业潜力，指行业潜在的能力和力量、内在的没有发挥出来的力量或能力。反映行业未来可挖掘力量对人才资本吸引度的指标。

d. 社会网络，是指社会个体成员之间因为互动而形成的相对稳定的关系体系，社会网络有助于解决劳动力市场中的信息不对称问题，促进信息流动，帮助个人获得就业的信息和机会（Tassier，MenCZer，2008），在许多情况下对于人才的吸引起着决定性作用。反映社会网络联结优势对人才吸引力产生影响的指标。

e. 共享劳动力市场，由于劳动力市场共享机制和劳动力的专业化发展，产业集群对人才吸引供给产生积极的作用。

（3）企业影响因素。在微观层面上，区域及产业集群都须依托企业实现对人才的吸引力。共选择了 2 项具体指标。

①企业声誉实力

企业实力是影响企业对人才的吸引力的主要影响因素。共选择了 4 项具体指标。

a. 企业声誉，是利益相关者群体对公司属性所作的评价，是企业美誉度和知名度的综合，反映企业的外在形象、社会地位对人才资本产生吸引力的指标。

b. 科研创新，反映企业新产品、新技术的自主创新、研发能力，为人才发展提供平台，从而形成对人才的凝聚力，反映了企业研发实力影响人才吸引力的指标。

c. 企业发展前景，反映企业未来的发展状况对人才吸引力和凝聚力的指标。

d. 工作条件设施，反映企业为人才提供的工作设施、工作环境、劳动强度和工作时间等工作条件对人才的吸引力，反映了企业硬件实力影响人才吸引力的指标。

②企业管理

企业的管理对人才吸引力产生正向影响，涵盖了企业文化以及由文化映射出来的人员管理方式。共选择了 4 项具体指标。

a. 绩效考核体系，是指针对企业中的每个员工所承担的工作，用科学的定量和定性相结合的方法，对员工行为的实际效果及其对企业的贡献、价值进行考核和评价的体系，反映企业内部考评人才机制对人才资本吸引作用的指标。

b. 培训发展体系，旨在通过人才的培养来提升员工的胜任程度，使之能更好地完成组织目标，而提高企业的竞争力。反映企业在员工技能、知识等方面的提升计划体系对人才资本吸引的指标。

c. 薪酬体系，是指企业内部的薪酬、福利结构状况，对员工为企业所创造的价值的回报和内在需求的满足，反映企业利用薪酬吸引人才资本的指标。

d. 人才观念，反映企业爱才、聚才、育才和合理用才观念，从而吸引外部优秀人才的流入和加盟。

二 区域产业人才资本生成影响因素指标体系优化及调研问题分析

（一）调研的基本思路

为了解支撑产业结构优化升级的区域人才资本生成现状，采用了专家打分法。基于支撑产业结构优化升级视角下区域人才资本生成阶段各个影响指标的影响程度来设计专家调查表。调查表主要填写各个影响指标的权重及对广东省该方面现状打分。区域内部人才资本生成指标体系有二级指标 3 项、三级指标 9 项、四级指标 20 项；区域人才资本外部吸引指标体系有二级指标 3 项、三级指标 7 项、四级指标 23 项；每项指标（二级、三级和四级指标都一样）权重满分值为 1 分，评价时可在五个等级（0.2、0.4、0.6、0.8、1.0）中进行选择打分；每项指标（二级、三级、四级指标都一样）评价满分值为 10 分，评价时可在五个等级（2、4、6、8、10）中进行选择打分。

调查表发放的对象主要是学校及广州市社会科学院研究该领域的专家学者和高科技企业的高层管理者，共发放 20 份调查问卷，收回调查表 15 份，回收率 75%，经过分析判定都是有效问卷。在有效问卷中，学校及广州市社会科学院的专家学者的调查表数量占 80%，企业高层管理者的调查表数量占 20%。具体调研见附表 5 - 1、附表 5 - 2。

（二）指标权重调研及指标优化

针对各专家给出权重及意见，进行了指标的优化、重组及合并，具体优化思路是：

先将 15 份有效调查表中各专家对每个指标给出的权重进行加总，取其平均值，即得出每个指标的平均权重，将权重低于 0.5 的非主要因素合并优化，保留主要影响因素；再对 15 份有效调查表进行综合统计，得出优化结果，如表 5 - 1、表 5 - 2 所示。

表 5 -1　　　　广东省内部产业人才资本生成影响因素评价

一级指标	综合得分	二级指标	权重	打分	三级指标	权重	打分	四级指标	权重	打分
广东省内部产业人才资本生成影响因素指标体系	8.02	1.1 区域影响因素	0.63	7.77	1.1.2 教育	0.57	6.74	1.1.2.1 素质教育	0.57	6.57
								1.1.2.2 职业技术教育	0.69	7.43
		1.2 企业影响因素	0.46	6.86	1.2.1 企业培训	0.49	8.11	1.2.1.1 创新培训	0.58	6.00
					1.2.2 人才资本培养生成激励	0.39	7.31	1.2.2.1 培训成果激励	0.54	5.43

表 5 -2　　　　广东省外部产业人才资本吸引影响因素评价

一级指标	综合得分	二级指标	权重	打分	三级指标	权重	打分	四级指标	权重	打分
广东省外部产业人才资本吸引影响因素指标体系	8.71	1.1 区域影响因素	0.63	7.73	1.1.1 经济环境	0.53	8.74	1.1.1.3 人才市场环境	0.56	8.29
					1.1.2 生活环境	0.41	6.80	1.1.2.2 子女教育条件	0.60	7.14
		1.2 企业影响因素	0.51	7.5	1.2.1 企业实力	0.70	7.20	1.2.1.1 企业发展前景	0.50	6.00
								1.2.1.2 工作条件设施	0.50	6.00
					1.2.2 企业管理	0.53	5.51	1.2.2.1 培训发展体系	0.41	6.00
								1.2.2.2 薪酬体系	0.57	7.14

（三）广东省区域产业人才资本生成过程中存在的问题

由表5-1可以看出，在支撑产业结构升级视角下，广东省产业人才资本生成的影响主要来自区域和企业两大方面。对内部人才资本生成而言，区域的影响主要是教育层面的素质教育和职业技术教育，企业的影响主要是企业培训层面的创新培训以及人才资本培养生成激励层面的培训成果激励；而对外部人才资本吸引，区域的影响主要是经济环境层面的人才市场环境以及生活环境层面的子女教育条件，企业的影响主要是企业实力层面的企业发展前景和工作条件设施以及企业管理层面的培训发展体系和薪酬体系。还可以看出，企业因素对区域人才资本生成有影响，但最主要的影响来自区域，应更加注重。

每个四级指标的打分都是10分制的，将单个四级指标针对广东省的打分按照百分制来统计，比如指标素质教育的得分是6.57，也就是满分的65.7%，按百分制统计的话，其得分是65.7分，这样以此类推，算出其他四级指标的得分；再对整个四级指标综合进行分析计算，总得分为打分之和。就整体来说，内部人才资本生成共有4个四级指标，总分为40分，广东省得分为25.43分，占总分的63.58%，即百分制的63.58分；外部人才资本吸引共有6个四级指标，总分为60分，广东省得分为40.57分，占总分的67.62%，即百分制的67.62分。具体得分如表5-3、表5-4所示。

表5-3　　　　　广东省内部产业人才资本生成因素评价得分

指标	素质教育	职业技术教育	创新培训	培训成果激励	四级指标综合
得分	65.7	74.3	60	54.3	63.58

表5-4　　　　　广东省外部产业人才资本吸引因素评价得分

指标	人才市场环境	子女教育条件	企业发展前景	工作条件设施	培训发展体系	薪酬体系	四级指标综合
得分	82.9	71.4	60	60	60	71.4	67.62

得分在80分及以上的，即综合情况较好；70分及以上的，即综合情况

一般；60 分及以上的，即综合情况较差；60 分以下为综合情况很差。

由表 5 - 3 和表 5 - 4 得分情况，可以分析出广东省在产业人才资本生成方面的不足，主要表现在两个方面：

（1）综合情况较差，素质教育和企业培训最薄弱。广东省只有人才市场环境综合情况较好；职业技术教育、子女教育条件、薪酬体系状况一般；素质教育、创新培训、企业发展前景、工作条件设施、培训发展体系均较差；而培训成果激励综合情况最差，只有 54.3 分。就四级指标整体来看，广东省的综合情况还是比较欠佳的，需要着重解决的问题主要有素质教育、企业培训中的创新培训、培训成果激励以及培训发展体系。

（2）内部产业人才资本生成和外部产业人才资本引进失衡。广东省吸引外部产业人才资本的力度比培养区域内部产业人才资本的大，取得的效果更优。也就是说，广东省内部产业人才资本生成和外部产业人才资本引进产生失衡，以至于区域整体产业人才资本生成的效果不佳。实际上，广东省经济产业结构发展更多地依赖外来务工人员，从一线的"民工"到高级的"专家"几乎都是"外来媳妇外来郎"。随着近几年"民工荒"的频发，吸引人才的区域优势的渐失，区域内部人才资本的青黄不接让本地企业越来越感到"无人才可用"的窘迫处境，从而跟不上产业结构优化升级的步伐，甚至阻碍了产业结构调整。

第二节　广东省产业人才资本转化环境因素评价研究

一　区域产业人才资本转化的概念及意义

依据投入—产出原理，将产业人才资本转化界定为投入产业人才资本，将其转化成生产力的过程。这里所说的生产力不是普通意义的生产力，是能够支撑产业结构优化升级的生产力。

产业人才资本是一种资本，如果没有进行投产运用，那么它对社会、企业是没有什么意义的，只有将产业人才资本转化成生产力，才能体现其真正的价值，才能对产业结构优化升级起到真正的支撑作用。所以，只有区域产业人才资本实际转化为生产力，才能判定其是否真正支持了区域产业结构的优化升级。

区域产业人才资本的转化，支撑区域产业结构优化升级的实际意义重点体现在两个方面：其一，区域人才资本的转化，有助于推进传统产业的改造和优化；其二，区域产业人才资本的转化，有助于区域新兴产业的快速发展。

二　影响区域产业人才资本转化的因素指标体系初步构建

（一）指标体系构建的思路

在诸多区域人才资本转化的研究文献中都提到其影响因素，如石洪华、郑伟在《关于人才资本转化模型的探讨》中点明，影响人才资本转化率的因素有人才资本所有者的努力程度、企业制度、企业经营过程中的市场状态等。於世为、诸克军在《人才资本转化因素分析》中提到，制度、行业、个人、地域都影响人才资本的转化。刘玉斌在《基于SECI模型的高技能人才隐性人才资本转化机制研究》中也指出，激励机制、组织机构、企业文化氛围等都会影响人才资本的转化。

参考上述文章的观点，本书构建了影响区域产业人才资本转化的指标体系。体系以促进区域产业人才资本转化为总目标，下设三个分目标层，分别是区域影响指标、企业影响指标和个人影响指标；区域的经济、法律政策和社会文化三个方面构成了区域影响指标的主题层；企业用人水平、企业激励设计及实施、企业文化三个方面构成了企业影响指标的主题层；人才资本健康状况构成了个人影响指标的主题层；另外，各主题层分别由若干个具体指标来体现。由此，构建出以总目标层—分目标层—主题层—具体指标层为延展脉络的指标体系模型，具体层次结构见图 5 - 3。

（二）具体指标的解释说明

1. 区域影响因素

用 3 项指标反映政府在人才资本转化中发挥的基础性作用。

（1）经济层面。区域政府在市场经济中发挥监管和调控作用，为人才资本转化提供足够的机会和展示平台，反映宏观经济环境对人才资本转变的影响作用。共选择了 1 项具体指标，即产业人才资本市场成熟度。

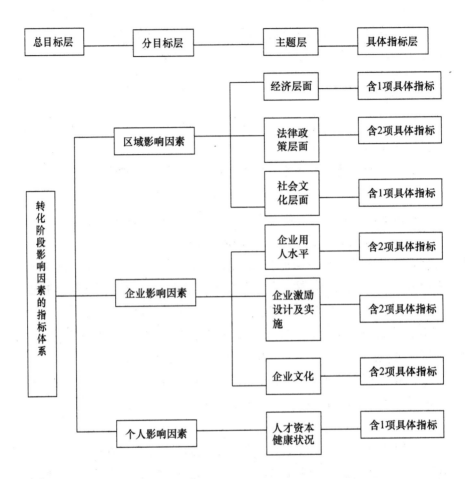

图 5 - 3　影响区域产业人才资本转化的因素指标体系

　　产业人才资本市场成熟度是指产业内人才资本市场实现人才资本供给方和需求方之间跨地区、跨部门、跨行业相互选择的顺畅程度和优化配置程度。反映区域对人才资本转化的基础性影响指标。共选择了 2 项具体指标。

　　a. 人才信息发布与反馈机制，是指政府完善全市人才信息库，对各类人才信息及时进行维护更新，并建立定期回访制度，健全信息服务网络系统。反映了政府加强人才资本市场建设，构建人才资本流动机制，为支持人才资本转化打造良好的宏观经济环境的指标。

b. 政府引导社会中介组织，是指政府鼓励和引导作为人才资本市场运转的组织载体发挥重要的媒介作用，促其形成比较完善的服务体系和自律性机制，增强其服务功能。反映政府鼓励和引导社会组织促进人才资本供求双方的信息交流，减少信息不对称对人才资本转化的阻碍作用的指标。

（2）法律政策层面。区域政府制定有关的方针政策积极鼓励社会各方面积极利用人才，促进人才资本转化。共选择了 2 项具体指标。

①法律，是指区域政府鼓励优秀人才及企业进行科研创新，并对其所获得成果进行法律保护。共选择了 2 项具体指标。

a. 知识产权保护，反映政府保护知识产权，为人才资本转化提供强有力的法律保障的指标。

b. 人才资本退出机制，反映政府为人才资本自由流动提供法律保护的指标。

②政策，是指政府积极鼓励人才和企业的创业成果、创新成果、科研成果而制定有关的方针政策。共选择了 2 项具体指标。

a. 优秀成果奖励，是指政府表彰奖励人才开发转化的先进单位和有突出成就的各类人才，尤其创新成果转化业绩突出的人才。反映政府对人才资本转化成果的激励和保护，保证人才资本转化的指标。

b. 依托项目聚集人才，并在高等院校、科研院所和企业大力推行科技研发项目招标制和首席专家负责制，反映政府直接为人才提供展示才华的平台。

（3）社会文化层面。大力营造尊重人才、尊重创造的社会氛围，为人才资本流动提供文化观念的土壤。共选择了 1 项具体指标，即观念意识。

观念意识是指广泛宣传区域产业升级目标、重大的科研成果、对企业发展或对全省经济社会发展做出重要贡献人才的典型经验和事迹，营造促进人才资本转变的社会思想环境。反映区域营造人才支撑产业结构升级的社会思想环境影响人才资本转化的指标。

2. 企业影响因素

用 3 项指标反映企业的作用对人才资本转化的影响。

（1）企业用人水平。企业为实现人才资本的优化配置而开发和利用现有的人才资本的水平。共选择了2项具体指标。

①企业制度设计,反映企业形成人尽其才的用人机制促进人才资本转化的指标。共选择了2项具体指标。

a. 绩效考核制度,是指企业以德才兼备和业绩能力为前提,建立多元化人才评价标准,刺激人力资源充分开发、挖掘其人才资本价值,最大限度地调动其积极性和能动性。反映企业内部考评人才机制对人才资本转化的刺激作用的指标。

b. 具有竞争力的薪酬制度,反映企业内部利用薪酬杠杆激发人力资源不断提高自我价值、人才资本积极转化的指标。

②企业管理水平,反映企业总体管理水平影响人才资本转化的指标。共选择了2项具体指标。

a. 企业经营管理者的能力水平,管理者的能力和风格对企业人才资本投资转化有着重大的影响。越是具备产业战略目光的优秀管理者,越是能够激发企业人才资本朝着产业人才资本转化,是企业内部管理影响人才资本转化的指标。

b. 建立接班人计划,高效地识别、培养下一代领导人,旨在领导人易位时使企业平稳过渡,并且把企业重视人才资本的核心观念传承下去,营造学习型组织氛围,激励企业人才资本主动积极地转化。

(2)企业激励设计及实施。企业建立多元化的人才奖励制度,激励人才、加快人才资本转变。共选择了2项具体指标。

①一般员工激励设计与实施,是指企业建立与实施予以创新人才和有突出贡献的人才物质奖励和精神奖励的各种激励机制。共选择了2项具体指标。

a. 薪酬福利性激励机制,是指企业回报人才丰厚从优的待遇、予以人才福利性奖励,比如设立优秀人才奖励基金,在养老、医疗保险、公积金,以及培训、进修、带薪休假等方面实行优惠待遇等。反映企业进一步激发优秀人才转化的指标。

b. 强化人才评价体系激励机制,是指企业在评定专家和评职称等方面对创新人才和有突出贡献的人才实行优惠待遇、评选有突出贡献的人才为劳模、先进,予以重奖等。反映企业对人才的倾斜政策,刺激人才资本转化的指标。

②人才资本产权激励设计与实施，是指企业建立人才资本产权制度，允许人才资本参与收益分配，是人才价值与事业发展最有效的结合。企业科学界定人才资本产权，建立人才资本积累和经营的评价机制，对经营管理型人才、专业技术型人才和技能型人才进行股权和期权的激励，把人力作为资本进行投资、开发和经营。反映企业重视产业人才建设，加强人才资本转化的指标。

（3）企业文化。富有个性特质的企业文化是促进人才资本转化和增值的一剂强心剂。共选择了2项具体指标。

①企业愿景吸引力，是指企业为实现员工与企业共同发展的目标，勾画的未来的组织远景对人才的吸引力和凝聚力，是未来企业吸引人才和留住人才的必然趋势。反映企业文化团结人才、激励人才资本转化的指标。

②企业使命认同感，是指企业使命能够为每一位成员共同认可并乐意追求，鼓舞人们为之努力奋斗，贡献心力。反映企业文化引导人才资本一致朝着促进企业发展支撑产业结构升级的方向转化的指标。

3. 个人影响因素

用1项指标即人才资本健康状况反映个体对区域人才资本转化的影响。

人才资本健康状况，是指人才资本能够提供和维持劳动力所具备的最基本的人体机能健康、生命力的身体状况。反映个体健康状况影响人才资本转化的指标。

（三）区域产业人才资本转化影响指标体系调研优化及问题分析

1. 调研的基本思路

为了进行指标的优化及了解广东省产业人才资本转化的现状，采用了专家评价的调研方法。基于上述的影响区域产业人才资本转化的指标体系设计了调查表，调查表中有二级指标3项、三级指标7项、四级指标12项、五级指标10项。各位专家需在调查表中填写各影响因素指标的权重分值及广东省各指标方面表现得分的分值。每项指标（二级、三级、四级和五级的指标都一样）权重满分值为1分，评价时可在五个等级（0.2、0.4、0.6、0.8、1.0）中任选其一进行打分；每项指标（二级、三级、四级和五级的指标都一样）评价满分值为10分，评价时可在五个等级（2、4、6、8、10）中任选其一进行打分。

调查表发放的对象主要是学校及广州市社会科学院研究该领域的专家学者和高科技企业的高层管理者，共发放 20 份调查问卷，收回调查表 15 份，回收率 75%，经过分析判定都是有效问卷。在有效问卷中，学校及广州市社会科学院的专家学者的调查表数量占 80%，企业高层管理者的调查表数量占 20%。具体调研表见附表 5-3。

2. 指标权重调研优化

针对各专家给出权重分值及具体优化意见，对相应指标进行了重组、合并和优化。具体优化思路是：先将 15 份有效调查表中各专家对每个指标给出的权重分值进行加总，取其平均值，即得出每个指标的平均权重分值。将权重分值低于 0.5 的，定为非主要因素删除，权重分值高于 0.5 的保留作为主要影响因素指标；然后将主要因素进行重组合并，比如将人才资本退出机制从原来的区域层面归并到企业层面，因为企业的人才资本退出机制比区域的人才资本退出机制对人才资本转化更具有直接的影响。

对 15 份有效调查表进行综合汇总，得出优化指标体系，最终优化后的指标体系及专家打分平均分值如表 5-5 所示。

3. 广东省产业人才资本转化中存在的问题

由表 5-5 可以看出，在支撑产业结构升级视角下，影响广东省产业人才资本转化的因素指标主要来自区域和企业两大方面。其中，区域影响因素主要是法律政策层面的知识产权保护；企业影响因素主要来自企业管理水平和企业激励设计及实施。企业管理水平中影响较大的有绩效考核制度、具有竞争力的薪酬制度和人才资本退出机制；企业激励设计及实施中影响较大的有薪酬福利性激励机制、强化人才评价体系激励机制和人才资本产权激励设计与实施。从专家给予的权重分值比较看来，区域人才资本转化受企业因素影响要大于受区域因素的影响。

表 5 - 5　　　　　　　产业人才资本转化影响因素指标优化

一级指标	二级指标	权重	打分	三级指标	权重	打分	四级指标	权重	打分
广东省产业人才资本转化影响因素指标体系	1.1 区域影响因素	0.51	7.96	1.1.1 法律政策层面	0.5	7.58	1.1.1.1 知识产权保护	0.57	7.71
	1.2 企业影响因素	0.61	7.41	1.2.1 企业管理水平	0.51	6.65	1.2.1.1 绩效考核制度	0.54	6.29
							1.2.1.2 具有竞争力的薪酬制度	0.69	8.29
							1.2.1.3 人才资本退出机制	0.57	4.57
				1.2.2 企业激励设计及实施	0.54	6.93	1.2.2.1 薪酬福利性激励机制	0.63	8
							1.2.2.2 强化人才评价体系激励机制	0.57	6.57
							1.2.2.3 人才资本产权激励设计与实施	0.6286	6

原有调查中的每个四级指标的打分都是 10 分制的，而现将单个四级指标针对广东省的打分按照百分制来统计。比如知识产权保护指标的得分是 7.71，按百分制统计的话，其得分是 77.1 分。这样以此类推，算出其他四级指标的得分；接下来再对整个四级指标的综合得分进行统计分析：四级指标共有 7 个，满分为 70 分。广东省的总得分为表 5 - 5 打分之和，即 47.43 分，占总分的 67.76%，也就是百分制的 67.76 分；各指标具体得分按百分制转换后如表 5 - 6 所示。

表 5 – 6 　　　　　　　　四级指标打分统计

指标	知识产权保护	绩效考核制度	具有竞争力的薪酬制度	人才资本退出机制	薪酬福利性激励机制	强化人才评价体系激励机制	人才资本产权激励设计与实施	四级指标综合分数
得分	77.1	62.9	82.9	45.7	80	65.7	60	67.76

得分在 80 分及以上的，定性为状态较好；得分在 70 分以下的，定性为状态较差。由表 5 – 6 得分及判定标准可以分析出：

（1）广东省四级指标多数较差。广东省的具有竞争力的薪酬制度、薪酬福利性激励机制是比较完善的，都达到了 80 分及以上分数；知识产权保护状态良好；而绩效考核制度、人才资本退出机制、强化人才评价体系激励机制和人才资本产权激励设计与实施这几个指标的状态较差，得分都低于 70 分。特别是人才资本退出机制，最终得分只有 45.7 分。

（2）广东省综合评分状态欠佳。就四级指标综合得分来看，广东省的综合状态还是比较欠佳的，得分只有 67.76 分。说明广东省在推动区域人才资本转化的总体政策、措施的实施还比较薄弱，这将对广东省人才资本的转化造成相当的阻力，不能将人才资本顺利转化成生产力，产业结构优化升级也就不能顺利进行。

第三节　改进性建议

针对上述广东省产业人才资本在生成及转化中存在的问题，提出以下几点对策和建议。

一　深化教育改革

教育是提升区域产业人才资本质量的重要因素之一。深化教育改革，重点扶持、布设与珠三角地区产业结构相吻合的学科与专业，实现教育现代化，形成现代教育体系，初步建成学习型社会，形成在国内外具有重要影响的区域高层次人力资源集聚区。

（一）标杆借鉴

1. 高校专业结构优化设置

美国的专业设置以社会和市场需求为导向，德国高等教育主要强调社会评价与社会需求相结合，专业设置的特点非常明显，强调应用型与职业需求的紧密结合。

2. 区域教育合作与联动发展

长三角两省一市教育行政部门于 2009 年签订了《关于建立长三角教育协作发展会商机制协议书》，实现长三角教育联动发展和一体化，定期举行教育合作交流活动；举办各级各类教育发展的学术研讨高校展开校际教学合作，推动学分互认、师资互聘等。

3. 高等教育资源整合与共享

长三角建立交流合作的组织和工作机制，及时交流三方的教育信息和经济社会发展情况；推进三地优质教育资源共享，扩大优质教育资源的辐射力。

4. 争设国家教育综合改革实验区

上海早在 1999 年就开始了教育综合改革的一系列试验，至今已先后获得 17 项先行先试的政策，内容包括授权上海审批学校、专业设置和招生计划。这给上海的素质教育带来了很多自主权。

5. 终身教育

江苏南京 2009 年教育重点工作确定为建立完善现代国民教育体系、终身教育体系。通过建立社区培训、网络学习平台、教育和老年教育为市民"充电"。浙江杭州成立社区教育指导中心，建立"全民终身学习活动周"等。

（二）针对广东省深化教育改革的建议

1. 完善专业设置及管理机制

（1）调整和建立高等教育新的学科体系，以产业结构调整为导向，对原有的学科和专业重新设计，合并重复设置的专业。

（2）改造传统学科，建立新兴学科和交叉学科，重点发展信息科学、生命科学、新材料科学等学科领域，使人才在各行业分布合理。应多设置新专业、新学科群以及直接为第三产业服务的专业，建立与广东省经济建设、科技进步和社会发展相适应的专业体系。

（3）建立专业设置预测机制。每年根据各专业学生的报考率、报到率和就业率，提出全省每年控制和鼓励发展的专业，指导学校做好专业设置和专业调整改造工作。

（4）完善专业评估制度。对各专业的办学水平与教育质量进行定期检查，并公布结果。以新办专业（指毕业生不足 3 届的专业）为重点，开展专业办学水平评估。对评估不合格的专业，减少其招生计划并限期整改。

（5）建立信息服务咨询平台。建立高等学校专业信息资源库，定期公布高等学校专业设置、专业布点、专业招生、学生就业等情况，及时提供全省经济、科技、产业发展对人才的需求信息，定期向社会公布高等学校的学科专业办学信息，强化社会舆论监督机制，为高等学校专业设置和调整提供服务。

2. 加大区域教育开放合作

（1）完善目前的教育厅（局）长联席会议制度，建立跨省区的教育合作与交流管理机构，并赋予相应的行政调控权，负责政策制定、执行和监督，专门处理跨行政区的教育合作事宜，处理区域发展中一些重大区际冲突和相关问题。

（2）根据泛珠三角教育合作的领域设立一些职能管理机构。如科研合作机构、统一的职业资格认证考试机构、学生与师资交流的管理协调机构等，为教育各个领域的合作提供组织保证。

（3）分类设立教育专项计划，促进高等教育与区域经济的良好互动。例如，开展"泛珠三角精品课程"计划、"泛珠三角暑期职业培训计划"、"泛珠三角共选课程基金"等，借助于这些专项计划的启动和运行，引导学校实行专业重组，尤其通过对跨专业的高新技术专业的重点投入，达到促进综合性大学的专业、学院、学科改造的目的。

（4）开展多种形式的联合办学。在企业与高等学校之间，以人才培养和科技开发为纽带，进行多种形式的联合与协作。在院校的合作办学中，利用现代信息技术，构建现代远程教育平台，开展校际课程互选、学分互认，为合作办学提供了前所未有的机遇，泛珠三角区域内高校要积极探索网络教育联合办学模式。如汕头市林百欣科技中专与厦门大学开展联合办学，设立了厦门大学网络教育汕头分院分教点。

（5）积极推进粤港澳教育合作的深化。加强与港澳高校合作承担国家级科研项目、与港澳高校合建高水平实验室，使与港澳交流成为学科建设和人才培养的主要一环；与港澳高校实现多形式合作，如高校领导互访、学科共建、彼此招收对方学生、联合办学、联合开展大学生活动等。

（6）支持港澳名牌高校在珠江三角洲地区合作举办高等教育机构，放宽与境外机构合作办学权限，鼓励开展全方位、宽领域、多形式的智力引进和人才培养合作，优化人才培养结构。

（7）支持国家重点高校、科研院所与珠江三角洲地区联合，组建100 个左右省部产学研技术创新联盟，共建一批高水平的研究型大学、科研机构、重大创新平台和省部产学研合作示范基地。加大对国家重点建设大学支持力度，到 2020 年，重点引进 3—5 所国外知名大学到广州、深圳、珠海等城市合作举办高等教育机构，建成 1—2 所国内一流、国际先进的高水平大学。

3. 建立区域教育资源共享平台

（1）建立教育信息资源共建共享机制，推进泛珠三角区域教育信息资源的开发、共享和利用，加快泛珠三角区域教育信息化进程。已签订了《泛珠三角区域教育信息资源共建共享工程计划》，并同时开通了"泛珠三角教育信息资源网站"。

（2）建立畅通的科研信息网络渠道，把本区域内高等院校取得的科研成果向企业、社会发布。

（3）建立起教育合作资源库，内容涵盖硬件、软件，包括专家、课程、学校、基地等。

（4）探索高等教育合作优秀人才培养模式。比如，举办大学生辩论赛；互派学生参加培训、实习、上课、科研训练以及教学资源共享等。或者一方的优秀师资到另一方的学校上课，高校的校长、院士来兼职；大家进行广泛的教学科研合作；一方为另一方的办学单位提供土地、校舍和教学设施等。

4. 争创国家教育综合改革示范区

制定中长期教育发展纲要，率先探索多种形式的办学模式和运作方式。扩大高等教育办学自主权，推进高等学校治理模式改革。要争取广东依据社会经济发展的需要自主建立各类高等院校和决定专业设置与调整的权力。

5. 健全终身教育体系

（1）完善继续教育立法及相关的政策法规体系，保障各类人才接受继续教育的权利。

（2）建立健全各类人才参与继续教育的激励约束机制，逐步建立带薪学术假期和进修培训制度。

（3）建立健全各类人才继续教育的档案管理，并作为人才选拔任用和晋升职称的重要依据。

（4）统一终身教育资格证书和资格认定，构建终身教育网站。

二 坚持海外、域外人才引进和本地人才培养并举

平衡区域内部人才资本生成和外部人才资本的引进，能够促使区域人才资本生成效率最大化、效果最优化，最终支撑广东省产业结构优化升级。

（一）标杆借鉴

1. 引进紧缺人才

上海大力引进生物工程、国际金融、商贸、企业经营等人才。

2. 海外人才集聚工程

早在 2003 年 8 月，上海市启动"万名海外留学人才集聚工程"，截至 2014 年上半年，已集聚 2800 名海外留学人才到沪工作和创业；2004年 10 月，浙江省启动"万名高层次人才引进工程"，首批推出 11248 个岗位。用人单位提供住房、安家费、科研经费等优越的条件。

3. 培养本地人才

长三角拥有许多著名高校和研究院所，培养了大批研发人才。外来低技能劳动力的流入量远远低于珠三角，使得长三角的高技能劳动力比重更高，因此技术水平较高的发达国家资本会主要流向这里，而这又会进一步提高当地的人才资本水平，两者相互作用，使得这里达到另外一种均衡。

（二）解决广东省区域内外部人才资本生成失衡问题的建议

1. 引进海外高层次人才和紧缺产业人才

继续发挥中国留学人员广州科技交流会的人才交流平台作用，大力引进高层次人才和紧缺产业人才，尤其是高新技术、金融、法律、贸易、管理以及基础研究、社会科学等方面的海外高层次人才和紧缺人才。

2. 吸引外部人才来粤创业发展

鼓励留学人才带项目来粤创业发展，特别要引进学成后在国（境）外知名高校、科研院所、跨国公司、国际组织等机构取得显著成绩的中青年留学人才。通过产业聚才、项目引才、创业将才带动引才等方式，引进国际先进管理团队、人才和技术。

3. 着力培养本省人才

（1）支持广东省科技专家参加国际性研发计划，支持有条件的科技专家发起和牵头开展重大国际合作科研项目，支持有条件的研究机构和科技专家与国际高水平科研机构和团队进行合作研究。

（2）通过国际学术交流和项目合作等途径，有计划地向国际社会推出一批已有一定成就和影响力的高层次科技专家，让他们到国际舞台上去施展才华，参与国际科学技术前沿的竞争和锻炼，在与国际一流科技人才的合作与交流中，更快成长为顶尖级科技领军人才。

（3）实行"订单式"培养，引导支持高校按照企业对人才的需求，在相关学科和专业领域内培养人才。

三　继续加强知识产权保护

温家宝在参观中国保护知识产权成果展览时曾说过"保护知识产权就是尊重知识、鼓励创新、保护生产力"。因此，加强知识产权保护，有助于人才资本更好地向生产力转化。

日本在知识产权保护上采取了多方措施：提供世界一流的专利权申办服务，创设专利市场，建立专利信息高速公路，实现专利申请、审查、批准全过程的电子化。开展专利国际合作，建立世界通行的专利制度和申请程序等。我国其他地区对知识产权保护也非常重视，就我国长三角而言，不仅大力鼓励企业申请专利，还大力培育知识产权实用人才，包括企业实用人才和中介代理人才以及政府知识产权管理人员。

所以，广东省可以从以下几个方面加强知识产权的保护。

（1）进一步提高全社会知识产权保护意识和法制观念，加大知识产权保护和执法力度，营造良好的法治环境。

（2）引导和帮助企业、科研机构和高等院校建立和完善知识产权管理制度。

（3）抓紧知识产权人才的培训工作，大力发展知识产权中介服务机构建设，为推进知识产权工作以及知识产权工作的国际化服务，知识产权中介服务机构是知识产权工作的主体，也是与市场和社会连接的纽带。

四 建立全方位的企业培训体系

企业培训是企业在人力资源方面追加投资、实现人才资本增值的主要途径。科学的全方位企业培训体系不但有利于企业人才资本的再生，而且更容易吸引区域外部优秀人才，从而促进区域人才资本更有效地生成。

（一）标杆借鉴

1. 创新的培训形式

福州超高压局在培训实践中，注重教育培训形式的多样性、方法的实效性，采取启发教育、情景模拟、案例教学、对策研究等手段，得到了全部职工的认可，也得以将此成功经验推广至全省。

2. 培训成果激励

福州超高压局在员工职务、职称晋升时，优先考虑那些积极参加培训并取得成果的员工。

3. 科学的培训发展体系

宝钢每年的培训计划，从一线工人到高级技师都做了具体的技能发展要求，严格科学的培训发展体系为宝钢创造了世界一流的劳动生产率。

（二）针对广东省建立全方位的企业培训体系的建议

1. 创新培训机制和培训方式

（1）根据企业的实际情况，采取委托培养、派出考察、岗位练兵等多种形式，把培训与企业员工的考核、晋级结合起来，提高企业人才参加培训的积极性，全面提高人才队伍的整体素质。

（2）多点实施即培训的场所既有理论课堂又有生产现场，既有内部专业机构为主，又有外部专题班为辅。多种载体即以网络、教室、报纸、电视、专栏园地等作为培训的载体。

（3）构建学习平台。充分发挥培训中心在岗位培训方面的重要作用；加大校企合作力度，充分利用高校师资力量，逐步建立长效合作机制；组织各类培训班，培训公司专业技术人员和管理人员。

（4）构建实践平台。课堂教学与实操训练相结合，整合教学资源和实践资源，建立实习基地；推动岗位练兵和技能大赛活动；开展企业层面管理论文、管理成果等评比活动；进行管理团队模拟比赛。

（5）构建信息交流平台。企业内部网上创建教育培训网页，开展网络教学，实现教学资源共享；利用企业的报纸、电视台及时宣传推广技术成果、管理经验等，提供培训导向。

2. 设立以人为本的培训成果激励

（1）企业应对参加培训并取得较好培训效果的员工给予各种方式的激励。如将薪酬与员工知识技能挂钩，定期进行绩效考核，凡通过培训的员工，工作绩效明显改善，工作成绩显著提高，对优秀员工在参加培训以及培训技术、技能应用方面所取得的成果给予奖励。

（2）在精神激励方面，也采用多种多样的方法。比如，可以开展"每月一星"评选活动，对学习明星、技术能手、创新能手等进行表彰。所有这些办法都可以使员工在心理上、精神上产生满足感、成就感，从而激发其进一步参加培训学习的热情。

3. 建立科学的培训发展体系

（1）企业要建立规范的培训制度和科学的培训计划，不仅要明确规定固定培训周期、达标标准、员工接受培训的岗位职责，而且还应在掌握所招聘、吸纳员工的具体情况的基础上，建立员工培训手册，使重点与普遍、定期与不定期、脱产与在岗培训相结合，明确列出培训经费年度预算，并具体安排有关管理人员负责。

（2）企业应不断提高内部培训机构的培训水准，从质量、数量和内容、方式上适应现实需要，发掘企业内部潜力。同时也需要谋求社会各界不同单位、不同专业的支持和帮助，处理好与正规高校、职业院校、专门培训单位的关系。

（3）建立真正的学习型企业，必须树立"以人为本"的思想，推行"订单教育"，为人才资本积累、开发、增长打下坚实的基础；为高级人才设计个人职业生涯发展计划，使其专业能力得到提高、职务得到提升与人力资源的战略目标相吻合，助其实现个人理想，并与企业目标相重合。

（4）将胜任素质模型应用于中小企业培训发展体系。在培训活动中可以将胜任素质模型作为确定培训内容、培训课程设计和培训效果评价的依据。根据胜任素质模型要求的个人素质、能力、态度、知识来比对公司现有不同岗位员工的实际胜任状况，找出与胜任素质模型要求的不足之处。并且在公司培训活动中针对知识能力的欠缺之处设计培训课程，为不同类型员工制订培训计划，快速弥补员工自身有关知识能力的不足，提高员工的胜任能力，使之能满足企业和行业快速发展的人力资源需求，为企业在飞速的行业发展中创造和保持自身的竞争力，适应企业和行业发展对人才要求。

五　完善企业人力资源绩效考核制度

绩效考核是人力资源管理的核心职能之一，为各项人事决策提供客观依据。只有对员工的绩效进行公平、公正的鉴定和评价，才能认定员工的业绩贡献，改善员工的工作方法，激发员工的创新精神，开发员工的潜在能力，推动人才资本向实际生产力的转化。

长三角大部分企业在制定企业人力资源绩效考核制度时都会做到：制定客观标准，考核与薪酬结合，注重绩效反馈、建立绩效反馈面谈制度。上海地区的企业还注重指标量化，循环反馈、奖优罚劣，层次性、多样性的绩效考核。这些大大推动了当地的人才资本的转化。

因此，广东省要完善企业人力资源绩效考核制度，可从以下几个方面抓起：注意日常评估相结合的综合考核；考核指标必须细化、量化，具备可操作性；建立绩效考核与员工个人收入之间的联动关系和考核程序贯彻民主集中制。

六　健全人才价值激励机制

据前文论述，人才评价体系激励主要是针对有突出贡献的人才给予重奖的激励措施，体现企业对这类特殊人才的倾向。使这些特殊人才更好地为企业效力，为企业创造更高效的生产力，促进其所属产业结构的优化升级，同时也可使企业在市场竞争中保持高速增长，实现持续健康发展。

长三角地区企业就十分重视人才价值，采取多种评价方式，有些企业还设了"首席技师"、"技术能手"等，并建立了一系列保障体系，充分发挥人才的作用。

因此，可以从以下几个方面健全人才价值激励机制。

首先，企业要以人的全面发展为核心，要始终贯穿以员工为出发点和中心，围绕以实现员工与企业共同发展的目标来开展管理活动。树立尊重知识、尊重人才的观念和以人为本的管理理念，热心发现人才，诚心使用人才，尽心爱护人才，用心留住人才，营造人才温馨的工作家园和高尚的精神家园。

其次，企业可以根据自身的文化风格和未来的发展战略，对为企业发展做出突出贡献（如技术创新等）的人才给予特别待遇，如给予劳模、先进等称号，并根据其贡献的程度设立不同等级的奖励，包括物质奖励和精神奖励。如设置不同等级贡献奖金，不同等级的贡献福利（增加带薪假期、公费旅游都是很好的贡献福利）。

七　建立人才资本产权制度

建立人才资本产权制度，按其贡献参与企业剩余收益分配。人才资本，作为一种资本，应该像企业的其他资本一样拥有企业的产权，并享有企业剩余收益的索取权。已有的企业理论实质上已从不同角度、不同程度上论证了人才资本所有者分享企业产权的观点。委托—代理理论认为，在现代公司中由于所有权与经营权的分离产生了代理问题，而要降低代理成本，应使企业的经营者拥有部分产权，分享企业剩余收益。团队生产理论则指出在团队生产中，难以从产品中分解和观测每个人的贡献，因此有必要让部分成员专门从事监督其他成员的工作，而为了调动监督者的积极性，需给予一定的剩余索取权。现代人才资本产权理论从企业所有权契约的角度，分析了人才资本所有者分享企业剩余收益的观点。这些理论实际上已较为充分地论证了人才资本分享企业剩余收益的观点。

目前人才资本分享企业剩余主要采取股票期权的办法。长三角地区、泛珠三角其他地区企业在建立人才资本产权制度上，也大都运用了股票期权。其对人才资本具有长期的激励作用。广东省可以充分借鉴其他先进地区的做法，提升人才资本的激活效能。

八　完善企业人才资本退出机制

建立人才资本退出机制，是为了顺利完成人才资本退出过程，避免产生消极后果。人才资本退出机制的建立可以营造竞争气氛，提高员工的工作士气和工作效率。有效的人才资本退出机制可以使企业员工处于高效率的流动状态；不断为提高工作绩效而努力，使自身的人才资本高效率地转化成支撑产业结构优化升级的生产力，从而提高整个企业的生产效益，加速了产业结构升级的进程。

设置企业年金、退休福利制度是长三角地区企业运用较多的人才资本退出政策，同时，还明确界定了人员退出的标准，并为退出人员提供多职业发展培训，为其二次就业或自主创业提供知识技能培训，有力地保障人才资本退出及顺畅流动。

因此，广东省可以采取以下措施来完善企业人才资本退出机制。

（1）人才资本退出机制要与企业人力资源战略管理体制相结合。到目前为止，我国大部分企业人才资本退出机制尚未完全与企业的人力资源管理体制相结合。企业应该首先考虑当前的人才资本退出机制可以和人力资源管理中的绩效考核体系、薪酬体系、素质测评体系、任职资格体系、培训体系挂钩。可以通过考核，将不能满足企业战略需要的、不能满足岗位素质能力要求的人，纳入人才资本退出机制的目标群中。但是要注意企业人才资本退出标准的选择不能过于简单，必须与企业战略和人力资源管理战略相结合，不能纯粹是为了淘汰。而且对于退出标准的选择不能搞"一刀切"，要根据企业不同岗位的特点，实行分层分类的退出策略。还要做到退出标准的客观化，让企业员工知道需要达到什么样的标准而不致被迫退出。

（2）设置托管基金，建立退出人员托管中心。退出人员托管中心可以设置三部一室：社会保险部、人员管理部、职业介绍部、综合办公室。社会保险部负责退出人员的社会保险等具体事务；人员管理部对退出人员进行政策和流程管理；职业介绍部负责退出人员的再就业安置等；综合办公室负责各项工作的综合协调管理。托管中心建立党组织和退管会，负责大龄职工中的党员和退休人员的管理。

（3）人才资本退出政策的完善。应当界定人员退出条件、评价标准、退出时间、退出数量、退出人员待遇及安置途径等方面的总括性纲领。其具体内容由人员退出制度详细规定和描述。有的企业设置了企业年金、退休福利、辞退金、补偿金等制度，让对企业有贡献的职工，退出企业后仍能享受企业发展带来的好处，对于留职员工也有较大的激励作用。当然，企业在不同外部环境和内在条件下、在企业生命周期的不同阶段、在不同企业文化状态中，会采取不同的人员退出政策。一般情况下，企业每年都应对人员退出政策做一定程度的调整，以保持企业政策的外部竞争性和内部激励性。

（4）制定合理的人才资本退出流程和标准。退出流程应该规定人才资本退出过程的操作环节、环节间的衔接过渡及各环节具体工作内容。由于人才资本退出的原因、退出的方式和主要责任人的不同，其流程也存在某种程度的差异。对于因国有企业战略调整而引起的人才资本退出，要增加宣传解释企业战略与政策、了解员工动态、为退出员工提供帮助等环节。人才资本退出流程要体现程序上的公平、公开透明、接受监督等原则。目前，许多公司都使用末位淘汰制，基本上是以绩效考核机制为标准的。绩效考核总是和激励机制整合利用，激励与约束机制一起引导员工朝着企业成功的方向前进，形成良性循环系统。同时，两者良好的整合设计还可以有效地控制员工的自愿退出。

（5）人才资本退出的帮助和社会保障机制。主要是为退出员工提供心理辅导、再就业和创业培训及信息、资金支持；完善社会保障制度，对退出的职工提供社会保障和救济；实施自创业小额贷款及税收优惠政策。例如，公布内部空缺岗位，鼓励员工应聘；为退出员工策划多条职业发展路线和提出建议；组织应聘技巧、适应新职业的技术以及二次创业的相关知识培训；为他们搜集职业线索，联系再就业单位；有条件的还可为再次创业的员工提供资金支持。

附表 5-1　广东省区域内部产业人才资本生成影响因素指标体系调研

一级指标	二级指标	权重	打分	三级指标	是否需要优化	权重	打分	四级指标	是否需要优化	权重	打分	备注(建议)
支撑产业结构优化升级视角下的人才资本生成阶段影响因素指标体系	1.1 区域影响因素			1.1.1 产业升级规划引导	是 否			1.1.1.1 产业人才需求的预测预报	是 否			
								1.1.1.2 引导企业的人才资本投资方向	是 否			
				1.1.2 教育	是 否			1.1.2.1 素质教育	是 否			
								1.1.2.2 职业技术教育	是 否			
				1.1.3 政策性奖励	是 否			1.1.3.1 人才奖励制度	是 否			
								1.1.3.2 企业奖励政策	是 否			
				1.1.4 保健投资	是 否			1.1.4.1 公共医疗卫生投资	是 否			
								1.1.4.2 公共医疗卫生保健投资	是 否			

续表

一级指标	权重	打分	二级指标	权重	打分	是否需要优化	三级指标	是否需要优化	权重	打分	四级指标	是否需要优化	权重	打分	备注(建议)
支撑产业结构优化升级视角下的人才资本生成阶段影响因素指标体系			1.2 企业影响因素			是 / 否	1.2.1 企业产品升级规划引导	是 / 否			1.2.1.1 资源共享平台	是 / 否			
											1.2.1.2 定期培训引导	是 / 否			
							1.2.2 企业培训	是 / 否			1.2.2.1 技术培训	是 / 否			
											1.2.2.2 技能培训	是 / 否			
											1.2.2.3 管理培训	是 / 否			
											1.2.2.4 创新培训	是 / 否			
							1.2.3 人才资本生成激励	是 / 否			1.2.3.1 进修激励	是 / 否			
											1.2.3.2 成果激励	是 / 否			
							1.2.4 保健投资	是 / 否			1.2.4.1 医疗投资	是 / 否			
											1.2.4.2 保健投资	是 / 否			
			1.3 个人影响因素			是 / 否	1.3.1 个人素质及技能提升	是 / 否			1.3.1.1 志愿性提升个人素质及技能	是 / 否			
							1.3.2 保健投资	是 / 否			1.3.2.1 个人医疗投资	是 / 否			
											1.3.2.2 个人健康投资	是 / 否			

附表 5－2　广东省区域外部产业人才资本吸引影响因素指标体系调研

一级指标	二级指标	权重	打分	三级指标	是否需要优化	权重	打分	四级指标	是否需要优化	权重	打分	备注(建议)
支撑产业结构优化升级视角下的人才资本吸引影响因素指标体系	1.1 区域影响因素			1.1.1 经济环境	是	否		1.1.1.1 企业经营环境	是	否		
								1.1.1.2 经济发展水平	是	否		
								1.1.1.3 人才市场环境	是	否		
				1.1.2 生活环境	是	否		1.1.2.1 医疗卫生设施	是	否		
								1.1.2.2 子女教育条件	是	否		
								1.1.2.3 交通条件	是	否		
				1.1.3 文化环境	是	否		1.1.3.1 价值取向	是	否		
								1.1.3.2 创新氛围	是	否		
				1.1.4 政策环境	是	否		1.1.4.1 人才引进政策 （是否需要优化　权重　打分：是　否） 1.1.4.1.1 社会保障服务	是	否		
								1.1.4.1.2 户籍政策	是	否		
								1.1.4.1.3 人事代理服务制度	是	否		
								1.1.4.1.4 优秀人才奖励政策	是	否		

续表

一级指标	二级指标	权重	打分	三级指标	是否需要优化	四级指标	是否需要优化	权重	打分	备注(建议)
支撑产业结构优化升级视角下的人才资本吸引影响因素指标体系	1.1 区域影响因素			1.1.4 政策环境	是 否	1.1.4.2 人才成长支持政策 （是 否） 1.1.4.2.1 科研资助政策	是 否			
						1.1.4.2.2 创业资助政策	是 否			
						1.1.4.2.3 知识产权保护政策	是 否			
	1.2 集群影响因素			1.2.1 集群特性	是 否	1.2.1.1 集群品牌	是 否			
						1.2.1.2 集群规模	是 否			
						1.2.1.3 行业潜力	是 否			
						1.2.1.4 社会网络	是 否			
						1.2.1.5 共享劳动力市场	是 否			
	1.3 企业影响因素			1.3.1 企业声誉实力	是 否	1.3.1.1 企业声誉	是 否			
						1.3.1.2 科研创新	是 否			
						1.3.1.3 企业发展前景	是 否			
						1.3.1.4 工作条件设施	是 否			
				1.3.2 企业管理	是 否	1.3.2.1 绩效考核体系	是 否			
						1.3.2.2 培训发展体系	是 否			
						1.3.2.3 薪酬体系	是 否			
						1.3.2.4 人才观念	是 否			

附表 5-3 广东省区域产业人才资本转化影响因素指标体系调研

一级指标	二级指标	权重	打分	三级指标	是否需要优化	权重	打分	四级指标	是否需要优化	权重	打分	五级指标	是否需要优化	权重	打分	备注(建议)
支撑产业结构优化升级视角下的人才资本转化影响因素指标体系	1.1 区域影响因素			1.1.1 经济层面	是 否			1.1.1.1 人才信息发布与反馈机制	是 否							
								1.1.1.2 政府引导社会中介组织	是 否							
				1.1.2 法律政策层面	是 否			1.1.2.1 法律	是 否			1.1.2.1.1 知识产权保护	是 否			
												1.1.2.1.2 人力资源退出机制	是 否			
								1.1.2.2 政策	是 否			1.1.2.2.1 优秀成果奖励	是 否			
												1.1.2.2.2 依托项目聚集人才	是 否			
				1.1.3 社会文化层面	是 否			1.1.3.1 观念意识	是 否							
	1.2 企业影响因素			1.2.1 企业用人水平	是 否			1.2.1.1 企业制度设计	是 否			1.2.1.1.1 绩效考核制度	是 否			
												1.2.1.1.2 具有竞争力的薪酬制度	是 否			

续表

一级指标	二级指标	权重	打分	三级指标	是否需要优化	权重	打分	四级指标	是否需要优化	权重	打分	五级指标	是否需要优化	权重	打分	备注(建议)
支撑产业结构优化升级视角下的人才资本转化影响因素指标体系	1.2 企业影响因素			1.2.1 企业用人水平	是 否			1.2.1.2 企业管理水平	是 否			1.2.1.2.1 企业经营管理者的能力水平	是 否			
												1.2.1.2.2 建立接班人计划	是 否			
				1.2.2 企业激励设计及实施	是 否			1.2.2.1 一般员工激励设计与实施	是 否			1.2.2.1.1 薪酬福利性激励机制	是 否			
								1.2.2.2 人才资本产权激励设计与实施	是 否			1.2.2.1.2 强化人才评价体系激励机制	是 否			
				1.2.3 企业文化	是 否			1.2.3.1 企业愿景吸引力	是 否							
								1.2.3.2 企业使命认同感	是 否							
	1.3 个人影响因素			1.3.1 人才资本健康状况	是 否			1.3.1.1 人才资本健康状况	是 否							

第六章 广东省"十二五"时期三次产业人才资本供需研究

第一节 概念界定

一 三次产业

三次产业的划分最初源于西方经济理论，西方经济学家根据劳动对象进行加工的顺序将国民经济部门划分为三次产业。三次产业是根据社会生产活动历史发展的顺序对产业结构的划分，产品直接取自自然界的部门称为第一产业，初级产品进行再加工的部门称为第二产业，为生产和消费提供各种服务的部门称为第三产业。它是世界上通用的产业结构分类，但各国的划分不尽一致。

我国的三次产业划分是：第一产业包括农业（包括种植业、林业、牧业、副业和渔业）；第二产业包括工业（包括采掘工业、制造业、自来水、电力、蒸汽、热水、煤气）和建筑业；第三产业为除第一、第二产业以外的其他各业。由于第三产业包括的行业多、范围广，根据我国的实际情况，第三产业可分为两部分：一是流通部门，二是服务部门。

二 人才资本

数量上的界定：根据社会或一个组织中的劳动力人数来确定其人才资本的数量。一定程度上，一个社会或组织中的劳动力从业人员数量可以表示为该社会或组织中人才资本的规模。在本书中，从业人员总量和三次产业从业人员量的预测就是人才资本数量上的界定。

质量上的界定：可以根据劳动者个人能力和素质确定每一个劳动者所具有的人才资本的质量。本书所指的人才资源统计口径范围按照国家和各省市的统一口径，由学历、专业技术职务和技能三个类型来划定。凡符合下列三个条件之一的人员均列入人才范围：（1）具有中专及以上学历的人员，即中专以上学历人才；（2）具有初级及以上专业技术职务的人员，即专业技术职务人才；（3）具有专业技术特长，按国家统一标准，经职业技能鉴定合格，取得中级及以上技术资格证书的人员，即中级技工以上技能人才。在本书中，人才总量和人才结构（包括学历、专业技术职务、技能三种类型）的预测就是人才资本质量上的界定。

上述人才的范围界定符合人才的内涵，便于收集数据，具有可操作性，也便于分析、比较、说明人才发展状况及其与经济社会发展的关系，进而进行人才预测。

第二节 "十二五"时期三次产业人才资本 需求总量和供给总量预测及分析

一 三次产业人才资本需求总量预测

本书采用组合预测的方法，对广东省从业人员总量和三次产业从业人员量进行预测。依据广东省1990—2007年总从业人员量和三次产业从业人员量及广东省1990—2007年的产业总产值和三次产业产值（见附表6-1和附表6-2），首先建立总产业从业人员和三次产业从业人员的灰色系统预测模型，另外建立总产业从业人员和三次产业从业人员的回归模型（注：因为农业的数据问题，第一产业不能建立线性回归模型），然后将灰色系统模型 ［GM（1，2）模型，见附表6-3］和回归模型进行组合，建立组合预测模型，最后用就业弹性系数方法对组合预测的结果进行验证。最终三次产业人才资本需求预测结果如表6-1所示。

表6-1　　　　　　　　　　　组合预测结果　　　　　　　　单位：万人

年份	总从业人口	第一产业人口	第二产业人口	第三产业人口
2008	5446.9412	1351.1280	1779.9472	2315.8660
2009	5556.8013	1316.1520	1852.6439	2388.0044
2010	5659.8926	1319.3080	1909.8399	2430.7447
2011	5760.1003	1244.0010	1996.0549	2520.0444
2012	5836.9016	1152.9630	2080.6016	2603.3370
2013	5899.8043	1102.5400	2098.2522	2699.0121
2014	6072.0754	1109.7360	2186.3696	2775.9685
2015	6197.5741	1112.3060	2245.8405	2839.4276

对就业结构进行分析（见图6-1）。依据附表6-1的数据，1990年至2007年之间，全省就业人员总量增加了2174.8万人。其中，第一产业就业人数呈现稳定的下降趋势，由1990年的1651.7万人减少为2007年的1546.7万人，累计减少了105万人，比重由52.97%下降为29.22%，累计下降了23.75个百分点；第二产业就业人数总体呈现快速增长趋势，由1990年的848.4万人增加为2007年的1776.7万人，累计增加了928.3万人，占总就业人数比重由1990年的27.21%上升到2007年的33.57%，累计上升了6.36个百分点；第三产业就业人数呈现快速增长趋势，由1990年的618万人增加为2007年的1969.5万人，累计增加了1351.5万人，占总就业人数的比重由1990年的19.82%上升到2007年的37.21%，累计上升了17.39个百分点。

从就业结构来看，广东省三次产业就业人员比例由1990年的52.97∶27.21∶19.82演变为2007年的29.22∶33.57∶37.21，就业结构类型由"一二三"演变为"三二一"，这完全符合著名经济学家配第·克拉克观点。配第·克拉克认为：随着经济的发展，劳动力首先由第一产业向第二产业转移。当人均国民收入水平进一步提高时，劳动力便向第三产业转移。

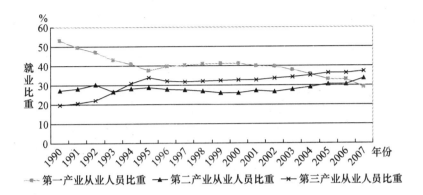

图 6 – 1 三次产业劳动者结构变化趋势

资料来源:《中国统计年鉴 2008》;中宏数据库。

注:因中国统计年鉴缺失 2006 年三大产业从业人员数据,而自 1990 年以后,从业人员总计资料根据人口变动情况抽样调查调整,因此分地区的资料相加不等于总计。为了保持数据的连续性,本书对 2006 年的数据进行拟合。

对产业结构偏离度进行分析。产业结构偏离度是三大产业中每一产业就业人员比重与产值结构转变协调程度的重要指标,是反映产业结构转变过程中,就业结构与产值结构转变协调程度的重要指标。产业结构偏离度可采用结构偏差和比较劳动生产率两个指标进行分析。本书采用产业结构偏离度对预测年份 2010 年和 2015 年的就业结构进行分析,将就业结构的分析跟产业结构联系起来,使分析更加科学。如表 6 – 2 和表 6 – 3 所示。

正如库兹涅茨和钱纳里所概括的,在经济增长和产业结构转变过程中,劳动力就业结构的转变滞后于产业结构转变的程度。从不同类型国家产业结构演进的历史进程来看,产业结构偏离度可以反映出经济发展的健康和协调程度。从结构偏差的角度看,以上分析表明,广东省 2015 年第一产业和第二产业的结构偏差呈现下降趋势,这是合理的趋势,但偏差依然很大。第三产业的结构偏差虽然很小,但呈现增大趋势,这是不合理的,主要原因是第三产业的产值比重呈现下降趋势,这要引起决策者的注意。另外,虽然 2015 年社会劳动生产率和三大产业的产业劳动生产率比起 2010 年有较大的上升,但从比较劳动生产率的角度看,三次产业的比较劳动生产率比起 2010 年都呈现下降趋势。特别是农业的比较劳动生产率特别偏低，第三产业的比较劳动生产率开始小于1，这是不合理的现象，应该引起有关部门的关注。

表 6 – 2 　　　　　2010 年广东产业结构和就业结构主要指标

指标	合计	第一产业	第二产业	第三产业
国内生产总值（亿元）	41261.763	1775.823	21411.98	18073.96
国内生产总值构成（%）	100	4.3	51.9	43.8
就业人员总量（万人）	5659.8926	1319.3080	1909.8399	2430.7447
就业人员总量构成（%）	100	23.31	33.74	42.95
劳动生产率（万元/人）	6.66	1.3460	11.2114	7.4356
结构偏差（百分点）	0	-19.01	18.16	0.85
比较劳动生产率（倍）	0.91	0.1848	1.5392	1.0208

注：表中数据经四舍五入处理。

表 6 – 3 　　　　　2015 年广东产业结构和就业结构主要指标

指标	合计	第一产业	第二产业	第三产业
国内生产总值（亿元）	68363.97	2129.558	36344.96	29889.45
国内生产总值构成（%）	100	3.1	53.72	43.7
就业人员总量（万人）	5197.57	1112.3060	2245.8405	2839.4277
就业人员总量构成（%）	100	17.95	36.24	45.81
劳动生产率（万元/人）	9.54	1.9145	16.1832	10.5266
结构偏差（百分点）	0	-14.85	16.96	-2.11
比较劳动生产率（倍）	0.88	0.1768	1.4948	0.9723

注：（1）结构偏差，指三大产业中每一产业的产值比重与劳动力比重的绝对差异（即：结构偏差=产值比重-就业比重）。结构偏差从正、负两个方向趋向于0，偏差越大，则产业结构偏离度越大。

（2）比较劳动生产率，是三大产业中每一产业劳动生产率与社会劳动生产率的比值关系。可以直观反映出不同产业运行效率与三大产业整体运行效率的差异。

（3）表中数据经四舍五入处理。

二　三次产业人才资本供给总量预测

（一）预测基本原理

劳动力的供给量直接取决于两个因素：一是劳动适龄人口的规模总

量；二是劳动适龄人口的经济活动参与率，即扣除了无就业意愿（包括学生、现役军人等无就业意愿人员）后的劳动适龄人口与全部劳动适龄人口之比。因此，本书的预测原理主要分为两个部分：一是根据同批人分要素预测方法，即将某一基础年的 15—64 岁劳动适龄人口按年龄分组，并分别预测和计算死亡和迁移，从而可以得到未来各年的劳动适龄人口规模。二是在劳动适龄人口预测的基础上，再根据参与率的变化和影响因素，在给出可能的劳动参与率后，得到最终的劳动供给规模的预测。

（二）主要预测方法

1. 劳动适龄人口预测的基本方法

劳动适龄人口预测方法主要采用同批人分要素预测方法，其基本原理为给出某一基础年的分年龄组的劳动适龄人口数（15—64 岁），然后按照队列推移原理，通过一定方程得到下一年度的分年龄组死亡人数以及分年龄组的净迁移规模（或者迁入、迁出规模），分别加入到各相应年龄组（或从各年龄组减去），得到下一年度的分年龄组人口数，如此反复运行，直到得到预测末年的分年龄组劳动适龄人口数。

主要方程为：

$$Px - 5(t) = P0 - Dx - 5(t) + Mix - 5(t) - (Mex - 5(t))$$

$$Px(t+5) = [1 - (Ux+5)] \cdot (Px - 5(t)) + Mi(t+5) - Me(t+5)$$

$$(x = 1, 2, \cdots, W)$$

其中，$P0$ 为现期人口，D 为 t 年年初 $x-5$ 岁死亡人数，$Mix-5(t)$ 为 t 年年初 $x-5$ 岁净迁入人数，$Mex-5(t)$ 为 t 年年初 $x-5$ 岁净迁出人数，$Px(t+5)$ 为 $t+5$ 年年初 x 岁人口数，$Px-5(t)$ 为 t 年年初 $x-5$ 岁人口数，$Ux+5$ 为 $(x+5)$ 岁人口死亡概率，x 为确切年龄，$Mi(t+5)$ 为 $t+5$ 年年初 x 岁净迁入人数，$Me(t+5)$ 为 $t+5$ 年年初 x 岁净迁出人数。

这种方法的特点是分别对每一批人（1 岁组或 5 岁组）进行推算，然后汇总，不受年龄结构变动的干扰。现代人口预测基本上都采用此方法。

2. 分年龄段的死亡模式预测的基本方法

在人口预测过程中，需要对人口的预期寿命进行假定，然后对未来人口死亡状况加以研究。由于人口的死亡模式在短期内具有相对稳定性，因此，如果人口预测过程假设其不变，可将计算过程大大简化，为人口预测的死亡参数估计奠定基础。经常使用的方法是基于假设死亡模式不变，死亡水平降低引起期望寿命的提高，从而达到对人口变动中存活或死亡参数予以控制的目的。

但由于本书缺乏联合国模型生命表，无法准确利用对人口的预期寿命假设得出广东省分年龄段的死亡水平，故本书采用的方法是基于采用趋势内推法假设死亡模式以一定的比例变化，从而得到对人口变动中存活或死亡参数。

3. 分年龄的净迁移人数预测的基本方法

虽然目前分年龄的净迁移人数预测方法比较多，例如，有经济水平预测、未来非农劳动力需求预测、净迁入劳动力预测等，但由于迁移人数更多地受地区经济差异因素的影响，目前寻求非农就业机会是我国人口流动的主要原因，其决定人口的流量和流向，因此从经济角度来预测迁移人口相对合理些。通过预测非农岗位的数量，结合就业人口在总人口中的比例再加以适当调整就可以得到未来净迁入人口数。

分年龄净迁移人数具体预测方法是：先算出本年人口迁移模式 $nx = Nx/N$，即各年龄组净迁移人数与迁移总人口的比值，假定迁移模式不变或根据人口年龄结构变化等情况做些调整，然后结合每年的净迁移量就可以得到分年龄迁移人口数。将分年龄迁移人口与原有的分年龄人口加总可以得到每年总人口的分年龄人口数。

（三）数据来源

本书所用的数据，历史数据主要来自历年的统计年鉴中的数据，广东省第 5 次人口普查数据，以及 2005 年全国 1% 人口抽样调查数据。在预测中所用的基年数据：2005 年广东省分年龄人口数来源于 2005 年全国 1% 人口抽样调查数据计算；死亡率是根据 2000 年广东省人口普查和 2005 年全国 1% 人口抽样调查数据计算调整得到。净迁移数据根据广东省统计局历年年鉴中公布的户籍人口迁移变动数据得出。

最终预测结果如表 6 - 4 所示。

表 6-4　　　　　　　**2010 年和 2015 年人才资本供给量**　　　单位:万人

年份	劳动适龄人口	劳动参与率	劳动力供给量
2005	6539.8641	77.15%	5045.5051
2010	7318.2732	80%	5854.6186
2015	7617.9278	79%	6018.1629

根据以上预测结果,从广东省 2010 年和 2015 年人才资本供给总量来看,广东省人才资本供给资源丰富,由 2005 年的 5045.5051 万人增加到 2015 年的 6018.1629 万人,其中 2010 年的供给量为 5854.6186 万人。"十一五"期间和"十二五"期间的人力资本供给量分别增长了约 809 万人和 164 万人,增长放缓,其原因是:首先是由于广东省实行严格计划生育政策,出生人数呈逐年缓慢平稳发展,加上人口老年化趋势加剧,广东省自然劳动力供给呈缓慢上升趋势;其次是随着外省经济水平的提高和长三角地区的良好发展势头,已吸引大量外来劳动力人口,造成每年净迁移人口数逐年降低。总体上看,广东省未来几年劳动力供给总量资源丰富,但持续较短时间后,劳动力供给量将开始呈现下降趋势,广东省的丰富劳动力供给资源将不复存在。

从广东省 2010 年和 2015 年人才资本供给结构来看,未来广东省 15—24 岁青壮年劳动适龄人口数量会迅速下降,已从 2010 年的 1885.1634 万人递减到 1601.9301 万人,但是在 26—59 岁的黄金年龄人口数量呈缓慢上升趋势,其中 40—44 岁和 50—54 岁的人口数量增长最快,分别为 34.38% 和 39.72%。但是不可忽视的是每年退休的劳动力资源呈快速上升趋势,"十一五"期间和"十二五"期间退休劳动力资源分别达到 250.2963 万人和 336.7400 万人。这表明了广东省将经历一个较短的"黄金时期",而后将面临严峻的劳动适龄人口老化的挑战。

三　供需匹配分析

根据预测可知,2010 年,广东省的人才资本量处于供过于求的状态,供需存量缺口是 194.7266 万人,到了 2015 年,广东省的人才资本量处于供不应求的状态,供需存量缺口是 179.4111 万人,可见,广东省的人才资本量在 2010 年和 2015 年之间达到了供需平衡,并且朝着供不应求的状态发展,并且这种状况将会日益严峻。这应引起有关部门的密切关注。

第三节 "十二五"时期人才结构需求量和 供给量预测及分析

一 人才结构需求预测

人力结构是指上文提到的学历人才、专业技术人才、技能人才。

把广东省 2000—2007 年的学历人才、专业技术人才及技能人才需求数据和广东省 2000—2007 年的产业产值及劳动生产率数据（其中劳动生产率数据＝产业产值数据/从业人员数据，详见附表），调入 SPSS 软件，用 SPSS（Statistic Package for Social Science）软件建立人才结构的多元回归预测模型。具体预测结果如表 6 - 5 至表 6 -7 所示。

表 6 - 5　　　　　　　　　　人才质量——技能人才　　　　　　　　单位：万人

年份	中级技工存量	中级技工增量	所占比重（%）	高级技工存量	高级技工增量	所占比重（%）	技师及高级技师存量	技师及高级技师增量	所占比重（%）	合计（中级技工以上技能人才存量）	合计（中级技工以上技能人才增量）
2000	151.4400	—	53.08	123.9200	—	43.44	9.9400	—	3.48	285.3000	—
2001	161.5980	10.1580	53.70	126.8169	2.8969	42.15	12.4925	2.5525	4.15	300.9074	15.6074
2002	175.1516	13.5536	54.54	130.6199	3.8030	40.67	15.3922	2.8997	4.79	321.1637	20.2563
2003	191.2575	16.1059	55.08	135.6841	5.0642	39.07	20.3070	4.9148	5.85	347.2486	26.0849
2004	215.8139	24.5564	55.07	143.4128	7.7287	37.01	28.2286	7.9216	7.29	387.4553	40.2067
2005	244.7120	28.8981	55.02	155.7424	12.3296	35.01	44.3277	16.0991	9.97	444.7821	57.3268
2006	298.9865	54.2745	55.56	175.4680	19.7256	32.60	63.6896	19.3619	11.84	538.1441	93.3620
2007	413.1391	114.1530	57.17	205.5737	30.1057	28.45	103.9557	40.2661	14.38	722.6685	184.5240
2010	539.1202	—	57.13	236.1546	—	25.03	168.3019	—	17.84	943.5777	—
2015	911.7301	—	57.77	347.4438	—	22.02	318.8873	—	20.21	1578.1000	—

资料来源：广东省劳动和社会保障厅（政务公开栏　2001—2007 年广东劳动力市场供求状况）。在广东省劳动和社会保障厅里面的人才结构需求数据是增量数据，这里的人才结构需求数据是由广东省人才规划研究里面的 2000 年基期数据累加广东省劳动和社会保障厅里面的 2001—2007 年的人才结构需求增量数据得出的。

表6-6　　　　　　　　　人才质量——专业技术人才　　　　　单位：万人

年份	初级职称存量	初级职称增量	所占比重(%)	中级职称存量	中级职称增量	所占比重(%)	高级职称存量	高级职称增量	所占比重(%)	合计(专业技术职务人才存量)	合计(专业技术职务人才增量)
2000	162.4800	—	66.67	68.7300	—	28.20	12.5100	—	5.13	243.7200	—
2001	169.0708	6.5908	66.32	72.6203	3.8903	28.49	13.2395	0.7295	5.19	254.9306	11.2106
2002	177.4372	8.3664	66.99	73.0583	5.4380	27.58	14.3655	1.1260	5.43	264.8610	14.9304
2003	185.9218	8.4846	66.73	77.2923	4.2340	27.74	15.3968	1.0313	5.53	278.6109	14.0469
2004	208.6058	22.6840	65.91	87.9004	10.6081	27.78	19.9743	4.2805	6.31	316.4805	37.5726
2005	261.2581	52.6523	66.46	104.8269	16.9265	26.67	27.0121	7.0378	6.87	393.0971	76.6166
2006	333.1573	71.8992	65.51	138.1419	33.3150	27.16	37.2841	10.2720	7.33	508.5833	115.4860
2007	468.0628	134.9060	61.39	218.4754	80.3335	28.66	75.8569	38.5728	9.95	762.3951	253.8120
2010	636.5638	—	61.21	313.7586	—	30.17	89.6426	—	8.62	1040.2300	—
2015	1108.5000	—	60.24	556.2621	—	30.23	175.3476	—	9.53	1840.2000	—

资料来源：广东省劳动和社会保障厅（政务公开栏　2001—2007年广东劳动力市场供求状况）。在广东省劳动和社会保障厅里面的人才结构需求数据是增量数据，这里的人才结构需求数据是由广东省人才规划研究里面的2000年基期数据累加广东省劳动和社会保障厅里面的2001—2007年的人才结构需求增量数据得出的。

表6-7　　　　　　　　　人才质量——学历人才　　　　　　　单位：万人

年份	中专存量	中专增量	所占比重(%)	大专存量	大专增量	所占比重(%)	本科及以上存量	本科及以上增量	所占比重(%)	合计(中专以上学历存量)	合计(中专以上学历增量)
2000	134.5500	—	43.51	122.8200	—	39.72	51.8400	—	16.77	309.2100	—
2001	151.9182	17.3682	43.86	137.6599	14.8399	39.74	56.8154	4.9754	16.40	346.3935	37.1835
2002	173.0191	21.1009	45.46	147.6351	9.9752	38.79	59.9414	3.1260	15.75	380.5956	34.2021
2003	204.8312	31.8121	43.86	165.7933	18.1582	39.74	66.2336	6.2922	16.40	436.8581	56.2625
2004	248.1136	43.2824	40.42	199.4646	33.6713	32.49	77.7508	11.5172	12.67	613.7999	88.4709
2005	310.1675	62.0539	46.27	259.6282	60.1636	38.73	100.5822	22.8314	15.00	670.3779	145.0490

续表

年份	中专存量	中专增量	所占比重(%)	大专存量	大专增量	所占比重(%)	本科及以上存量	本科及以上增量	所占比重(%)	合计(中专以上学历存量)	合计(中专以上学历增量)
2006	434.9011	124.7340	45.90	368.7213	109.0930	38.92	143.8465	43.2643	15.18	947.4689	277.0910
2007	596.3567	161.4560	43.63	548.4658	179.7450	40.13	222.0302	78.1837	16.24	1366.8530	419.3840
2010	851.8098	—	43.53	791.1622	—	40.43	313.9215	—	16.04	1888.5000	—
2015	1532.8000	—	43.16	1444.2000	—	40.66	574.7873	—	16.18	3408.2000	—

资料来源：广东省劳动和社会保障厅（政务公开栏 2001—2007 年广东劳动力市场供求状况）。在广东省劳动和社会保障厅里面的人才结构需求数据是增量数据，这里的人才结构需求数据是由广东省人才规划研究里面的 2000 年基期数据累加广东省劳动和社会保障厅里面的 2001—2007 年的人才结构需求增量数据得出的。其中中专增量数据是按照高中：中专 = 5∶2 的比例算出来的，这个比例参照了历年的比例，较为合理。

从以上预测结果可以看出，在技能人才中，中级技工、高级技工、技师及高级技师需求量都呈现增长趋势，中级技工和技师及高级技师的比重不断增大，但值得注意的是，高级技工的比重却呈现下降趋势。到 2010 年，广东省的技能人才结构构成比例为 57.13∶25.03∶17.84；到 2015 年，广东省的技能人才结构构成比例为 57.77∶22.02∶20.21。在今后的发展中，将在努力增加技能人才数量的基础上，提高高级技工、技师及高级技师的比重，特别是要扭转高级技工比重下降的趋势。同时加大力度培养大量的中级技工，为今后技能人才的高层次发展打下基础。

在专业技术人才中，广东省专业技术等级结构不断改善，逐步趋于合理。初级职称、中级职称、高级职称人才需求量都呈现增长趋势，其中，初级职称人才比重总体上呈现下降趋势，中级职称人才和高级职称人才比重总体上呈现上升趋势，符合人才发展的规律。到 2010 年，广东省的专业技术人才结构比例为 61.21∶30.17∶8.62；到 2015 年，广东省的专业技术人才结构比例为 60.24∶30.23∶9.53。

在学历人才中，广东省学历人才结构得到一定程度的优化。中专学历人才、大专学历人才、大学本科以上学历人才的需求数量呈现增长趋势，其中，中专学历人才比重在 2005 年以后总体上呈现下降趋势，大专学历人才比重在 2005 年以后呈现增长趋势，本科以上学历人才比重在 2004 年以后呈现增长趋势。到 2010 年，广东省学历人才结构比例为 43.53∶40.43∶16.04；到 2015 年，广东省学历人才结构比例为 43.16∶40.66∶16.18。

同时，在"十五"期间，学历人才由 309.21 万人增加到 670.38 万人，净增 361.17 万人，增长率为 16.74%，占人口比重由 4.01% 增加到 7.29%，占社会劳动者比重由 8% 增加到 14.26%。技能人才由 285.3 万人增加到 444.78 万人，净增 159.48 万人，增长率为 9.29%，占人口比重由 3.7% 增加到 4.84%，占社会劳动者比重由 7.39% 增加到 9.46%。专业技术人才由 243.72 万人增加到 393.10 万人，净增 149.38 万人，增长率为 10.03%，占人口比重由 3.16% 增加到 4.28%，占社会劳动者比重由 6.31% 增加到 8.36%。

"十一五"期间，学历人才由 670.38 万人增加到 1888.50 万人，净增 1218.12 万人，增长率为 23.02%，占社会劳动者比重由 14.26% 增加到 33.37%。技能人才由 444.78 万人增加到 943.58 万人，净增 498.80 万人，增长率为 16.23%，占社会劳动者比重由 9.46% 增加到 16.67%。专业技术人才由 393.10 万人增加到 1040.23 万人，净增 647.13 万人，增长率为 21.49%，占社会劳动者比重由 8.36% 增加到 18.38%。

"十二五"期间，学历人才由 1888.50 万人增加到 3408.20 万人，净增 1519.70 万人，增长率为 12.53%，占社会劳动者比重由 33.37% 增加到 54.99%。技能人才由 943.58 万人增加到 1578.10 万人，净增 634.52 万人，增长率为 10.83%，占社会劳动者比重由 16.67% 增加到 25.46%。专业技术人才由 1040.23 万人增加到 1840.20 万人，净增 799.97 万人，增长率为 12.08%，占社会劳动者比重由 18.38% 增加到 29.69%（见表 6-8）。

表 6 - 8　　　　　　　　广东省人才总量和人才结构分析　　　　单位：万人

指标	2000 年	2005 年	2010 年	2015 年
人才总量	583. 5000	1185. 0000	2411. 5700	4343. 2170
人才净增量	—	601. 5000	1226. 5700	1931. 6470
人才总量平均增长速度	—	0. 1522	0. 1527	0. 1249
人才总量占人口比重	0. 0757	0. 1289	—	—
人才总量占社会劳动者比重	0. 1511	0. 2520	0. 4261	0. 7008
学历人才	309. 2100	670. 3779	1888. 5000	3408. 2000
学历人才净增量	—	361. 1679	1218. 1220	1519. 7000
学历人才平均增长速度	—	0. 1674	0. 2302	0. 1253
学历人才占人口比重	0. 0401	0. 0729	—	—
学历人才占社会劳动者比重	0. 0801	0. 1426	0. 3337	0. 5499
中级技工以上技能人才	285. 3000	444. 7821	943. 5777	1578. 1000
中级技工以上技能人才净增量	—	159. 4821	498. 7956	634. 5223
中级技工以上技能人才平均增长速度	—	0. 0929	0. 1623	0. 1083
中级技工以上技能人才占人口比重	0. 0370	0. 0484	—	—
中级技工以上技能人才占社会劳动者比重	0. 0739	0. 0946	0. 1667	0. 2546
专业技术人才	243. 7200	393. 0971	1040. 2300	1840. 2000
专业技术人才净增量	—	149. 3771	647. 1329	799. 9700
专业技术人才平均增长速度	—	0. 1003	0. 2149	0. 1208
专业技术人才占人口比重	0. 0316	0. 0428	—	—
专业技术人才占社会劳动者比重	0. 0631	0. 0836	0. 1838	0. 2969

二　人才结构供给预测

根据数据特点，本书采用时间一阶自回归方法和灰色系统方法对人才资本结构进行预测。

在预测中，依据广东省 2000—2007 年的学历人才、专业技术人才及技能人才供给数据，建立人才结构的时间一阶自回归方法和灰色系统方法预测模型，对广东省 2010 年和 2015 年的人才结构进行预测。具体预测结果如表 6 - 9、表 6 - 10、表 6 - 11 所示。

表6-9　　　　　　　　　　人才质量——技能人才　　　　　　单位：万人

年份	中级技工存量	中级技工增量	所占比重（%）	高级技工存量	高级技工增量	所占比重（%）	技师、高级技师存量	技师、高级技师增量	所占比重（%）	合计存量	增量
2000	151.4400	—	53.08	123.9200	—	43.44	9.9400	—	3.48	285.3000	—
2001	166.6533	15.2133	54.12	128.2928	4.3728	41.66	12.9708	3.0308	4.21	307.9169	22.6169
2002	179.3861	12.7328	54.96	131.9703	3.6775	40.43	15.0494	2.0786	4.61	326.4058	18.4889
2003	194.0377	14.6516	55.65	136.4812	4.5109	39.15	18.1266	3.0772	5.20	348.6454	22.2396
2004	214.8555	20.8178	56.61	142.1189	5.6377	37.44	22.5711	4.4445	5.95	379.5454	30.9000
2005	241.0291	26.1736	56.31	153.1352	11.0163	35.78	33.8760	11.3049	7.91	428.0402	48.4948
2006	285.0917	44.0626	57.22	168.0479	14.9127	33.73	45.0766	11.2006	9.05	498.2161	70.1759
2007	365.2358	80.1441	58.10	192.6855	24.6376	30.65	70.6677	25.5911	11.24	628.5889	130.3728
2010	490.6817	—	59.84	225.6940	—	27.52	103.6817	—	12.64	820.0574	—
2015	944.0636	—	63.59	319.4498	—	21.52	221.1373	—	14.89	1484.6507	—

资料来源：广东省劳动和社会保障厅（政务公开栏 2001—2007年广东劳动力市场供求状况）。在广东省劳动和社会保障厅里面的人才结构供给数据是增量数据，这里的人才结构供给数据是由广东省人才规划研究里面的2000年基期数据累加广东省劳动和社会保障厅里面的2001—2007年的人才结构供给增量数据得出的。

表6-10　　　　　　　　　　人才质量——专业技术人才　　　　　　单位：万人

年份	初级职称存量	初级职称增量	所占比重（%）	中级职称存量	中级职称增量	所占比重（%）	高级职称存量	高级职称增量	所占比重（%）	合计存量	增量
2000	162.4800	—	66.67	68.7300	—	28.20	12.5100	—	5.13	243.7200	—
2001	170.3658	7.8858	66.47	72.7039	3.9739	28.37	13.2234	0.7134	5.16	256.2931	12.5731
2002	179.9178	9.5520	66.17	77.8110	5.1071	28.62	14.1698	0.9464	5.21	271.8986	15.6055
2003	189.4291	9.5113	65.88	82.4617	4.6507	28.68	15.6385	1.4687	5.44	287.5293	15.6307
2004	221.9470	32.5179	66.51	93.5572	11.0955	28.04	18.1930	2.5545	5.45	333.6972	46.1679
2005	268.6318	46.6848	67.43	107.9442	14.3870	27.10	21.7830	3.5900	5.47	398.3590	64.6618
2006	340.4296	71.7978	67.98	132.5340	24.5898	26.47	27.8123	6.0293	5.55	500.7759	102.4169
2007	455.8800	115.4504	64.55	185.2539	52.7199	26.23	65.0597	37.2474	9.21	706.1936	205.4177

续表

年份	初级职称存量	初级职称增量	所占比重（%）	中级职称存量	中级职称增量	所占比重（%）	高级职称存量	高级职称增量	所占比重（%）	合计存量	增量
2010	626.3425	—	67.42	227.8690	—	24.53	74.8415	—	8.06	929.0530	—
2015	1408.8235	—	69.50	458.3837	—	22.61	159.8406	—	7.89	2027.0478	—

资料来源：广东省劳动和社会保障厅（政务公开栏 2001—2007 年广东劳动力市场供求状况）。在广东省劳动和社会保障厅里面的人才结构供给数据是增量数据，这里的人才结构供给数据是由广东省人才规划研究里面的 2000 年基期数据累加广东省劳动和社会保障厅里面的 2001—2007 年的人才结构供给增量数据得出的。

表 6-11　　　　　　　　人才质量——学历人才　　　　　　单位：万人

年份	中专存量	中专增量	所占比重（%）	大专存量	大专增量	所占比重（%）	本科及以上存量	本科及以上增量	所占比重（%）	合计存量	增量
2000	134.5500	—	43.51	122.8200	—	39.72	51.8400	—	16.77	309.2100	—
2001	159.6675	25.1175	43.19	148.4551	25.6351	40.16	61.5588	9.7188	16.65	369.6814	60.47138
2002	186.8999	27.2324	44.70	164.4730	16.0179	39.34	66.7165	5.1577	15.96	418.0894	48.40800
2003	227.6655	40.7656	46.38	187.1571	22.6841	38.13	76.0308	9.3143	15.49	490.8534	72.76404
2004	278.5409	50.8754	46.19	228.7901	41.6330	37.94	95.6808	19.6500	15.87	603.0118	112.15836
2005	338.7249	60.1840	45.45	287.4754	58.6853	38.59	118.7950	23.1142	15.95	744.9953	141.98354
2006	440.3314	101.6065	45.23	375.2101	87.7347	38.54	158.0656	39.2706	16.24	973.6071	228.61178
2007	575.4943	135.1629	43.90	510.5923	135.3822	38.95	224.9405	66.8749	17.16	1311.0271	337.41998
2010	837.9114	—	43.81	784.8688	—	41.03	290.0047	—	15.16	1912.7849	—
2015	2089.9289	—	46.45	1891.3649	—	42.03	518.2391	—	11.52	4499.5329	—

资料来源：广东省劳动和社会保障厅（政务公开栏 2001—2007 年广东劳动力市场供求状况）。在广东省劳动和社会保障厅里面的人才结构供给数据是增量数据，这里的人才结构供给数据是由广东省人才规划研究里面的 2000 年基期数据累加广东省劳动和社会保障厅里面的 2001—2007 年的人才结构供给增量数据得出的。其中中专增量数据是按照高中∶中专 = 5∶2 的比例算出来的，这个比例参照了历年的比例，较为合理。

从以上预测结果可以看出，在技能人才中，中级技工、高级技工、技师及高级技师的供给人数都呈现快速增长趋势，中级技工和技师及高级技师比重不断增大,但值得注意的是,高级技工的比重却呈现下降趋势。到 2010 年,广东省的技能人才供给结构比例为 59.84:27.52:12.64;到 2015 年,广东省的技能人才结构构成比例为 63.59:21.52:14.89。这说明在现有技能人才培养机制的基础上,要大力探索适合广东省区域升级发展需要的人才培养机制,提高中级技师、高级技工和技师、高级技师的人才供给比重,特别是要加大对高级技工和技师、高级技师人才的培育,为今后广东省产业结构优化升级的高层次人才资本供给打下坚实的基础。

在专业技术人才中,广东省初级职称、中级职称、高级职称人才都大体呈现快速增长趋势,其中,初级职称人才供给比重和高级职称人才供给比重总体上呈现上升趋势,但中级职称人才的供给比重总体上呈现下降趋势。高级职称人才供给比重到了 2007 年以后又开始呈现下降趋势,这应引起有关部门的密切关注。到 2010 年,广东省的专业技术人才结构比例为 67.42:24.53:8.06;到 2015 年,广东省的专业技术人才结构比例为 69.5:22.61:7.89。

在学历人才中,广东省学历人才结构供给仍需要进一步优化。专科学历人才和大学本科以上学历人才的供给数量呈现增长趋势。其中,中专学历人才和大专学历人才的供给比重在 2007 年以后,呈现上升趋势,本科及以上学历所占供给比重在 2003 年以前呈现下降趋势,到了 2003 年以后开始呈现上升趋势,但到了 2007 年以后又呈现下降趋势。本科及以上学历人才在学历人才结构中所占的比重依然很低。这种学历人才供给状况是不符合产业结构优化升级对学历人才需求发展规律的。到 2010 年,广东省学历人才结构比例为 43.81:41.03:15.16;到 2015 年,广东省学历人才结构比例为 46.45:42.03:11.52。

同时,据预测,学历人才、技能人才和专业技术人才的供给总量呈现增长的趋势。首先,在"十一五"期间学历人才由 744.9953 万人增加到 1912.7849 万人,净增 1167.7896 万人,平均增长速度为 20.75%,占社会劳动者比重由 14.77% 增加到 32.39%。技能人才由 428.0402 万人增加到 820.0574 万人,净增 392.0172 万人,平均增长速度为 13.89%,占社会劳动者比重由 8.48% 增加到 13.89%。专业技术人才由 398.3590 万人增加到 929.0530 万人,净增 530.6940 万人,平均增长速度为 18.45%，占社会劳动者比重由 7.90% 增加到 15.73%。其次，在"十二五"期间学历人才由 1912.7849 万人增加到 4499.5329 万人，净增 2586.7480 万人，平均增长速度为 18.66%，占社会劳动者比重由 32.39% 增加到 72.03%。技能人才由 820.0574 万人增加到 1484.6507 万人，净增 664.5933 万人，平均增长速度为 12.60%，占社会劳动者比重由 13.89% 增加到 23.77%。专业技术人才由 929.0530 万人增加到 2027.0478 万人，净增 1097.9948 万人，平均增长速度为 16.89%，占社会劳动者比重，由 15.73% 增加到 32.45%（见表 6－12）。

表 6－12　　　　　广东省人才总量和人才结构分析　　　单位：万人

指标	2005 年	2010 年	2015 年
人才总量	1185.0000	2112.1400	3889.5100
人才净增量	—	927.1400	1777.3700
人才总量平均增长速度	—	0.1225	0.1299
人才总量占人口比重	0.1289	—	—
人才总量占社会劳动者比重	0.2344	0.3577	0.6226
学历人才	744.9953	1912.7849	4499.5329
学历人才净增量	—	1167.7896	2586.7480
学历人才平均增长速度	—	0.2075	0.1866
学历人才占人口比重	0.0810	—	—
学历人才占社会劳动者比重	0.1477	0.3239	0.7203
中级技工以上技能人才	428.0402	820.0574	1484.6507
中级技工以上技能人才净增量	—	392.0172	664.5933
中级技工以上技能人才平均增长速度	—	0.1389	0.1260
中级技工以上技能人才占人口比重	0.0466	—	—
中级技工以上技能人才占社会劳动者比重	0.0848	0.1389	0.2377
专业技术人才	398.3590	929.0530	2027.0478
专业技术人才净增量	—	530.6940	1097.9949
专业技术人才平均增长速度	—	0.1845	0.1689
专业技术人才占人口比重	0.0433	—	—
专业技术人才占社会劳动者比重	0.0790	0.1573	0.3245

三 人才结构供需分析

从技能人才层面来看，根据预测结果可知，到 2015 年，广东省的技能人才总存量是供不应求的。2010 年，广东省技能人才总存量的供需缺口是 123.5203 万人；2015 年，广东省技能人才总存量的供需缺口是 93.4493 万人。根据本书对技能人才的界定，从技能人才总量上来看，广东省的技能人才总存量的供需缺口慢慢变小，但依然十分严峻。从技能人才结构上来看，2010 年，中级技工是供不应求的，缺口是 48.4385 万人；但到了 2015 年，中级技工供过于求，32.3335 万的过量中级技工使市场对中级技工的需求处于饱和状态。直到 2015 年，高级技工存量是供不应求的。2010 年，高级技工的供需缺口是 10.4606 万人，2015 年，高级技工的供需缺口达到 27.9940 万人，愈演愈烈。另外，直到 2015 年，技师、高级技师存量是供不应求的。2010 年，技师、高级技师存量的供需缺口是 64.6202 万人；2015 年，技师、高级技师存量的供需缺口达到 97.7500 万人，供需缺口不断扩大。从以上的预测结果可以知道，越是高级的技能人才，越是缺乏，因此在今后的发展中，政府有关部门将在努力增加技能人才数量培养的基础上，提高高级技工、技师及高级技师人才的培养，同时加大力度使中级技工人才向高级技工、技师及高级技师层次转化。虽然中级技工到了 2015 年已经过量，但是并不表明不需要培养中级技工，中级技工的培养可以为更高层次的技能人才发展奠定基础。

从专业技术人才层面来看，根据预测结果可知，2010 年，广东省的专业技术人才总存量是供不应求的，供需缺口达到 111.1770 万人，但是到了 2015 年，广东省的专业技术人才总存量供过于求，186.8478 万过量的专业技术人才似乎表明广东省的专业技术人才总量是充足的。从专业技术人才结构方面来看，到 2010 年，初级职称人才还处于供不应求的状态，供需缺口是 10.2213 万人，但到了 2015 年，初级职称人才扭转这种态势，处于供过于求，300.3235 万过量的初级职称人才表明市场上的初级职称人才是十分充足的。同时，直到 2015 年，中级职称人才是供不应求的。2010 年的供需缺口是 85.8896 万人，2015 年的供需缺口达到 97.8784 万人，愈演愈烈。另外，高级职称人才同样是供不应求，2010 年的供需缺口是 14.8011 万人，到了 2015 年，供需缺口更是达到 15.5070 万人。从以上的分析可以看到，到了 2015 年，虽然广东省的专业技术人才总量是供过于求的，但从专业技术人才结构可以看出，中级职称和高级职称人才是十分缺乏的。供需缺口很大。因此在今后的发展中，政府有关部门将在努力增加专业技术人才数量培养的基础上，提高中级职称、高级职称人才的培养，同时加大力度使初级职称人才向中、高级职称人才层次转化。虽然初级职称人才到了 2015 年已经过量，但是并不表明不需要培养初级职称人才，初级职称人才的培养可以为更高层次的专业技术人才发展奠定基础。在培养专业技术人才的基础上，政府部门更应该注重低层次人才向高层次人才的转化。

从学历人才层面来看，根据预测结果可知，广东省的学历人才总存量是供过于求的。2010 年，过量学历人才是 24.2849 万人；2015 年，过量的学历人才达到 1091.3329 万人。过量的学历人才数目不断扩大。从学历人才的结构来看，2010 年中专学历人才是供不应求的，供需缺口是 13.8984 万人，但到了 2015 年，中专学历人才是严重供过于求的，过量中专学历人才竟达到 557.1289 万人。同时，2010 年大专学历人才是供不应求的，供需缺口是 6.2934 万人，但到了 2015 年，大专学历人才供过于求，过量的大专学历人才竟然达到 447.1649 万人。另外，本科以上学历人才是供不应求的。2010 年，本科以上学历人才供需缺口是 23.9168 万人；2015 年，本科以上学历人才供需缺口达到了 56.5482 万人。

从以上的分析可知，对于初级人才来说，2010 年，广东省的初级人才还处于供不应求的状态，但到了 2015 年，广东省的初级人才都严重过量。对于中级人才来说，2010 年，广东省的中级人才都是供不应求的，中级技工和中级职称人才的供需缺口甚至很大，到了 2015 年，除了中级职称人才的供需缺口依然严峻，其他中级人才都是供过于求的，大专学历人才更是严重过量。对于高级人才来说，2010 年，广东省的高级人才是供不应求的，供需缺口都比较大，到了 2015 年，高级人才的供需缺口更加严峻。因此广东省政府在重视人才数量目标培养的基础上，更应该重视人才结构的升级优化，努力创造环境，完善制度，使初级、中级人才向高级人才层次转化，满足产业结构优化升级对高层次人才的巨大需求。

第四节　总体分析及对策建议

一　人才资本总量层面的分析及对策建议

其一，从就业结构角度来看，广东省就业结构类型由"一二三"演变为"三二一"，符合就业结构发展的一般规律。

其二，从结构偏差和比较劳动生产率的角度分析来看，广东省的产业结构偏离度不太合理，反映出广东经济发展的健康和协调程度不够。

根据上述分析提出对策建议：继续优化产业从业人员结构，协调就业结构与产业结构，降低产业结构偏离度。发展现代农业，实施"科技兴农"，提高农业的劳动生产率，最大限度解放农村劳动力；走新型工业化道路，重视科学技术和现代管理；大力发展第三产业，逐渐加大第三产业的比重，促进更多的从业人员流向第三产业，充分发挥第三产业对人才资本的强吸收能力。从而使三次产业从业人员的比例更加合理，真正把人才资本的优势转变为经济发展的优势，促进产业结构的优化升级。

其三，从人才资本供给角度来看，广东省未来几年劳动力供给总量资源丰富，但持续较短时间后，劳动力供给量将开始呈现下降趋势，广东省的丰富劳动力供给资源将不复存在。同时，预测表明广东省将经历一个较短的"黄金时期"，而后将面临严峻的劳动适龄人口老化的挑战。

依此提出对策建议：广东省应充分利用目前至2015年的"黄金时期"大力进行广东省产业结构优化升级，不应错过这个重要的"人口红利期"。这个时期劳动适龄人口占总人口比重较大，劳动适龄人口年龄结构良好，要抓住这个时机大力发展广东省产业结构优化升级，同时为建设一批有战斗力的人才队伍打下坚实的基础。

其四，从人才资本供需总量角度来看，广东省未来几年内人才资本总量处于供过于求的状态。但根据预测可知，到了2015年，广东省的人才资本总量处于供不应求的状态。可见，广东省的人才资本总量的供给越来越难以满足产业结构升级过程中对劳动力的需求。劳动力市场的紧张状况可能加剧，原因可能包括广东省人口规模调控政策，广东省人口自然增长率降低，广东省人口老龄化、抚养比上升，中西部和长三角的迅速发展等因素。

依此提出对策建议：第一，加强基础设施建设，吸收外资，扩大内需，促进需求，创造更多就业岗位。以上分析表明，广东省未来几年的人才资本处于供过于求的状态。为了有效解决低端劳动力过剩的问题，具体途径有三：（1）加快发展第三产业是解决我国失业问题的主要出路；（2）加速发展乡镇企业是解决我国农村日益增加的剩余劳动力的根本出路；（3）大力发展教育事业，提高全民素质，是解决结构性失业的关键。第二，在追求经济增长和产业结构调整的同时，与人口调控目标之间达到一个平衡。这就需要广东省未雨绸缪，建立一种富有弹性的外来劳动力进入就业机制，在城市规划、城市基础设施建设等方面创造一个良好的人口规模扩张平台。为了平衡人口规模与经济增长和产业结构之间的关系，更要鼓励劳动节约型、资本密集型、知识和技术密集型产业的增长，从而实现产业结构的优化升级。

二 人才总量层面的分析及对策建议

其一，从人才总量的净增量、人才总量的平均增长速度和人才总量占社会劳动者的比重指标来看，都有大幅提高，人才密度不断扩大。但人才需求总量的增长速度在"十二五"期间都呈现不同程度的下降趋势，应引起有关部门的注意。

其二，从人才总量供需匹配角度来看，广东省未来几年内人才总量总体上是供不应求的，人才缺口迅速扩大，形势严峻。

根据上述分析，提出主要对策建议：

第一，加强人才的培养和开发。进一步健全人才开发投入体系。完善国民教育体系，夯实人才开发基础；健全终身教育体系，加快学习型社会建设；以人的全面发展为目标，推进精神文明建设；借助举办第16届亚运会契机，提高广东省相关人才队伍的国际化水平；加大人才开发的投资力度。

第二，加强人才的引进。人才创业发展环境更加优良，进一步完善人才服务体系。

人才工作体制进一步成熟和完善。形成党委统一领导，组织部门牵头抓总，有关部门各司其职、密切配合，社会力量广泛参与的人才工作新格局。

人才政策体系更加完善。基本建立与社会主义市场经济相适应，由相互配套的政策法规构成的人才工作政策体系。

人才机制不断创新。建立健全以能力和业绩为导向的人才评价机制；建立健全有利于优秀人才脱颖而出的选拔使用机制；建立健全体现人才价值的分配机制；建立健全优秀人才奖励机制；建立健全体现公平合理的人才社会保障机制。使人才评价、选拔使用、分配激励、人才保障机制运转顺畅，人才聚集能力不断增强，形成更具吸引力的人才环境，以及适合各类人才干事创业和可持续发展的长效机制，使广东省成为国内外人才创业发展的首选地之一。

采取有效的措施，多渠道、全方位引进国内外人才智力资源。通过简化手续，提高办事效率，结合各地实际制定一系列优惠措施；利用广东高科技工业在全国领先的优势，在高新技术开发区设立硕士、博士、博士后科研实习基地；定期传播广东的人才需求信息；加强与台、港、澳的合作与交流，大力推进大珠三角区域人才资源共享，构建泛珠三角区域人才交流合作平台。积极吸引海外留学人才来粤工作，积极引进国外人才智力，优化引才结构，开辟多元化引才渠道。

三　人才结构层面的分析及对策建议

其一，在人才结构需求中，从人才结构比重角度来看，在技能人才中，中级技工、高级技工、技师及高级技师存量都呈现增长趋势，中级技工和技师及高级技师的比重不断增大，但值得注意的是，高级技工的比重却呈现下降趋势。在专业技术人才中，广东省专业技术等级结构不断改善，逐步趋于合理。初级职称、中级职称、高级职称人才都呈现增长趋势，其中，初级职称人才比重总体上呈现下降趋势，中级职称人才和高级职称人才比重总体上呈现上升趋势，符合人才发展的规律。在学历人才中，广东省学历人才结构得到一定程度的优化，但本科及以上学历人才的需求比例需要进一步提高。

其二，在人才结构供给中，从人才结构比重角度来看，在技能人才中，中级技工、高级技工、技师及高级技师的供给人数都呈现快速增长趋势，中级技工和技师及高级技师比重不断增大，但值得注意的是，高级技工的供给比重却呈现下降趋势。在专业技术人才中，广东省初级职称、中级职称、高级职称人才都大体呈现快速增长趋势，其中，初级职称人才供给比重和高级职称人才供给比重总体上呈现上升趋势，但中级职称人才的供给比重总体上呈现下降趋势。高级职称人才供给比重到了2007年以后又开始呈现下降趋势，这应引起有关部门的密切关注。在学历人才中，广东省学历人才结构供给仍需要进一步优化。专科学历人才和大学本科以上学历人才的供给数量呈现增长趋势。但是本科及以上学历人才所占学历人才的比重还是偏低。

其三，从人才结构的净增量、人才结构的平均增长速度和人才结构占社会劳动者的比重指标来看，从2000—2015年，在质量和结构上，广东省学历人才、技能人才、专业技术人才的数量也呈现大幅增长，人才结构占社会劳动者的比重也呈现大幅上升，学历人才密度、技能人才密度、专业技术人才密度不断增大。但学历人才、技能人才、专业技术人才的增长速度在"十二五"期间都呈现不同程度的下降趋势，应引起有关部门的注意。

其四，从人才结构供需匹配角度来看，根据前文的分析可知，对于初级人才来说，2010年，广东省的初级人才还处于供不应求的状态，但到了2015年，广东省的初级人才都严重过量。对于中级人才来说，2010年，广东省的中级人才都是供不应求的，中级技工和中级职称人才的供需缺口甚至很大，到了2015年，除了中级职称人才的供需缺口依然严峻，其他中级人才都是供过于求的，大专学历人才更是严重过量。对于高级人才来说，2010年，广东省的高级人才是供不应求的，供需缺口都比较大，到了2015年，高级人才的供需缺口更加严峻。

依据上述分析，提出主要应对措施：

第一，加强技能人才的培养，优化技能人才结构，保障广东省产业结构优化升级对高技能人才的需求。要改变长期形成的重文凭、轻技能，重仕途、轻工匠，忽视技能人才的观念。在重视高学历、专业技术人才开发的同时，必须高度重视技能人才资源的开发。强化职业技能培训和职业资格鉴定，培养一支宏大的技能人才队伍。将在努力增加技能人才数量的基础上，提高高级技工、技师及高级技师的比重，特别是要扭转高级技工比重下降的趋势。另外，在加大力度培养大量的中级技工为今后技能人才的发展打下基础的同时，要更加注重中级技能人才向高层次技能人才的转化，这样既可以解决中级技工在未来几年内走向过量的问题，又能补充高层次技能人才的巨大缺口。

第二，加强专业技术人才队伍建设，逐步优化专业技术人才职称结构，保障广东省产业结构优化升级对中高级专业技术人才的需求。实施高层次专业技术人才培养工程，继续推进专业技术人才向高层次发展，引导科技人员到高新技术产业和传统产业从事高新技术工作，提高专业技术人才在企业的比例。通过在重点行业、重点企业建立工程研究中心，并在技术成果转化的实践中培养具有创新能力的高层次人才。

第三，加强学历人才的培养，逐步优化人才队伍学历结构，保障广东省产业结构优化升级对高层次学历人才的需求。稳步发展高等教育，积极发展高等教育自学考试和成人高等教育，鼓励社会力量办高等教育，增加高等职业学校的规模。要努力提高普通高校的培养层次，逐步降低中等学历人员的比重，提高本科及以上学历人才的比重，从而有效解决中专和大专人才在未来几年内会走向过剩的问题，并且补充未来产业结构发展对更高层次学历人才的需求。

附表 6–1 　　　　广东省 1990—2007 年总从业人员量和
三次产业从业人员量　　　　　　单位：万人

年份	总从业人员	第一产业 从业人员	第二产业 从业人员	第三产业 从业人员
1990	3118.1	1651.7	848.4	618
1991	3259.3	1645.3	932.8	681.2
1992	3367.2	1594.3	1025	747.9
1993	3437	1497	923	917
1994	3569.7	1464.2	1002.5	1103
1995	3656.7	1370.4	1047.2	1239.1
1996	3690.8	1466.6	1034.1	1190.1
1997	3784.3	1527.7	1046.9	1209.7
1998	3737.3	1530.5	1004.6	1202.4
1999	3760.5	1550.7	985.5	1224.3
2000	3861	1588.5	1011.8	1260.7

续表

年份	总从业人员	第一产业 从业人员	第二产业 从业人员	第三产业 从业人员
2001	3962.9	1584.2	1083.6	1295.1
2002	3966.8	1571.7	1060.2	1334.9
2003	4119.6	1559.6	1149.9	1410.1
2004	4316	1541.2	1255.2	1519.6
2005	4702.1	1548.7	1443.1	1710.3
2006	4829.1	1576.6	1523.2	1728.3
2007	5292.9	1546.7	1776.7	1969.5

注：因中国统计年鉴缺失 2006 年三大产业从业人员数据，为了保持数据的连续性，本书根据最小二乘法拟合 2006 年的数据。

附表 6 - 2　广东省 1978—2007 年地区生产总值和三次产业产值　单位：亿元

年份	地区生产总值	第一产业	第二产业	第三产业
1978	185.85	55.31	86.62	43.92
1979	209.33	66.62	91.65	51.06
1980	249.64	82.97	102.53	64.14
1981	290.33	94.30	120.34	75.71
1982	339.93	118.17	135.37	86.39
1983	368.73	121.24	152.27	95.24
1984	458.74	145.25	187.55	125.93
1985	577.38	171.87	229.82	175.69
1986	667.53	188.37	255.88	223.28
1987	846.69	232.14	330.35	284.20
1988	1155.37	306.50	460.17	388.70
1989	1381.39	351.73	554.13	475.53
1990	1559.03	384.59	615.86	558.58
1991	1893.30	416.00	782.67	694.63
1992	2447.54	465.83	1100.32	881.39
1993	3469.28	558.70	1704.88	1205.70
1994	4619.02	692.25	2253.25	1673.52

续表

年份	地区生产总值	第一产业	第二产业	第三产业
1995	5933.05	864.49	2900.22	2168.34
1996	6834.97	935.24	3307.51	2592.22
1997	7774.53	978.32	3704.39	3091.81
1998	8530.88	994.55	4067.12	3469.21
1999	9250.68	1009.01	4359.00	3882.66
2000	10741.25	986.32	4999.51	4755.42
2001	12039.25	988.84	5506.06	5544.35
2002	13502.42	1015.08	6143.40	6343.94
2003	15844.64	1072.91	7592.78	7178.94
2004	18864.62	1219.84	9280.73	8364.05
2005	22366.54	1428.27	11339.93	9598.34
2006	26159.52	1532.17	13431.82	11195.53
2007	31084.40	1695.57	15939.10	13449.73

注：本表按当年价格计算。

附表 6-3　　　　2000 年广东省总人口以及各年龄段死亡率　　　单位：人、‰

	总人口合计	男性人口	女性人口	死亡率
总计	85225007	43381720	41843287	4.65
0—4 岁	5532309	3122294	2410015	3.2
5—9 岁	7497481	4030731	3466750	0.47
10—14 岁	7521300	3937505	3583795	0.4
15—19 岁	8866523	4088681	4777842	0.44
20—24 岁	9301982	4380174	4921808	0.65
25—29 岁	9416939	4803930	4613009	0.82
30—34 岁	8352086	4344363	4007723	1.13
35—39 岁	6705265	3520936	3184329	1.54
40—44 岁	4779610	2516774	2262836	2.29
45—49 岁	4361059	2265674	2095385	3.37
50—54 岁	3121832	1661852	1459980	5.14
55—59 岁	2278873	1208562	1070311	7.99
60—64 岁	2218800	1158949	1059851	13.14

续表

	总人口合计	男性人口	女性人口	死亡率
65—69 岁	1958835	962445	996390	20.93
70—74 岁	1480019	695201	784818	35.93
75—79 岁	5956449	402980	5553469	57.86
80—84 岁	523727	189188	334539	95.74
85—89 岁	243902	71151	172751	146.46
90—94 岁	77098	16781	60317	229.88
95—99 岁	18025	3261	14764	329.79
100 岁以上	1893	288	1605	474.36

注：表中数据经四舍五入处理。

资料来源：广东省 2000 年第五次人口普查报告。

附表 6 - 4　　　2005 年广东省总人口以及各年龄段死亡率　　　单位：人、‰

	总人口合计	男性人口	女性人口	死亡率
总计	91849433.96	46516150.94	45333358.49	4.65158319
0	1027245.283	558415.0943	468830.1887	9.257218426
1—4 岁	3384377.358	1931396.226	1452905.66	0.579800638
5—9 岁	6645886.792	3721660.377	2924150.943	0.3520407
10—14 岁	8595547.17	4591622.642	4003924.528	0.316091702
15—19 岁	9391924.528	4605358.491	4786566.038	0.425897801
20—24 岁	9179320.755	4384000	4795320.755	0.509759426
25—29 岁	7651471.698	3816679.245	3834867.925	0.572093666
30—34 岁	8435471.698	4183245.283	4252226.415	1.037845576
35—39 岁	8069886.792	4010113.208	4010113.208	1.25320315
40—44 岁	6879773.585	3463169.811	3416603.774	1.941704971
45—49 岁	5105509.434	2588754.717	2516754.717	2.986045412
50—54 岁	4766566.038	2416301.887	2350264.151	4.275060563
55—59 岁	3400754.717	1768905.66	1631849.057	6.014203285
60—64 岁	2517962.264	1325056.604	1192905.66	10.25087672
65—69 岁	2314792.453	1186113.208	1128679.245	17.57360373
70—74 岁	1962943.396	936981.1321	1025962.264	29.60513668
75—79 岁	1325433.962	600679.2453	724830.1887	46.46395627
80—84 岁	741358.4906	294264.1509	447396.2264	75.84241067

续表

	总人口合计	男性人口	女性人口	死亡率
85—89 岁	315169. 8113	101132. 0755	214037. 7358	125. 4789272
90—94 岁	109358. 4906	27245. 28302	82113. 20755	181. 5044859
95—99 岁	24226. 41509	4528. 301887	19698. 11321	230. 529595
100 岁以上	4452. 830189	679. 245283	3773. 584906	440. 6779661

注：表中数据经四舍五入处理。

资料来源：中国统计局 2005 年全国 1% 人口抽样调查中广东部分数据。

附表 6 - 5　　　　户籍人口迁移变动情况（2000—2007 年）　　单位：万人、‰

年份	迁入		迁出		总迁移		净迁移	
	迁入人数	迁入率	迁出人数	迁出率	总迁移人数	总迁移率	净迁移人数	净迁移率
2000	122. 72	16. 59	95. 76	12. 94	218. 48	29. 53	26. 96	3. 65
2001	109. 88	14. 59	92. 34	12. 26	202. 22	26. 85	17. 54	2. 33
2002	102. 26	13. 44	81. 95	10. 77	184. 21	24. 21	20. 31	2. 67
2003	105. 27	13. 70	83. 22	10. 83	188. 49	24. 53	22. 05	2. 87
2004	133. 91	17. 25	104. 26	13. 43	238. 17	30. 68	29. 65	3. 82
2005	107. 21	13. 65	70. 45	8. 97	177. 66	22. 62	36. 76	4. 68
2006	145. 49	18. 25	80. 56	10. 10	226. 05	28. 35	64. 93	8. 14
2007	119. 95	14. 80	71. 67	8. 85	191. 62	23. 65	48. 28	5. 96

注：表中数据经四舍五入处理。

资料来源：2008 年广东统计年鉴。

附表 6 - 6　　　　　　广东省分年龄段迁移人口的数据　　　　单位：人

	迁入人口	各年龄段所占的比例
总计	2028092	
0—4 岁	49446	0. 024380551
5—9 岁	51390	0. 025339087
10—14 岁	41557	0. 020490688
15—19 岁	352326	0. 173722888
20—24 岁	531677	0. 262156253
25—29 岁	414708	0. 204481848
30—34 岁	255511	0. 125985902
35—39 岁	136367	0. 06723906

续表

	迁入人口	各年龄段所占的比例
40—44 岁	62227	0.030682533
45—49 岁	43407	0.021402875
50—54 岁	25990	0.012815001
55—59 岁	26514	0.013073371
60—64 岁	14687	0.007241782
65 岁以上	22285	0.01098816

注：表中数据经四舍五入处理。

资料来源：2000 年广东省第五次人口普查资料。

第七章 广东省"十二五"时期主导产业人才资本供需研究

　　根据国内外的研究表明，区域主导产业是推动区域经济发展的核心力量，大力推动区域主导产业发展是实现区域资源有效配置的必然途径，是推进区域产业结构合理化、高级化的关键。而区域主导产业的人才资本动态优化配置既是支撑主导产业发展的重要因素之一，也是客观要求。其中，支撑区域主导产业发展的人才资本动态优化配置模型一般包含三个子系统：区域主导产业对人才资本需求预测子系统、人才资本供给预测子系统和人才资本动态调整匹配子系统。

　　建立广东省主导产业的评价指标体系，应用因子分析模型，结合2006—2008年广东省的工业统计年鉴与2005—2007年中国统计年鉴有关广东省工业和第三产业的统计数据，对广东省的各个行业进行综合评价，评价得出广东省今后应重点发展的主导产业。

　　为了实现上述广东省主导产业的发展，对广东省2010—2015年主导产业的人才资本供给和需求进行预测。并根据预测结果，提出相应的政策建议。

第一节　广东省主导产业的选择

　　区域主导产业是指在地区经济发展的某个阶段，具有广阔的市场前景和较强的技术进步能力，代表着产业结构演变的方向或趋势，并且能够带动和促进整个区域经济发展的专业化产业或产业群（潘晗，2004）。主导产业的选择对推动经济发展具有重要意义。从主导产业的理论渊源来说，罗斯托是最早提出主导产业理论的学者，他认为无论在任何时期，甚至在一个已经成熟并继续成长的经济体系中，经济增长之所以能够保持，是因为为数不多的主导部门迅速扩大的结果，而且这种扩大又产生了对产业部门的重要作用，即产生了主导产业的扩散效应，包括回顾效应、旁侧效应和前向效应。罗斯托的这些理论成为主导产业选择的最初基准，被称为罗斯托主导产业扩散效应理论；随后发展经济学家赫希曼提出了联系效应理论和"产业关联度基准"，作为主导产业的选择基准；日本经济学家筱原三代平提出"收入弹性基准"和"生产率上升基准"之后，一些学者又相继提出了"过密环境基准"、"创造就业基准"。从国内的研究来说，区域主导产业的选择基准研究越来越引起我国学术界的高度重视。许多学者在基于原有基本理论的基础上，结合区域经济发展阶段加以补充，提出了不同的选择基准和方法。如张小平（2008）在《区域主导产业选择模型以及实证研究》一文中，构建了区域主导产业选择的六大指标体系：产业发展规模指标体系、产业经济效益指标体系、产业技术进步指标体系、产业比较优势的指标体系、产业社会效益指标体系，较为全面地评价了主导产业的候选产业；刘亚静、陈国洲等（2008）在《新型工业化下区域主导产业的选择》一文中，提出了区域主导产业选择的六大基准：规模效益性基准、技术进步基准、动态比较优势基准、产业关联基准、增长性基准、可持续发展基准；潘晗（2004）在《区域主导产业的理论模型及其应用》一文中，提出了区域主导产业选择的 8 个准则：产业增长潜力、产业带动能力、产业经济效益、产业科技信息化水平、产业专业化水平、产业对外开放程度、产业吸纳劳动力水平、产业可持续发展水平；关爱萍等（2002）在《区域主导产业的选择基准研究》一文中指出区域主导产业判定和选择的六项基准：持续发展基准、市场基准或需求基准、效率基准、技术进步基准、产业关联基准和竞争优势基准。可见，基于研究的角度不同，主导产业的选择基准也不尽相同。目前，关于广东省的区域主导产业选择研究当中，定量研究还比较少，本书主要参照了以上国内学者的主要理论，采用因子分析方法，对广东省的主导产业进行选择。

一 因子分析法综述

因子分析法是从多个变量（指标）中选取出少数几个综合变量（公因子）的一种降维多元统计分析方法，以此达到数据简化的目的。

通过观测变量分类，将相关性较高即联系比较紧密的变量分在同一类中，而不同类的变量之间相关性则较低（李灿光，2007）。

因子分析方法运用正交因子模型来对主导产业的候选产业进行因子分析，并构建一个综合评价模型来对主导产业进行筛选，因子分析是多元统计分析技术的一个分支，其主要目的是浓缩数据。它通过研究众多变量之间的内部依赖关系，探讨观测数据中的基本结构，并用少数几个假象变量来表示基本数据结构。这些假象变量能够反映原来众多观测变量所代表的主要星系，并解释这些观测变量之间的相互关系，把这些假象变量称为基础变量，即因子。因子分析就是研究如何以最少的信息丢失把众多的观测变量浓缩为少数几个因子的一种统计分析方法。本书对因子方法的应用可以归纳为以下 5 个步骤：

（1）以公式 $Y = \dfrac{X - \bar{X}}{\sigma}$ 原始数据标准化消除指标的量纲以及数量级影响。

（2）求标准化指标的相关系数矩阵 R。

（3）计算特征根、特征向量、贡献率以及确定公共因子个数，根据特征根 ≥ 1 或累计贡献率达到 85% 以上的原则确定公共因子的个数。

（4）计算方差最大的正交旋转后的因子载荷矩阵求解因子模型，根据各个原始指标在正交因子载荷各个因子的载荷值，结合原始指标反映的客观现象，对各个公共因子进行解释。

（5）计算因子系数矩阵，根据因子得分系数和原始变量的观测值计算各个因子的得分，并以各因子的方差贡献率占前 q 个公共因子的贡献率的比重为权重，计算综合得分。

二 广东省工业主导产业的选择

（一）评价指标体系构建

对广东省工业主导产业的选择，主要参考了张小平（2008）在《区域主导产业选择模型以及实证研究》一文中提出的六大指标体系，并在他的指标体系基础上作一定修改（见表 7 - 1）。

表 7-1　　　　　　　　广东省工业主导产业选择的六大指标体系

基本原则	相应指标	公式
产业规模效益	产值比重	$=\dfrac{区域某产业的产值}{全部工业的总产值}$
	销售收入比重	$=\dfrac{区域某产业的销售产值}{全部工业的销售产值}$
	总资产比重	$=\dfrac{区域某产业的资产总值}{全部工业的资产总值}$
	利税比重	$=\dfrac{区域某产业的利税额}{全部工业的利税额}$
	固定资产比重	$=\dfrac{区域某产业的固定资产总额}{全部工业的固定资产总额}$
	所有者权益比重	$=\dfrac{区域某产业的所有者权益}{全部工业的所有者权益}$
产业经济效益	全员劳动生产率	$=\dfrac{区域某行业的生产总值}{该行业的从业人员}$
	固定资产利税率	$=\dfrac{区域某行业的利税额}{该行业的固定资产总额}$
	固定资产增加值率	$=\dfrac{区域某行业的增加值}{该行业的固定资产总额}$
	总资产贡献率	$=\dfrac{利润总额+税金总额+利息支出}{平均资产总额}$
	产值利税率	$=\dfrac{某行业的利税总额}{该行业的生产总值}$
	销售利润率	$=\dfrac{某产业的利润额}{某产业的销售产值}$
产业区位优势	增加值区位商	$=\dfrac{区域某行业的增加值/该区域总增加值}{全国该行业的增加值/全国的总增加值}$
	总产值区位商	$=\dfrac{区域某行业的产值/该区域总产值}{全国该行业的产值/全国的总产值}$
	从业人员区位商	$=\dfrac{区域某行业的从业人员/该区域总从业人员}{全国该行业的从业人员/全国的总从业人员}$
	市场占有率	$=\dfrac{区域某行业的销售产值/该区域总销售产值}{全国该行业的销售值/全国的总销售产值}$

续表

基本原则	相应指标	公式
产业社会效益	就业比重	$=\dfrac{区域某行业的从业人员}{区域工业总的从业人员}$
	产值带动就业增长能力	$=\dfrac{区域某行业的从业人员增长速度}{区域工业增加值的增长速度}$
	增加值带动就业增长能力	$=\dfrac{区域某行业的从业人员增长速度}{区域工业总产值的增长速度}$
产业增长潜力	产值的增长速度	$=\sqrt[n]{\dfrac{报告期的总产值}{基期的总产值}}-1$
	增加值增长速度	$=\sqrt[n]{\dfrac{报告期的增加值}{基期的总产值}}-1$
	固定资产增长速度	$=\sqrt[n]{\dfrac{报告期的固定资产}{基期的固定资产}}-1$
	利税增长速度	$=\sqrt[n]{\dfrac{报告期的利税额}{基期的利税额}}-1$
	销售收入增长速度	$=\sqrt[n]{\dfrac{报告期的销售产值}{基期的销售产值}}-1$
产业技术进步	技术进步贡献率	$=\dfrac{技术进步增长速度}{总产值增长速度}$

注：根据国家计委、国家统计局在《关于开展经济增长中科技进步作用测算工作的通知》中的建议，考虑我国地域辽阔，产出结构情况复杂，为更接近实际情况，各地在测算时，可对弹性系数 α 和 β 进行修正，作为本地区研究问题时的参考。主要计算公式参考陈建新、蔡勇等（2001）编著的《技术进步对广东工业经济发展的贡献研究》。

（二）因子建模

利用2006—2008年广东省的工业统计年鉴与2005—2007年中国统计年鉴有关广东省工业的统计数据（原始数据见附件7－1），选择广东省工业的35个行业作为广东省工业主导产业的候选产业。依据因子分析法分析步骤，可以得到表7－2与表7－3。

表 7 - 2 变量共同度

序号	指标	初始公因子方差	提取公因子方差
X1	产值规模	1	0.95
X2	利税比重	1	0.92
X3	固定资产比重	1	0.90
X4	销售收入比重	1	0.97
X5	总资产比重	1	0.99
X6	所有者权益比重	1	0.97
X7	全员劳动生产率	1	0.92
X8	固定资产利税率	1	0.97
X9	固定资产增加值率	1	0.93
X10	总资产贡献率	1	0.97
X11	产值利税率	1	0.96
X12	销售利润率	1	0.80
X13	增加值区位商	1	0.96
X14	总产值区位商	1	0.93
X15	从业人员区位商	1	0.92
X16	市场占有率	1	0.97
X17	就业比重	1	0.91
X18	总产值的就业弹性	1	0.98
X19	增加值的就业弹性	1	0.96
X20	产值增长速度	1	0.93
X21	增加值增长速度	1	0.93
X22	固定资产增长速度	1	0.84
X23	利税增长速度	1	0.79
X24	销售收入增长速度	1	0.92
X25	技术进步贡献率	1	0.99

表 7 - 3 方差最大正交旋转后的贡献率

公共因子	因子一 (F1)	因子二 (F2)	因子三 (F3)	因子四 (F4)	因子五 (F5)	因子六 (F6)
特征根	6.57	4.35	4.14	3.51	2.79	1.94
贡献率	26.26	17.42	16.57	14.03	11.16	7.74
累计贡献率	26.26	43.68	60.25	74.28	85.44	93.18

从变量共同度来看，变量共同度都在 79% 以上，说明指标在变量空间转变为因子空间时，保留了较多的信息，说明因子分析的效果是显著的；再从相关指标的特征根、贡献率、累计贡献率来看，在变量的相关矩阵中，特征根 ≥1 的有 6 个特征根：6.57、4.35、4.14、3.51、2.79、1.94，其累计贡献率达到 93.18%，说明了这 6 个主因子能够表达数据足够多的信息。因此，本书提取这 6 个因子代表广东省 2007 年 35 个行业因素的信息，取代原来的 25 个指标是具有科学性的。

由以上的因子模型的变量共同度与特征根、特征向量、累计贡献变量分析结果，可以看出，因子模型对原始指标有高度的解释能力，因此，在进行方差最大的正交旋转后可见因子载荷矩阵（见表 7-4）。

由因子载荷矩阵可知，因子一（F1）由产值规模、销售收入比重、总资产比重、利税比重、固定资产比重、所有者权益比重、市场占有率、就业比重组成，主要反映产业的规模优势；因子二（F2）由固定资产利税率、固定资产增加值率、总资产贡献率、产值利税率、销售利润率、全员劳动生产率组成，主要反映产业的经济效益优势；因子三（F3）由总产值的就业弹性、增加值的就业弹性组成，主要反映产业的社会效益优势；因子四（F4）由增加值区位商、总产值区位商、从业人员区位商组成，主要反映产业区位优势；因子五（F5）由增加值增长速度、固定资产增长速度、利税增长速度组成，主要反映产业的增长潜力优势；因子六（F6）由产值的增长速度、销售收入增长速度、技术进步贡献率组成，主要反映了技术带动优势。

表 7-4 正交旋转后的因子载荷矩阵

序号	指标	因子					
		F1	F2	F3	F4	F5	F6
X1	产值规模	0.90	-0.06	0.10	0.33	-0.13	0.12
X2	利税比重	0.94	0.11	0.08	-0.01	0.01	-0.16
X3	固定资产比重	0.84	-0.10	-0.11	-0.16	0.10	-0.39
X4	销售收入比重	0.90	-0.07	0.09	0.32	-0.12	0.15
X5	总资产比重	0.98	-0.09	-0.01	0.13	-0.03	-0.11

续表

序号	指标	因子					
		F1	F2	F3	F4	F5	F6
X6	所有者权益比重	0.95	-0.07	-0.04	0.03	0.00	-0.25
X7	全员劳动生产率	-0.07	0.48	0.80	-0.06	0.02	-0.20
X8	固定资产利税率	-0.07	0.97	0.07	-0.10	-0.09	0.06
X9	固定资产增加值率	-0.09	0.81	0.46	0.13	-0.14	0.13
X10	总资产贡献率	-0.09	0.91	0.31	-0.20	-0.01	0.00
X11	产值利税率	-0.05	0.93	-0.04	-0.25	0.00	-0.15
X12	销售利润率	-0.02	0.73	0.35	-0.36	0.15	0.00
X13	增加值区位商	0.20	-0.17	-0.03	0.89	0.19	-0.23
X14	总产值区位商	0.22	-0.20	-0.04	0.89	0.06	-0.20
X15	从业人员区位商	0.20	-0.22	-0.07	0.88	-0.22	-0.01
X16	市场占有率	0.90	-0.07	0.09	0.32	-0.12	0.15
X17	就业比重	0.67	-0.14	0.05	0.60	-0.22	0.19
X18	总产值的就业弹性	0.05	0.10	0.98	-0.04	-0.06	-0.04
X19	增加值的就业弹性	0.14	0.10	0.95	-0.02	-0.18	-0.02
X20	产值增长速度	-0.12	0.00	-0.24	-0.27	0.44	0.77
X21	增加值增长速度	-0.17	0.00	-0.17	-0.05	0.87	0.34
X22	固定资产增长速度	0.02	0.02	0.29	-0.04	0.87	-0.06
X23	利税增长速度	-0.08	-0.12	-0.26	0.09	0.79	0.27
X24	销售收入增长速度	-0.14	-0.01	-0.25	-0.27	0.41	0.77
X25	技术进步贡献率	-0.03	-0.27	-0.93	0.01	-0.11	0.18

（三）因子模型应用

根据各个主要因子的方差贡献率，以及各主要因子内部主要指标的载荷系数，可以依据因子得分计算模型（7-1）与综合得分计算模型（7-2）得出广东省各行业的因子得分以及综合得分：

$$F_{ji} = A_{j1}X_{1i} + A_{j2}X_{2i} + A_{j3}X_{3i} + \cdots + A_{jp}X_{pi} \tag{7-1}$$

$$F_j = F_{1j} + F_{2j} + \cdots + F_{mj} \tag{7-2}$$

式（7-1）中，X_{1i}，X_{2i}，X_{3i}，…，X_{pi} 分别是第 1，2，3，…，P 个原有变量在第 i 个样本上的取值，A_{j1}，A_{j2}，A_{j3}，…，A_{jp} 分别是第 j 个因子和第 1，2，3，…，p 个原有变量间的因子值系数。

式(7-2)中，F_j（其中，$j = 1$，2，3，…，35）为各行业的综合得分；F_{mj}（$m = 1$，2，3，4，5，6）为各行业的各个主因子值与相对的因子方差贡献率的乘积。

经上述检验，该因子模型所建立的 6 个主因子对原有 25 个指标有充分的解释意义。因此，可以利用 SPSS 软件，根据因子模型推导出各个行业的因子得分及综合得分（见表 7-5）。

表 7-5　　　　　　　　　广东省 35 个行业的因子得分

行业	综合得分	排名	F1	F2	F3	F4	F5	F6
通信设备、计算机及其他电子设备制造业	1.46	1	4.09	-0.07	0.82	1.79	-0.69	1.11
石油和天然气开采业	0.99	2	-0.41	2.26	4.89	-0.25	0.08	-0.96
电气机械及器材制造业	0.63	3	1.52	0.16	-0.17	1.42	-0.41	1.02
有色金属矿采选业	0.43	4	-0.22	1.88	-0.59	-0.61	1.4	2.37
交通运输设备制造业	0.35	5	0.93	0.33	0	-0.55	0.83	0.42
燃气生产和供应业	0.34	6	-0.67	-0.43	0.18	1.06	4.42	-1.07
金属制品业	0.22	7	0.24	-0.18	0.01	0.87	0.16	0.54
烟草制品业	0.17	8	-0.3	4.39	-2.15	0.14	-0.88	-1.03
电力、热气的生产和供应业	0.17	9	2.8	-0.12	-0.93	-2.02	1.01	-2.86
化学原料及化学制品制造业	0.1	10	0.8	0.02	0	-0.75	0.42	-0.73
塑料制品业	0.1	11	0.02	-0.29	-0.1	1.09	0.03	0.03
黑色金属矿采选业	0.08	12	-0.33	0.8	0.11	-1.03	0.35	1.51
有色金属冶炼及压延加工业	0.05	13	-0.07	-0.19	-0.13	-0.47	0.2	2.17
家具制造业	-0.02	14	-0.72	-0.26	0.02	1.41	0.11	-0.04
文教体育用品制造业	-0.03	15	-0.85	0.01	-0.66	2.46	-0.03	-0.6
纺织服装、鞋、帽制造业	-0.04	16	-0.27	-0.29	0.05	0.86	-0.26	-0.22
非金属矿物制品业	-0.11	17	0.27	-0.46	-0.25	-0.45	-0.03	0.06
仪器仪表及文化、办公用品机械制造业	-0.11	18	-0.58	-0.27	0.06	1.37	-0.7	-0.46

续表

行业	综合得分	排名	F1	F2	F3	F4	F5	F6
专用设备制造业	- 0.12	19	- 0.17	- 0.37	0.18	- 0.45	- 0.06	0.32
皮革、毛皮、羽绒制品业	- 0.14	20	- 0.53	- 0.2	- 0.32	1.16	- 0.49	- 0.27
化学纤维制造业	- 0.15	21	- 0.43	- 0.61	- 0.21	- 0.8	1.15	1.13
通用设备制造业	- 0.16	22	- 0.17	- 0.86	1.07	- 0.85	- 0.56	0.56
水的生产和供应业	- 0.23	23	- 0.44	- 0.23	- 0.48	0.2	0.53	- 1.08
非金属矿采选业	- 0.26	24	- 0.54	0.01	- 0.57	- 0.66	0.11	0.66
木材加工及竹、藤、棕、草制品业	- 0.26	25	- 0.52	- 0.35	- 0.11	- 0.5	- 0.17	0.62
石油加工、炼焦及燃料加工业	- 0.26	26	- 0.11	- 0.22	- 0.41	- 0.65	- 0.47	0.2
印刷业和记录媒介的复制	- 0.28	27	- 0.69	- 0.47	- 0.08	0.84	- 0.56	- 0.78
造纸及纸制品业	- 0.29	28	- 0.29	- 0.67	- 0.09	- 0.03	- 0.26	- 0.63
黑色金属冶炼及压延加工业	- 0.29	29	- 0.07	- 0.73	- 0.26	- 1.05	0.2	0.31
农副食品加工业	- 0.3	30	- 0.29	- 0.36	0.04	- 0.62	- 0.75	0.09
食品制造业	- 0.32	31	- 0.43	0.14	- 0.35	- 0.33	- 0.84	- 0.44
饮料制造业	- 0.37	32	- 0.49	- 0.54	0.69	- 0.74	- 0.96	- 0.66
纺织业	- 0.4	33	- 0.04	- 0.63	- 0.41	- 0.44	- 0.85	- 0.64
橡胶制品业	- 0.43	34	- 0.64	- 0.91	0.25	- 0.44	- 0.46	- 0.35
医药制造业	- 0.51	35	- 0.41	- 0.3	- 0.12	- 0.95	- 1.58	- 0.3

（四）工业主导产业的候选行业的综合评价及选择

因本书采用了众多的指标对广东省工业的主导产业进行预测，为能够全面评价广东省各行业的发展情况，避免各行业因某因子得分过高，从而导致综合得分过高的情况，本书仍然参照张小平的统计评价方法，即将各行业在各个因子得分情况由高至低进行排列，按各因子得分排列在前 12 名出现的频率，将可供选择的行业分为 5 个层次：第一层次为出现频率在 5 次之上；第二层次出现 4 次；第三层次出现 3 次；第四层次出现 2 次；第五层次出现 1 次，这一层次的产业只是在个别指标上突出，所以暂排除在主导产业分析之外。六因子下得分排名前 12 名的产业出现频率见表 7 - 6。

表7-6　　　　　　六因子下得分排名前12名的产业出现频率

层次	行业	各因子得分排名						前12位出现频率
		规模优势	经济效益	产业社会效益	产业区位优势	产业增长潜力	技术带动优势	
1	通信设备、计算机及其他电子设备制造业	1	11	3	2	28	4	5
2	电气机械及器材制造业	3	6	22	3	22	6	4
	交通运输设备制造业	4	5	15	23	5	11	4
	金属制品业	7	13	13	9	11	10	4
	黑色金属矿采选业	20	4	8	33	8	3	4
3	有色金属矿采选业	11	14	21	21	9	2	3
	燃气生产和供应业	32	26	7	8	1	33	3
	非金属矿采选业	29	9	31	27	12	7	3
	有色金属冶炼及压延加工业	11	14	21	21	9	2	3
	化学原料及化学制品制造业	5	8	14	29	7	29	3
	电力、热气的生产和供应业	2	12	34	35	4	35	3
4	石油与天然气开采业	21	2	1	15	14	31	2
	塑料制品业	8	21	18	7	15	17	2
	家具制造业	34	18	12	4	13	18	2
	文教体育用品制造业	35	10	33	1	16	25	2
	纺织服装、鞋、帽制造业	16	20	10	10	21	19	2
	仪器仪表及文化、办公用品机械制造业	30	19	9	5	29	24	2
	专用设备制造业	14	25	7	19	18	12	2
	化学纤维制造业	24	30	23	30	3	4	2
	通用设备制造业	13	34	2	31	26	9	2
	水的生产和供应业	25	17	30	12	6	34	2
	黑色金属冶炼及压延加工业	10	33	25	34	10	13	2

以下具体分析上述四个层次中的各产业，挑选出适合广东省工业发展的主导产业。在第一层次中，通信设备、计算机及其他电子设备制造业产值规模、社会效益优势凸显，特别是产业的区位优势排名第2与社会效益优势排名第3。发展通信设备、计算机及其他电子设备制造业有较好的对外竞争力，符合广东省的外向型经济的特点，而且更能缓解广东省严峻的就业压力。因此，通信设备、计算机及其他电子设备制造业应为广东省今后大力发展的主导产业。

从第二层次来看，电气机械及器材制造业不但具有较好的产值规模与经济效益的优势，而且还具有较好的产业区位竞争优势与技术带动优势，符合新型工业化道路的要求，应定为广东省今后重点发展的主导产业。交通运输设备制造业在产业规模优势与经济效益优势的基础下，还具有较好的增长潜力优势。而且，从工业化进程来看，交通运输设备制造业是发达国家进入工业化高级阶段的重要标志，因此，发展交通运输设备制造业是推动广东省从"二三一"向"三二一"工业化后期阶段转型的重要产业，应作为重点扶持的主导产业。金属制品业具有较好的产值规模优势，在其他方面都处于中上水平，表明了金属制品业属于综合水平较好的产业。而且，金属制品业是房地产、机械设备制造业上游产业，对产业链的影响力较强，应作为广东省的主导产业。黑色金属矿采选业虽然具有较好的综合效益，但黑色金属属于不可再生资源，不符合可持续发展的原则，不能作为广东省的主导产业。

从第三层次来看，有色金属矿采选业虽具有较好的产业增长潜力与技术带动优势，但都不符合可持续发展的原则，不能作为广东省的主导产业。燃气生产和供应业虽具有较强的社会增长潜力、产业区位优势与社会效益，但产业规模上与经济效益上仍然发展不足，而且技术带动能力更为薄弱，不能成为广东省的主导产业。非金属矿采选业具有较强的技术带动优势，但也不符合可持续发展的原则，不能作为广东省的主导产业。有色金属冶炼及压延加工业具有较强的产业增长潜力与技术带动优势，但由于该产业的高能耗、高污染的特点，不符合新型工业化道路的要求，不能作为广东省的主导产业。化学原料及化学制品制造业具有较好的产业规模优势与经济效益，而且具有巨大的增长潜力优势。随着国际化工的转移，化学工业地位显得越来越重要，因此，应作为广东省今后重点扶植的主导产业。电力、热气的生产和供应业有较好的产业规模、经济效益优势与产业的增长潜力优势，但产业的产业区位优势与技术带动属于 35 个行业中最低的，因此，不能作为广东省的主导产业。

从第四层次来看，石油与天然气开采业具有较好的经济效益与社会效益，而且区位优势与产业增长潜力都属于中上水平。石油与天然气是世界公认的最为重要的能源资源，而海洋蕴藏全世界大部分的石油与天然气资源，发展海洋能源产业，有利于充分利用资源，缓解能源短缺的现状，因此，广东省应积极扶持石油与天然气开采业为主导产业。塑料制品业具有较好的产值规模优势与产业的区位优势，但塑料制品业对环境污染严重，不符合可持续发展的原则，不能作为广东省的主导产业。家具制造业具有较好区位优势，但家具制造业产业规模薄弱，不具备较好的经济效益与技术创新能力，不能作为广东省的主导产业。文教体育用品制造业具有较好的区位竞争优势与经济效益，但仍不能形成规模效益，技术创新能力薄弱，而且对社会效益贡献小，不能作为广东省的主导产业。纺织服装、鞋、帽制造业具有产业区位优势与社会效益，但纺织服装、鞋、帽制造业属于传统产业，不具备较好的技术创新能力与经济效益，不能作为广东省的主导产业。仪器仪表及文化、办公用品机械制造业具备区位优势与社会效益，但从总体上来说，产业规模基础薄弱，技术进步能力与增长潜力都较低，不能作为广东省的主导产业。专用设备制造业与通用设备制造业都具有较好的技术创新能力与社会效益，而且从 2005 年至 2007 年，两者产值的平均增长速度达到 31%、29%，出现强劲的增长趋势，应作为广东省今后重点扶持的主导产业。化学纤维制造业具有较强的技术创新能力与增长潜力，而且化学纤维制造业与化学原料及化学制品制造业统称为化工工业，两者有较强的关联效益，因此化学纤维制造业也应作为广东省的主导产业。水的生产和供应业具有增长潜力优势，但该行业的产值规模、技术创新能力与社会效益都较低，不能体现新型工业化的特征，不能作为主导产业。黑色金属冶炼及压延加工业具备较好的产值规模与增长潜力优势，但因该行业对环境污染严重，而且能源消耗大，不符合广东省能源供应紧张现状，因此不能作为广东省的主导产业。

三 广东省第三产业的主导产业选择

(一) 评价指标体系构建

第三产业，是指除农业、工业以及建筑业以外，凭借一定的物质技术设备，为社会生产和人民生活服务的各种行业的总称。从全球经济发展和产业结构变化趋势来看，第三产业的发展水平已经成为衡量现代社会经济发达程度的重要标志。

在评价区域第三产业的发展状况时，李灿光在《区域发展研究：发展条件与空间结构》一文中指出评价一个地区第三产业的发展是否处于适度状况，一方面要从当时该地的服务供给是否适应需求进行考察；另一方面要从该地区该产业的发展方向、速度及服务需求变动估计，推断未来供给是否适应需求进行考察。并在此基础上建立了产业关联度、就业比重及产值比重、人均服务产品占有量和服务密度、综合比较优势指数等指标作为第三产业主导产业选择的评价指标体系，本书主要参考李灿光建立的评价体系，建立广东省第三产业的主导产业的评价指标体系 (见表7 – 7)。

表7 – 7　　　　广东省第三产业的主导产业选择的评价指标体系

序号	评价指标	计算公式
X1	产值比重	$= \dfrac{\text{区域某产业产值}}{\text{区域第三产业总产值}}$
X2	就业比重	$= \dfrac{\text{区域某产业就业人数}}{\text{区域第三产业总就业人数}}$
X3	比较劳动生产率	$= \dfrac{\text{区域某产业增加值/区域第三产业增加值}}{\text{区域某产业就业人数/区域第三产业总就业人数}}$
X4	规模优势指数	$= \dfrac{\text{区域某产业增加值/全国该产业增加值}}{\text{区域第三产业增加值/全国第三产业增加值}}$
X5	效率优势指数	$= \dfrac{\text{区域某产业的比较劳动生产率}}{\text{全国该产业的比较劳动生产率}}$
X6	增长优势指数	$= \dfrac{\text{区域某产业的增长速度}}{\text{区域第三产业的增长速度}}$
X7	综合比较优势指数	= 规模优势指数 × 效率优势指数 × 增长优势指数

注：因2008年中国统计年鉴缺乏2007年第三产业各行业的产值数据，因此规模优势指数与效率优势指数主要参照2006年的数据换算得到。

（二）因子建模

依据同上的因子建模步骤，可以得到变量共同度（见表7-8）与特征根、贡献率、累计贡献率（见表7-9）。

可见变量共同度与累计贡献率分别达到91.6%与95.85%，因此，本书可以提取这4个因子代表广东省2007年第三产业各行业指标信息。

表7-8　　　　　　　　　　变量共同度

序号	指标	初始公因子方差	提取公因子方差
X1	产值比重	1	0.916
X2	就业比重	1	0.97
X3	比较劳动生产率	1	0.993
X4	规模优势指数	1	0.956
X5	效率优势指数	1	0.973
X6	增长优势指数	1	0.940
X7	综合比较优势指数	1	0.962

表7-9　　　　　　　　方差最大正交旋转后的贡献率

公共因子	因子一（F1）	因子二（F2）	因子三（F3）	因子四（F4）
特征根	2.80	1.63	1.19	1.07
贡献率	40.22	23.38	16.95	15.30
累计贡献率	40.22	63.6	80.55	95.85

由以上的因子模型的变量共同度与特征根、贡献率、累计贡献率变量分析结果，可以看出，因子模型对原始指标有高度的解释能力，因此，在进行方差最大的正交旋转后可见因子载荷矩阵（见表7-10）。

由因子载荷矩阵可知，因子一由规模优势指数、增长优势指数、综合比较优势指数组成，主要反映产业区位优势；因子二由产值比重、就业比重构成，主要反映产业的规模优势；因子三主要由效率优势指数组成，主要反映产业在全国的效率优势；因子四主要由比较劳动生产率组成，主要反映各产业在区域内的专门化程度。

表 7 – 10　　　　　　　　　　旋转后的因子载荷矩阵

序号	指标	因子			
		因子一（F1）	因子二（F2）	因子三（F3）	因子四（F4）
X1	产值比重	0.42	0.80	– 0.23	0.23
X2	就业比重	– 0.27	0.92	– 0.21	0.00
X3	比较劳动生产率	0.03	0.11	– 0.03	0.99
X4	规模优势指数	0.97	– 0.04	0.03	0.11
X5	效率优势指数	0.19	– 0.36	0.90	– 0.06
X6	增长优势指数	0.96	0.06	0.11	– 0.10
X7	综合比较优势指数	0.82	– 0.08	0.52	0.10

（三）因子模型应用

经上述检验，该因子模型所建立的 4 个主因子对原有 7 个指标有充分的解释意义。因此，可根据因子模型推导出各个行业的因子得分及综合得分（见表 7 – 11）。

表 7 – 11　　　　　　广东第三产业各行业的综合得分与因子得分

序号	行业	综合得分	排名	F1	F2	F3	F4
X1	金融业	1.34	1	3.14	0.30	0.61	– 0.63
X2	批发和零售业	0.57	2	– 0.58	3.24	0.02	0.29
X3	房地产业	0.42	3	1.00	0.03	– 0.97	1.14
X4	水利、环境和公共设施管理业	0.28	4	– 0.16	– 0.37	2.18	0.42
X5	租赁和商务服务业	0.26	5	– 0.35	– 0.39	0.35	2.80
X6	教育业	– 0.15	6	– 0.53	0.12	0.87	– 0.76
X7	信息传输、计算机服务和软件业	– 0.17	7	0.24	– 0.68	– 1.04	0.44
X8	公共管理和社会组织	– 0.21	8	– 0.56	0.03	0.70	– 0.73
X9	交通运输、仓储和邮政业	– 0.30	9	– 0.12	0.07	– 0.83	– 0.81
X10	科学研究、技术服务和地质勘查业	– 0.35	10	– 0.44	– 0.65	0.52	– 0.69
X11	文化、体育和娱乐业	– 0.36	11	– 0.24	– 0.93	– 0.23	– 0.05
X12	住宿和餐饮业	– 0.39	12	– 0.30	– 0.10	– 1.21	– 0.24
X13	卫生、社会保障和社会福利业	– 0.42	13	– 0.66	– 0.55	0.38	– 0.58
X14	居民服务和其他服务业	– 0.53	14	– 0.44	– 0.14	– 1.35	– 0.60

（四）广东省第三产业主导产业候选行业的综合评价及选择

与工业主导产业选择的评价统计方法相似，本书将第三产业按各因子得分排列在前 6 名出现的频率，将可供选择的行业分为 3 个层次：第一层次为出现频率在 3 次之上；第二层次出现 2 次；第三层次出现 1 次，又因为这一层次的产业只是在个别指标上突出，所以暂排除在主导产业分析之外。可选行业各因子排名与出现频率见表 7－12。

表 7－12　　　　各因子下得分排前 6 名的产业出现频率

层次	行业	各因子得分排名				前 6 名出现频率
		区位优势	规模优势	全国的效率优势	区域专门化程度	
1	金融业	1	2	4	10	3
	房地产业	2	5	11	2	3
	水利、环境和公共设施管理业	5	9	1	4	3
2	批发和零售业	13	1	8	5	2
	教育业	11	3	2	13	2
	信息传输、计算机服务和软件业	3	13	12	3	2
	交通运输、仓储和邮政业	4	4	10	14	2
	文化、体育和娱乐业	6	14	9	6	2
	公共管理和社会组织	12	6	3	12	2

从第一层次来看，金融业产值规模、区位优势、效率优势凸显，特别是产业的区位优势排名第 1 与规模优势排名第 2。可见金融业有较好的对外竞争力，而且金融业发展能够带动其他产业的发展，具备较强的产业关联性，因此，金融业应成为广东省今后大力发展的主导产业。房地产业具备区位优势、规模优势、区域专门化等优势，可以看出房地产是促进广东省经济增长的重要行业，应作为广东省的主导产业。水利、

环境和公共设施管理业在全国以及区域内都具备较好的效率优势，但因该行业发展不能形成巨大的产业规模，故不能成为推动广东省今后的经济增长力量，因此不能成为广东省的主导产业。

从第二层次来看，批发和零售业在广东省内具备较好的产值规模优势以及专门化优势，但仍然缺乏区位上的优势，而批发和零售业在广东省一直是发展的重点行业，结合广东省的地理位置以及资源条件，我们应继续大力推动批发和零售业的发展，将批发和零售业作为主导产业。教育业具有较强的规模以及全国范围效率上的优势，但教育业属于社会服务性的行业，因此不能作为广东省的主导产业。信息传输、计算机服务和软件业在我国已具有区位上的优势以及区域内专门化的优势，而且，根据经济的发展规律，结合广东省的产业发展阶段以及地理位置、资源条件，信息传输、计算机服务和软件业应成为广东省今后重点扶持的行业，但根据产业结构的演进规律，产业演进过程包括由农业为主导、轻纺工业为主导、原料工业和燃料动力工业等基础工业为重心的重化工业为主导、低度加工型的工业为主导、高度加工组装型工业为主导、第三产业为主导、信息产业为主导等几个阶段。现阶段广东省正处于由高度加工组装型工业为主导向第三产业为主导转型，而且信息传输、计算机服务和软件业仍然缺乏规模上的优势，因此，暂不能成为广东省的主导产业。交通运输、仓储和邮政业已具备区位优势与规模优势，而且交通运输、仓储和邮政业符合广东省的产业的发展阶段，应成为广东省的主导产业。文化、体育和娱乐业具备全国的区位优势与专门化的优势，但仍然形成不了规模上的优势，不能成为推动广东省经济增长的主要力量，不能成为广东省的主导产业。公共管理和社会组织在全国已具备规模优势与全国范围的效率优势，但公共管理和社会组织是属于社会服务性行业，不能作为推动经济增长的主要力量，因此不能成为广东省的主导产业。

四　主导产业选择的总结

由以上分析，可以知道广东省今后应重点发展的主导产业包括：通信设备、计算机及其他电子设备制造业，电气机械及器材制造业，交通运输设备制造业，金属制品业，化学原料及化学制品制造业，专用设备制造业，通用设备制造业，化学纤维制造业，石油与天然气开采业，金融业，房地产业，批发和零售业，交通运输、仓储和邮政业。

第二节 主导产业人才资本需求的预测

一 预测各主导产业 2010 年及 2015 年的总产值

（一）预测方法及简要思路

时间序列分析法是研究事物发展变化规律的一种量化分析方法，是分析社会和经济现象中经常用到的一种曲线估计方法。

本书依据广东省 2003—2008 年各个主导产业的产值，应用时间序列法，预测广东省 2010 年及 2015 年各个主导产业产值。其中由于主导产业化学纤维制造业数据的波动性，短期数据不能很好地预测其中的发展趋势，所以化学纤维采用分季度数据，建立季度时间序列，从而更好地预测化学纤维制造业的产值。另外，由于金融业，交通运输、仓储和邮政业及批发和零售业数据的缺乏和波动性，又缺乏季度数据，短期的数据不能很好地预测其中的发展趋势，考虑到灰色系统可以利用有限的数据达到较好预测效果的原因，所以建立灰色系统 GM（1，1）模型来预测主导产业交通运输、仓储和邮政业及批发和零售业的产值。其他的都以年度数据，建立年度的时间序列进行分析计算。

（二）预测模型的构建

将广东省 2003—2008 年主导产业产值的原始数据（见附件 7-1）调入 SPSS 软件中，通过用线性回归的曲线拟合方法，建立方程一至方程十。另外，通过编程以及 MATLAB 软件求出灰色系统 GM（1，1）方程十一到方程十三。建立的方程如下：

方程一：通信设备、计算机及其他电子设备制造业

$Y1 = 437326785.000 + 91116823.492 \times T + 40335520.810 \times T^2 - 4157462.111 \times T^3$

方程二：电气机械及器材制造业

$Y2 = 144038978.400 + 52897635.457 \times T + 7745635.286 \times T^2$

方程三：交通运输设备制造业

$Y3 = 71484577.900 + 12705721.154 \times T + 5656074.411 \times T^2$

方程四：金属制品业

$Y4 = 69591789.600 + 10144240.614 \times T + 5245909.643 \times T^2$

方程五：化学原料及化学制品制造业

$Y5 = 3486581.071 \times T^2 + 15071695.614 \times T + 92324945.600$

方程六：专用设备制造业

$Y6 = 13633296.000 + 6473874.071 \times T + 1657760.071 \times T^2$

方程七：通用设备制造业

$Y7 = 22849756.500 + 7375410.446 \times T + 1863849.018 \times T^2$

方程八：石油与天然气开采业

$Y8 = 24305950.360 \times T^{0.602}$

方程九：化学纤维制造业

$Y9 = 929166.687 \times 1.072^T$（季度时间序列）

方程十：房地产业

$Y10 = 769.350 + 136.591 \times T + 28.111 \times T^2$

方程十一：金融业

$Y11 = x^{\wedge}(1)(t+1) = [x(0)(1) + 355.9839] \times exp(0.9477 \times t) - 355.98$

其中，$x^{\wedge}(1)(t+1)$ 表示第 $t+1$ 年的总产值。

方程十二：交通运输、仓储和邮政业

$Y12 = x^{\wedge}(1)(t+1) = [x(0)(1) + 3617.3] \times exp(0.0008 \times t) - 3617.3$

其中，$x^{\wedge}(1)(t+1)$ 表示第 $t+1$ 年的总产值。

方程十三：批发和零售业

$Y13 = x^{\wedge}(1)(t+1) = [x(0)(1) + 7877] \times exp(0.0002 \times t) - 7877$

其中，$x^{\wedge}(1)(t+1)$ 表示第 $t+1$ 年的总产值。

方程总体说明：其中，式中 Y1、Y2、Y3、Y4、Y5、Y6、Y7、Y8、Y9、Y10、Y11、Y12、Y13 分别代表各个主导产业的工业总产值，t 代表时间变量（其中 $t=1$ 时，代表时间是 2003 年）。

（三）模型检验

在选择模型时，通过对拟合度检验与 F 检验，对模型的精确性进行了考察。根据 SPSS 软件的检验结果（见表 7-13 至表 7-22），从拟合度来看，各个主导产业产值模型对原始数据有较高的拟合程度，全部高于96%，这表明了模型对原始数据有较高的吻合程度；从 F 检验来看，各个主导产业产值预测模型 F 检验结果较好，符合实际的发展趋势。因此，各个主导产业的线性模型对原始数据有较好的解释意义与显著性，能够充分反映各个主导产业产值的发展趋势。另外，方程十一到方程十三的灰色系统 GM（1，1）模型的误差检验结果也在正常范围内。

表 7 - 13　　　　　　　　方程一检验

Equation	Model Summary					Parameter Estimates			
	R Square	F	df1	df2	Sig.	Constant	b1	b2	b3
Cubic	1.000	9305.469	3	2	0.000	437326785.000	91116823.492	40335520.810	-4157462.111

注：Dependent Variable：通信设备、计算机及其他电子设备制造业。

表 7 - 14　　　　　　　　方程二检验

Equation	Model Summary					Parameter Estimates		
	R Square	F	df1	df2	Sig.	Constant	b1	b2
Quadratic	0.998	617.127	2	3	0.000	144038978.400	52897635.457	7745635.286

注：Dependent Variable：电气机械及器材制造业。

表 7 - 15　　　　　　　　方程三检验

Equation	Model Summary					Parameter Estimates		
	R Square	F	df1	df2	Sig.	Constant	b1	b2
Quadratic	0.995	329.391	2	3	0.000	71484577.900	12705721.154	5656074.411

注：Dependent Variable：交通运输设备制造业。

表 7 - 16　　　　　　　　方程四检验

Equation	Model Summary					Parameter Estimates		
	R Square	F	df1	df2	Sig.	Constant	B1	b2
Quadratic	0.996	366.176	2	3	0.000	69591789.600	10144240.614	5245909.643

注：Dependent Variable：金属制品业。

表 7 - 17   方程五检验

Equation	Model Summary					Parameter Estimates		
	R Square	F	df1	df2	Sig.	Constant	B1	b2
Quadratic	0.998	765.769	2	3	0.000	92324945.600	15071695.614	3486581.071

注：Dependent Variable：化学原料及化学制品制造业。

表 7 - 18   方程六检验

Equation	Model Summary					Parameter Estimates		
	R Square	F	df1	df2	Sig.	Constant	b1	b2
Quadratic	0.992	183.967	2	3	0.001	13633296.000	6473874.071	1657760.071

注：Dependent Variable：专用设备制造业。

表 7 - 19   方程七检验

Equation	Model Summary					Parameter Estimates		
	R Square	F	df1	df2	Sig.	Constant	B1	b2
Quadratic	0.999	1247.429	2	3	0.000	22849756.500	7375410.446	1863849.018

注：Dependent Variable：通用设备制造业。

表 7 - 20   方程八检验

Equation	Model Summary					Parameter Estimates	
	R Square	F	df1	df2	Sig.	Constant	b1
Power	0.964	107.590	1	4	0.000	24305950.360	0.602

注：Dependent Variable：石油与天然气开采业。

表 7 - 21   方程九检验

Equation	Model Summary					Parameter Estimates	
	R Square	F	df1	df2	Sig.	Constant	b1
Compound	0.941	119.951	1	2	0.000	929166.687	1.072

注：Dependent Variable：化学纤维制造业（每个季度产值）。

表7－22 方程十检验

Equation	Model Summary					Parameter Estimates		
	R Square	F	df1	df2	Sig.	Constant	b1	b2
Quadratic	0.996	223.357	2	2	0.004	769.350	136.591	28.111

注：Dependent Variable：房地产业。

方程十一检验：通过 MATLAB 程序的计算，可得它的误差为 0.0004087764。

方程十二检验：通过 MATLAB 程序的计算，可得它的误差为 9.35771e－017。

方程十三检验：通过 MATLAB 程序的计算，可得它的误差为 2.68797e－016。

(四) 具体预测

经检验，以上时间序列建模和灰色系统 GM (1, 1) 模型总体上对原始数据具有充分的解释意义。因此，下面根据各个时间序列的曲线估计方程和灰色系统 GM (1, 1) 方程进行具体预测：

将 $T=8$ 和 $T=13$ 分别代入上述时间序列方程（除方程九），$T=7$ 和 $T=12$ 分别代入上述灰色系统模型方程可推导出，2010 年和 2015 年各个主导产业的总产值预测值如表7－23 所示，其中化学纤维制造业采用了季度时间序列，2010 年分季度预测产值（单位：千元）分别是：7028475.964、7536392.222、8081013.298、8664991.682；2015 年分季度预测产值（单位：千元）分别是：28373162.05、30423562.50、32622136.14、34979590.79。2010 年和 2015 年的产值分别是各个季度之和：2010 年的预测产值是 31310873.17 千元；2015 年的预测产值是 126398451.48 千元。

表7－23 2010 年和 2015 年各个主导产业的总产值预测值 单位：千元

行业	2010 年	2015 年
通信设备、计算机及其他电子设备制造业	1619114104.00	1695395751.00
电气机械及器材制造业	1062940720.00	2140720603.00

续表

行业	2010 年	2015 年
交通运输设备制造业	535119109.40	1192535528.00
金属制品业	486483931.70	1088025647.00
化学原料及化学制品制造业	436039699.10	877489189.70
专用设备制造业	171520933.10	377955111.00
通用设备制造业	201139377.20	433720576.34
石油和天然气开采业	84963752.93	113798080.90
化学纤维制造业	31310873.17	126398451.48
房地产业	366116143.00	729574000.00
金融业	344509400.45	1799186436.00
交通运输、仓储和邮政业	127653100.00	128587500.00
批发和零售业	343025642.00	495688002.00

注：表中数据经四舍五入处理。

二 2010 年及 2015 年的从业人员需求预测

（一）预测方法及简要思路

本书采用单元回归模型和灰色系统模型对各个主导产业的全部从业人员平均人数进行预测。

在预测中，依据广东省各个主导产业 2003—2007 年的累计总产值和 2003—2007 年的全部从业人员平均人数（见附件 7 - 1 - 1 和附件 7 - 2 - 1），建立单元回归预测模型，对广东省各个主导产业 2010 年和 2015 年的全部从业人员平均人数进行预测。另外，石油和天然气开采业，金融业，批发和零售业及交通运输、仓储和邮政业由于历史从业人员数据的波动性，又缺乏季度数据，短期数据不能很好地预测其发展趋势，考虑到灰色系统可以利用有限的数据达到较好的预测效果，所以建立灰色系统 GM（1，2）模型（见附件 7 - 4）来预测主导产业石油和天然气开采业，金融业，批发和零售业及交通运输、仓储和邮政业的从业人员平均人数。

（二）预测模型的构建

本书选择累计主导产业总产值作为自变量，全部从业人员平均人数作为因变量输入系统。

把广东省各个主导产业 2003—2007 年的累计主导产业总产值（见附件 7 - 1 - 1）和 2003—2007 年的全部从业人员平均人数数据（见附件 7 - 2 - 1），调入 SPSS 软件，建立单元回归模型，如方程十四至方程二十，方程二十二和方程二十三。另外通过编程以及 MATLAB 软件求出灰色系统 GM（1，2）方程，如方程二十一、方程二十四至方程二十六（程序见附件 7 - 4）。建立的单元回归模型和灰色系统 GM（1，2）模型方程分别如下：

方程十四：通信设备、计算机及其他电子设备制造业

$Y = 87248.106 + 0.002 \times X$

方程十五：电气机械及器材制造业

$Y = 357255.501 + 0.002 \times X$

方程十六：交通运输设备制造业

$Y = 120108.954 + 0.001 \times X$

方程十七：金属制品业

$Y = 162813.088 + 0.002 \times X$

方程十八：化学原料及化学制品制造业

$Y = 0.001 \times X + 98027.367$

方程十九：专用设备制造业

$Y = 32117.652 + 0.003 \times X$

方程二十：通用设备制造业

$Y = 60250.100 + 0.002 \times X$

方程二十一：石油与天然气开采业

$y(1)^{\wedge}(t+1) = [y(1)(1) + 0.009 \times x(1)(t)] \times exp(0.4138 \times t) - 0.009 \times x(1)(t)$

方程二十二：化学纤维制造业

$Y = 10606.605 + 0.001 \times X$

方程二十三：房地产业

$Y = 8795.824 + 290.501 \times X$

方程二十四：金融业

$y(1)^{\wedge}(t+1) = [y(1)(1) + 0.0379 \times x(1)(t)] \times exp(0.5354 \times t) -$

$0.0379 \times x(1)(t)$

方程二十五：交通运输、仓储和政邮业

$y(1)\hat{}(t+1) = [y(1)(1) + 0.0859 \times x(1)(t)] \times exp(0.2818 \times k) - 0.0859 \times x(1)(t)$

方程二十六：批发和零售业

$y(1)\hat{}(t+1) = [y(1)(1) + 0.7347 \times x(1)(t)] \times exp(0.1274 \times t) - 0.7347 \times x(1)(t)$

方程总体说明：其中，Y 代表各个主导产业的全部从业人员平均人数，X 代表各个主导产业的累计工业总产值，t 表示时间（其中 $t=1$ 时，表示 2003 年）。

（三）预测模型的检验

相关系数是判别两个变量是否相关的重要依据，从各个主导产业模型的相关系数来看（相关系数分别为：0.989、0.978、0.997、0.990、0.992、0.986、0.984、0.965、0.988，分别见表 7 - 24、表 7 - 26、表 7 - 28、表 7 - 30、表 7 - 32、表 7 - 34、表 7 - 36、表 7 - 38、表 7 - 40），可见它们之间都有很大程度的线性关系。t 检验是对各回归系数的显著性所进行的检验，t 检验越大，说明方程的回归效果越好。各个主导产业模型的 t 检验分别见表 7 - 25、表 7 - 27、表 7 - 29、表 7 - 31、表 7 - 33、表 7 - 35、表 7 - 37、表 7 - 39、表 7 - 41，它们的效果都较好，对原始数据有较好的解释意义与显著性，能够充分反映从业人员与产业之间的关系。另外，方程二十一、方程二十四、方程二十五、方程二十六的 GM（1，2）模型的误差检验都在正常范围内。

表 7 - 24　　　　　　方程十四变量相关系数检验

		通信设备、计算机及其他电子设备制造业	通信设备、计算机及其他电子设备制造业从业人数
通信设备、计算机及其他电子设备制造业	Pearson Correlation	1	0.989（＊＊）
	Sig.（2 - tailed）		0.001
	N	5	5

续表

		通信设备、计算机及其他电子设备制造业	通信设备、计算机及其他电子设备制造业从业人数
通信设备、计算机及其他电子设备制造业从业人数	Pearson Correlation	0.989（**）	1
	Sig.（2 – tailed）	0.001	
	N	5	5

注：**　Correlation is significant at the 0.01 level（2 – tailed）.

表 7 – 25　　　　　　　　　方程十四回归系数 t 检验

Model		Unstandardized Coefficients		Standardized Coefficients	t	Sig.
		B	Std. Error	Beta		
1	（Constant）	87248.106	161091.884		0.542	0.026
	通信设备、计算机及其他电子设备制造业从业人数	0.002	0.000	0.989	11.334	0.001

注：Dependent Variable：通信设备、计算机及其他电子设备制造业从业人数。

表 7 – 26　　　　　　　　方程十五变量相关系数检验

		电气机械及器材制造业	电气机械及器材制造业从业人数
电气机械及器材制造业	Pearson Correlation	1	0.978（**）
	Sig.（2 – tailed）		0.004
	N	5	5
电气机械及器材制造业从业人数	Pearson Correlation	0.978（**）	1
	Sig.（2 – tailed）	0.004	
	N	5	5

注：**　Correlation is significant at the 0.01 level（2 – tailed）.

表 7 - 27 方程十五回归系数 t 检验

Model		Unstandardized Coefficients		Standardized Coefficients	t	Sig.
		B	Std. Error	Beta		
1	（Constant）	357255. 501	109500. 532		3. 263	0. 047
	电气机械及器材制造业从业人数	0. 002	0. 000	0. 978	8. 176	0. 004

注：Dependent Variable：电气机械及器材制造业从业人数。

表 7 - 28 方程十六变量相关系数检验

		交通运输设备制造业	交通运输设备制造业从业人数
交通运输设备制造业	Pearson Correlation	1	0. 997 （＊＊）
	Sig. （2 - tailed）		0. 000
	N	5	5
交通运输设备制造业从业人数	Pearson Correlation	0. 997 （＊＊）	1
	Sig. （2 - tailed）	0. 000	
	N	5	5

注：＊＊ Correlation is significant at the 0. 01 level (2 - tailed) .

表 7 - 29 方程十六回归系数 t 检验

Model		Unstandardized Coefficients		Standardized Coefficients	t	Sig.
		B	Std. Error	Beta		
1	（Constant）	120108. 954	5693. 849		21. 095	0. 000
	交通运输设备制造业从业人数	0. 001	0. 000	0. 997	23. 956	0. 000

注：Dependent Variable：交通运输设备制造业从业人数。

表 7 – 30 方程十七变量相关系数检验

		金属制品业	金属制品业从业人数
金属制品业	Pearson Correlation	1	0.990（＊＊）
	Sig.（2 – tailed）		0.001
	N	5	5
金属制品业从业人数	Pearson Correlation	0.990（＊＊）	1
	Sig.（2 – tailed）	0.001	
	N	5	5

注：＊＊ Correlation is significant at the 0.01 level (2 – tailed).

表 7 – 31 方程十七回归系数 t 检验

Model		Unstandardized Coefficients		Standardized Coefficients	t	Sig.
		B	Std. Error	Beta		
1	（Constant）	162813.088	34224.247		4.757	0.018
	金属制品业从业人数	0.002	0.000	0.990	12.234	0.001

注：Dependent Variable：金属制品业从业人数。

表 7 – 32 方程十八变量相关系数检验

		化学原料及化学制品制造业	化学原料及化学制品制造业从业人数
化学原料及化学制品制造业	Pearson Correlation	1	0.992（＊＊）
	Sig.（2 – tailed）		0.001
	N	5	5
化学原料及化学制品制造业从业人数	Pearson Correlation	0.992（＊＊）	1
	Sig.（2 – tailed）	0.001	
	N	5	5

注：＊＊ Correlation is significant at the 0.01 level (2 – tailed).

表 7-33　　　　　　方程十八回归系数 t 检验

Model		Unstandardized Coefficients		Standardized Coefficients	t	Sig.
		B	Std. Error	Beta		
1	（Constant）	98027.367	8951.405		10.951	0.002
	化学原料及化学制品制造业	0.001	0.000	0.992	13.623	0.001

注：Dependent Variable：化学原料及化学制品制造业从业人数。

表 7-34　　　　　　方程十九变量相关系数检验

		专用设备制造业	专用设备制造业从业人数
专用设备制造业	Pearson Correlation	1	0.986 （**）
	Sig. （2-tailed）		0.002
	N	5	5
专用设备制造业从业人数	Pearson Correlation	0.986 （**）	1
	Sig. （2-tailed）	0.002	
	N	5	5

注：**　Correlation is significant at the 0.01 level (2-tailed).

表 7-35　　　　　　方程十九回归系数 t 检验

Model		Unstandardized Coefficients		Standardized Coefficients	t	Sig.
		B	Std. Error	Beta		
1	（Constant）	32117.652	18587.291		10.728	0.002
	专用设备制造业从业人数	0.003	0.000	0.986	10.141	0.002

注：Dependent Variable：专用设备制造业从业人数。

表 7-36　　　　　　方程二十变量相关系数检验

		通用设备制造业	通用设备制造业从业人数
通用设备制造业	Pearson Correlation	1	0.984 （**）
	Sig. （2-tailed）		0.002
	N	5	5

续表

		通用设备制造业	通用设备制造业从业人数
	Pearson Correlation	0.984 （＊＊）	1
通用设备制造业从业人数	Sig. （2 – tailed）	0.002	
	N	5	5

注：＊＊　Correlation is significant at the 0.01 level （2 – tailed）.

表 7 – 37　　　　　　　　　方程二十回归系数 t 检验

Model		Unstandardized Coefficients		Standardized Coefficients	t	Sig.
		B	Std. Error	Beta		
1	（Constant）	60250.100	16511.169		3.649	0.036
	通用设备制造业从业人数	0.002	0.000	0.984	9.665	0.002

注：Dependent Variable：通用设备制造业从业人数。

方程二十一检验：通过 MATLAB 程序的计算，可得到它的误差为 0.000115866。

表 7 – 38　　　　　　　　方程二十二变量相关系数检验

		化学纤维制造业	化学纤维制造业从业人数
	Pearson Correlation	1	0.965 （＊＊）
化学纤维制造业	Sig. （2 – tailed）		0.008
	N	5	5
	Pearson Correlation	0.965 （＊＊）	1
化学纤维制造业从业人数	Sig. （2 – tailed）	0.008	
	N	5	5

注：＊＊　Correlation is significant at the 0.01 level （2 – tailed）.

表 7 – 39　　　　　　　　　方程二十二回归系数 t 检验

Model		Unstandardized Coefficients		Standardized Coefficients	t	Sig.
		B	Std. Error	Beta		
1	（Constant）	10606.605	946.588		11.205	0.002
	化学纤维制造业从业人数	0.001	0.000	0.965	6.419	0.008

注：Dependent Variable：化学纤维制造业从业人数。

表 7 - 40　　　　　　方程二十三变量相关系数检验

		房地产业	房地产业从业人数
房地产业	Pearson Correlation	1	0.988（＊＊）
	Sig.（2 - tailed）		0.002
	N	5	5
房地产业从业人数	Pearson Correlation	0.988（＊＊）	1
	Sig.（2 - tailed）	0.002	
	N	5	5

注：＊＊　Correlation is significant at the 0.01 level（2 - tailed）.

表 7 - 41　　　　　　方程二十三回归系数 t 检验

Model		Unstandardized Coefficients		Standardized Coefficients	t	Sig.
		B		Std. Error	Beta	
1	（Constant）	8795.824	40249.219		8.219	0.041
	房地产业	290.501	25.956	0.988	11.192	0.002

注：Dependent Variable：房地产业从业人数。

　　方程二十四检验：通过 MATLAB 程序的计算，可得它的误差为 0.0003574534。

　　方程二十五检验：通过 MATLAB 程序的计算，可得它的误差为 0.000349573。

　　方程二十六检验：通过 MATLAB 程序的计算，可得它的误差为 4.9837e - 05。

（四）具体预测

　　将各个主导产业的预测产值，代入方程十四至方程二十六，用 MATLAB 软件可以算出各个主导产业全部从业人员平均人数具体预测结果，如表 7 - 42 所示。

表 7 - 42　　　　　　2010 年及 2015 年各个主导产业

从业人员需求人数预测　　　　　单位：人

行业	2010 年	2015 年
通信设备、计算机及其他电子设备制造业	3325476	3478040
电气机械及器材制造业	2483137	4638697
交通运输设备制造业	655228	1312644
金属制品业	1135781	2338864
化学原料及化学制品制造业	534067	975517
专用设备制造业	546680	1165983
通用设备制造业	462529	927691
石油与天然气开采业	3363	5814
化学纤维制造业	41917	137005
房地产业	1072367	2128216
金融业	1447358	12323811
交通运输、仓储和邮政业	1413600	1764800
批发和零售业	7152900	8463570

第三节　主导产业人才资本供给的预测

一　历年人才资本供给存量数据来源说明

人才资本供给从本质上说，是指劳动力的供给主体，在一定的劳动条件下自愿对存在于主体之中的劳动力使用权的出让。从量的角度说，是指一个经济体在某一段时期中，可以获得的劳动者愿意并能够提供的劳动能力的总和。

人才资本供给总存量包括在业者（已经从业者）和失业者（即正在求职者），是两者之和。

在业者采用的是广东省主导产业 2003—2007 年的已经从业者数据，此数据可以从数据库和统计年鉴（原始数据来源于中国国家统计局，并经国研网整理）直接获得（见附件 7 - 3 - 1）。

失业者采用的是广东省主导产业 2003—2007 年的正在求职者数据，此数据不可直接获得，特别是主导产业的求职数据更是缺乏，同时广东省也没有公布各个行业的调查失业率，因此很难获得各个行业的真实失业人数（正在求职者）。根据现有资源，只能采用间接方法求得广东省主导产业 2003—2007 年的求职者数据。具体思路如下：

首先，找出广东省 2003—2007 年的求职总人数（见附件 7 - 3 - 2）。

其次，求出主导产业 2003—2007 年所在行业门类的求职比例。根据现有资源，可以知道 2003—2007 年的各个行业门类的需求比例，依据市场资源优化配置功能，一个行业的需求越高，带动的求职人数也就越多，相对应的求职比例也就越高。同时，国家政策会依据市场的需求导向设定人才资本培养目标，通过宏观手段调节供给量来满足人才资本需求。因此用行业门类的需求比例粗略地代替相对应行业门类的求职比例，是有一定合理性的。

最后，求出主导产业 2003—2007 年的正在求职比例。本书中的主导产业是根据行业大类划分的。根据新行业分类标准可以知道，每个行业门类都可以分为若干个行业大类，根据求出的行业门类求职比例，可以求出主导产业的平均求职比例（见附件 7 - 4）。

一般情况下，主导产业的人才资本需求比一般行业更大，所对应的求职比例也就越大，因此采用主导产业的平均求职比例算出的求职人数是偏向于保守的，不会高估。

二 主导产业人才资本供给预测模型的构建及预测应用

（一）预测方法及简要思路

时间序列分析法是研究事物发展变化规律的一种量化分析方法，是分析社会和经济现象中经常用到的一种曲线估计方法。

本书依据广东省 2003—2008 年各个主导产业的人才资本供给存量，应用时间序列法，从而达到预测广东省 2010 年及 2015 年各个主导产业的人才资本供给存量的目的。其中由于主导产业化学纤维制造业、专业设备制造业、金融业数据的波动性，短期数据不能很好地预测其中的发展趋势，考虑到灰色系统可以利用有限的数据达到较好预测效果的原因，所以建立灰色系统 GM（1，1）模型（见附件 7-2）来预测主导产业化学纤维制造业、专业设备制造业、金融业。

（二）预测模型的构建

将广东省 2003—2008 年主导产业人才资本供给存量的数据，即人才资本供给总存量［包括在业者（已经从业者）和失业者（即正在求职者），是两者之和（见附件 7-3-3）］调入 SPSS 软件中，通过用线性回归的曲线拟合方法，建立如下方程：方程二十七、方程二十八、方程二十九、方程三十、方程三十一、方程三十三、方程三十六、方程三十七。另外通过编程以及 MATLAB 软件求出灰色系统 GM（1，1）方程。建立的方程如方程三十二、方程三十四、方程三十五、方程三十八、方程三十九：

方程二十七：通信设备、计算机及其他电子设备制造业

$Y = 705277.798 + 385950.453 \times T$

方程二十八：电气机械及器材制造业

$Y = 513838.698 + 236732.753 \times T$

方程二十九：交通运输设备制造业

$Y = 192918.912 - 5384.016 \times T + 8887.445 \times T^2$

方程三十：金属制品业

$Y = 300634.112 + 50360.712 \times T + 11731.373 \times T^2$

方程三十一：化学原料及化学制品制造业

$Y = 168050.912 + 5992.955 \times T + 5171.016 \times T^2$

方程三十二：专用设备制造业

$y(t+1) = [y(1) - 12.8422] \times exp(0.092 \times t) + 12.8422$

其中，$y(t+1)$ 表示第 $t+1$ 年的人才资本供给存量。

方程三十三：通用设备制造业

$Y = 68924.498 + 55675.153 \times T$

方程三十四：石油与天然气开采业

$Y = exp(8.145 - 2.117/T)$

方程三十五：化学纤维制造业

$$y(t+1) = [y(1) - 19.7988] \times exp(0.081 \times t) + 19.7988$$

其中, $y(t+1)$ 表示第 $t+1$ 年的人才资本供给存量。

方程三十六: 房地产业

$$Y = 244758.991 \times 1.269^{\wedge}T$$

方程三十七: 金融业

$$Y = 261982.000 + 142544.714 \times T - 64148.286 \times T^{\wedge}2 + 8518.00 \times T^{\wedge}3$$

方程三十八: 交通运输、仓储和邮政业

$$y(t+1) = [y(1) - 711260] \times exp(0.000012 \times t) + 711260$$

其中 $y(t+1)$ 表示第 $t+1$ 年的人才资本供给存量

方程三十九: 批发和零售业

$$y(t+1) = [y(1) - 200550] \times exp(0.00000158 \times t) + 200550$$

其中, $y(t+1)$ 表示第 $t+1$ 年的人才资本供给存量

方程总体说明: 其中, Y 代表各个主导产业的人才资本供给存量, t 代表时间变量 (其中 t = 1 时, 代表时间是 2003 年)。

(三) 预测模型的检验

在选择模型时, 通过对拟合度检验与 F 检验, 对模型的精确性进行了考察。根据 SPSS 软件的检验结果 (见表 7 - 43 至表 7 - 51), 从拟合度来看, 各个主导产业模型对数据有较高的拟合程度, 全部高于 95%, 这表明了模型对数据有较高的吻合程度; 从 F 检验来看, 各个主导产业预测模型 F 检验结果较好, 符合实际的发展趋势。因此, 各个主导产业的线性模型对原始数据有较好的解释意义与显著性, 能够充分反映各个主导产业人才资本供给存量的发展趋势。另外, 方程三十二、方程三十五和方程三十七的灰色系统 GM (1, 1) 模型的误差检验结果也在正常范围内。

表 7 – 43 方程二十七检验

Equation	Model Summary					Parameter Estimates	
	R Square	F	df1	df2	Sig.	Constant	b1
Linear	0.979	138.961	1	3	0.001	705277.798	385950.453

注: Dependent Variable: 通信设备、计算机及其他电子设备制造业。

表7-44   方程二十八检验

Equation	Model Summary					Parameter Estimates	
	R Square	F	df1	df2	Sig.	Constant	b1
Linear	0.983	171.119	1	3	0.001	513838.698	236732.753

注：Dependent Variable：电气机械及器材制造业。

表7-45   方程二十九检验

Equation	Model Summary					Parameter Estimates		
	R Square	F	df1	df2	Sig.	Constant	b1	b2
Quadratic	0.995	210.880	2	2	0.005	192918.912	-5384.016	8887.445

注：Dependent Variable：交通运输设备制造业。

表7-46   方程三十检验

Equation	Model Summary					Parameter Estimates		
	R Square	F	df1	df2	Sig.	Constant	b1	b2
Quadratic	0.996	258.188	2	2	0.004	300634.112	50360.712	11731.373

注：Dependent Variable：金属制品业。

表7-47   方程三十一检验

Equation	Model Summary					Parameter Estimates		
	R Square	F	df1	df2	Sig.	Constant	b1	b2
Quadratic	0.996	235.404	2	2	0.004	168050.912	5992.955	5171.016

注：Dependent Variable：化学原料及化学制品制造业。

方程三十二检验：通过 MATLAB 程序的计算，可得它的误差为 0.000000751。

表7-48   方程三十三检验

Equation	Model Summary					Parameter Estimates	
	R Square	F	df1	df2	Sig.	Constant	b1
S	0.952	159.854	1	3	0.004	8.145	-2.117

注：Dependent Variable：通用设备制造业。

表 7 - 49 方程三十四检验

Equation	Model Summary					Parameter Estimates	
	R Square	F	df1	df2	Sig.	Constant	b1
S	0.952	159.854	1	3	0.004	8.145	-2.117

注：Dependent Variable：石油和天然气开采业。

方程三十五检验：通过 MATLAB 程序的计算，可得它的误差为 0.000125。

表 7 - 50 方程三十六检验

Equation	Model Summary					Parameter Estimates	
	R Square	F	df1	df2	Sig.	Constant	b1
Compound	0.998	1299.313	1	3	0.000	244758.991	1.269

注：Dependent Variable：房地产业。

表 7 - 51 方程三十七检验

Equation	Model Summary				Parameter Estimates			
	R Square	F	df1	df2	Sig.	Constant	b1	b2	b3
Cubic	0.998	340.671	3	1	0.062	261982.000	142544.714	-64148.286	8518.000

注：Dependent Variable：金融业。

方程三十八检验：通过 MATLAB 程序的计算，可得它的误差为 0.000047。

方程三十九检验：通过 MATLAB 程序的计算，可得它的误差为 0.00001863。

（四）具体预测

经检验，以上时间序列建模和灰色系统 GM（1，1）模型总体上对数据具有充分的解释意义。因此，下面根据各个时间序列的曲线估计方程和灰色系统 GM（1，1）方程进行具体预测：

将 $T=8$ 和 $T=13$ 分别代入上述时间序列方程，$T=7$ 和 $T=12$ 分别代入上述灰色系统模型方程可推导出，2010 年和 2015 年各个主导产业人才资本供给存量的预测值如表 7 - 52 所示。

表 7 - 52　　　　　　　2010 年及 2015 年各个主导产业
从业人员供给人数预测　　　　　　单位：人

行业	2010 年	2015 年
通信设备、计算机及其他电子设备制造业	3792881	5722634
电气机械及器材制造业	2407701	3591364
交通运输设备制造业	718643	1624905
金属制品业	1454328	2937925
化学原料及化学制品制造业	546940	1119861
专用设备制造业	841390	3235185
通用设备制造业	514326	792701
石油与天然气开采业	2644	2928
化学纤维制造业	219884	523568
房地产业	1646657	5420241
金融业	1658065	9988049
交通运输、仓储和邮政业	1834896	2549077
批发和零售业	8815924	12827968

第四节　主导产业人才资本供需匹配
趋势分析及对策建议

一　供需匹配趋势分析

根据表 7 - 42 和表 7 - 52 对广东省主导产业人才资本供需的预测，可绘制出各主导产业供需匹配趋势图（见图 7 - 1 至图 7 - 13）。

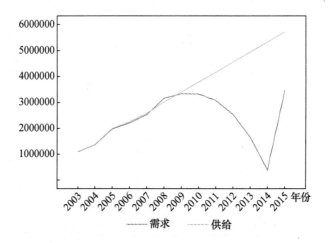

图7-1 通信设备、计算机及其他电子设备制造业人才资本供需匹配趋势

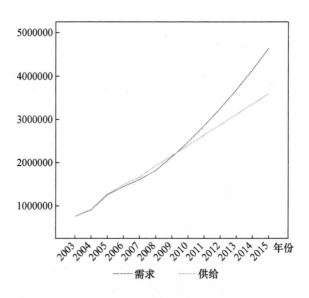

图7-2 电气机械及器材制造业人才资本供需匹配趋势

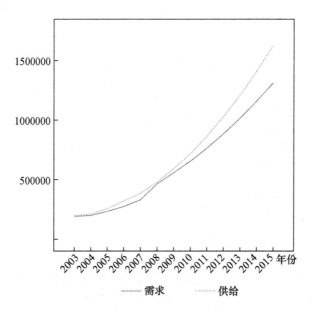

图 7-3　交通运输设备制造业人才资本供需匹配趋势

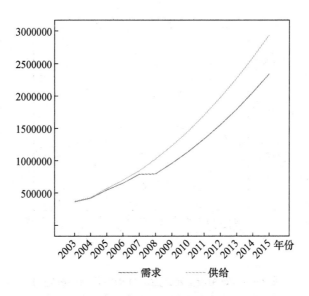

图 7-4　金属制品业人才资本供需匹配趋势

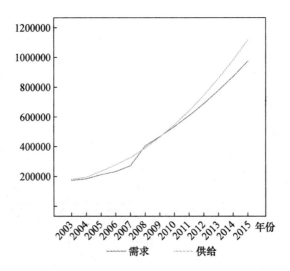

图7-5 化学原料及化学制品制造业人才资本供需匹配趋势

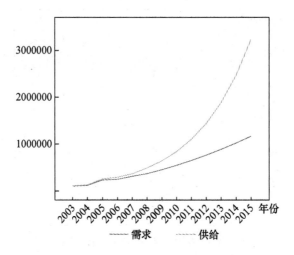

图7-6 专用设备制造业人才资本供需匹配趋势

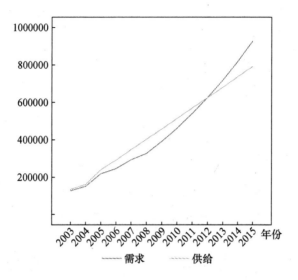

图7-7 通用设备制造业人才资本供需匹配趋势

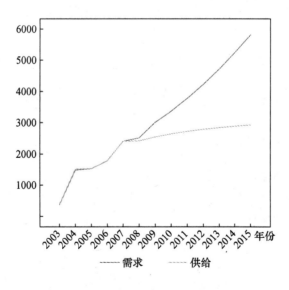

图7-8 石油与天然气开采业人才资本供需匹配趋势

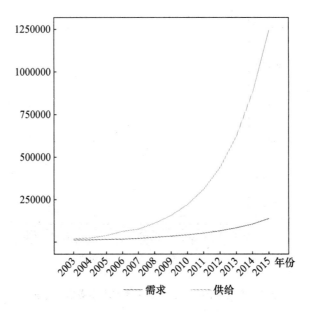

图7-9 化学纤维制造业人才资本供需匹配趋势

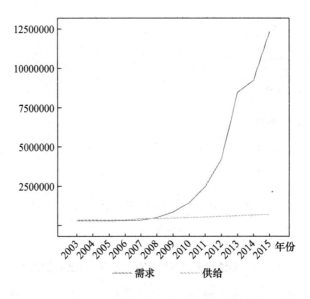

图7-10 金融业人才资本供需匹配趋势

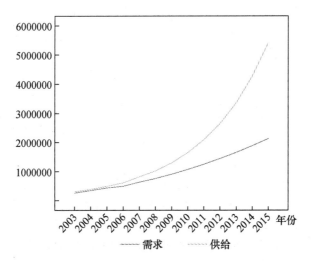

图 7 –11　房地产业人才资本供需匹配趋势

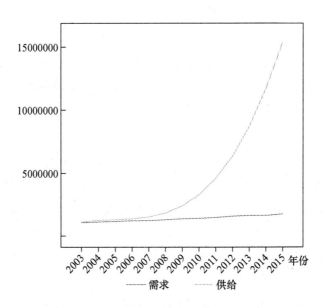

图 7 –12　交通运输、仓储和邮政业人才资本供需匹配趋势

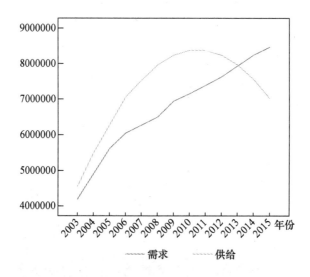

图 7 – 13　批发和零售业人才资本供需匹配趋势

　　以上的主导产业供需匹配趋势图表明，广东省主导产业的人才资本需求和供给总体上是处于上升趋势的。但也有个别主导产业人才资本的供给和需求趋势比较反常。通信设备、计算机及其他电子设备制造业的人才资本需求存量在 2010 年开始出现迅速下降趋势，一直到 2014 年才开始反弹上升。在人才资本需求持续上升的情况下，批发和零售业的人才资本供给存量在 2011 年开始出现下降趋势。这种现象值得有关部门密切关注。

　　对于通信设备、计算机及其他电子设备制造业来说，人才资本的供给是持续上升的，人才资本的需求在 2010 年持续下降以后，在 2014 年开始迅速反弹上升，人才资本的供需才渐趋平衡。2010 年，通信设备、计算机及其他电子设备制造业的人才资本是供过于求的，过量的人才资本达到 467405 人。2015 年，过量的人才资本达到了 2244594 人。人才资本的严重过剩是由于通信设备、计算机及其他电子设备制造业的需求迅速下滑造成的。

　　对于电气机械及器材制造业来说，人才资本的供给和需求都是持续上升的。2009 年中期之前，人才资本是供过于求的，2009 年中期之后，人才资本是供不应求的。2010 年，电气机械及器材制造业人才资本的

供需缺口是 75436 人。2015 年，人才资本的供需缺口达到了 1047332
人，供需缺口不断扩大。

对于交通运输设备制造业来说，人才资本的供给和需求都是持续上
升的，直到 2015 年，交通运输设备制造业人才资本都处于供过于求的
状态，而且过量的人才资本越来越大。2010 年，过量的人才资本达到
63415 人。2015 年，过量的人才资本更是达到了 312260 人。

对于金属制品业来说，人才资本的供给和需求都是持续上升的，直
到 2015 年，金属制品业人才资本都处于供过于求的状态，而且过量的
人才资本越来越大。2010 年，过量的人才资本达到了 318547 人。2015
年，过量的人才资本更是达到了 599061 人。

对于化学原料及化学制品制造业来说，人才资本的供给和需求都是
持续上升的，2009 年中期左右，人才资本供需趋向于平衡。2010 年以
后，化学原料及化学制品制造业人才资本都处于供过于求的状态，而且
过量的人才资本越来越大。2010 年，过量的人才资本达到了 12873 人。
2015 年，过量的人才资本更是达到了 144345 人。

对于专用设备制造业来说，人才资本的供给和需求都是持续上升
的，直到 2015 年，专业设备制造业人才资本都处于供过于求的状态，
而且过量的人才资本越来越大。2010 年，过量的人才资本达到 294709
人。2015 年，过量的人才资本更是达到了 2069202 人。

对于通用设备制造业来说，人才资本的供给和需求都是持续上升
的，2012 年之前，通用设备制造业人才资本量处于供过于求的状态，
约至 2012 年，人才资本的供需量达到平衡状态，之后处于供不应求的
状态，供需缺口越来越大。2010 年，过量的人才资本达到 51797 人。
2015 年，人才资本量处于供不应求的状态，供需缺口达到 134990 人。

对于石油与天然气开采业来说，人才资本的供给和需求都是持续上
升的，但在人才资本需求的较快持续上升中，人才资本供给的上升速度
十分缓慢。因此，虽然 2007 年之前，人才资本供需量基本处于比较平
衡的状态，但是到了 2008 年以后，石油与天然气开采业的人才资本开
始供不应求，供需缺口扩大。2010 年，人才资本供需缺口达到 718 人。
2015 年，人才资本供需缺口达到 2886 人。

对于化学纤维制造业来说，人才资本的供给和需求都是持续上升

的，直到 2015 年，化学纤维制造业人才资本都处于供过于求的状态，而且过量的人才资本越来越大。2010 年，过量的人才资本达到 177967 人。2015 年，过量的人才资本更是达到了 1106741 人。

对于金融业来说，人才资本的供给和需求都是持续上升的，但在人才资本需求的较快持续上升中，人才资本供给的上升速度十分缓慢。因此，虽然 2008 年之前，人才资本处于供过于求的状态，但是到了 2008 年以后，金融业人才资本开始供不应求，供需缺口迅速扩大。2010 年，人才资本供需缺口达到 944992 人。2015 年，人才资本供需缺口达到 11619539 人。

对于房地产业来说，人才资本的供给和需求都是持续上升的，直到 2015 年，房地产业人才资本都处于供过于求的状态，而且过量的人才资本越来越大。2010 年，过量的人才资本达到 574290 人。2015 年，过量的人才资本更是达到了 3292025 人。

对于交通运输、仓储和邮政业来说，人才资本的供给和需求都是持续上升的，直到 2015 年，交通运输、仓储和邮政业人才资本都处于供过于求的状态，而且过量的人才资本越来越大。2010 年，过量的人才资本达到 1889411 人。2015 年，过量的人才资本更是达到了 13605949 人。

对于批发和零售业来说，在人才资本需求持续上升的情况下，批发和零售业的人才资本供给存量在 2011 年开始出现下降趋势。约在 2013 年，人才资本达到供需平衡状态。2013 年之前，人才资本处于供过于求的状态，2013 年后，人才资本处于供不应求的状态。2010 年，过量的人才资本达到 1220961 人。2015 年，供需缺口达到 1441732 人。

二 总结分析和简要建议

(一) 总结分析

从主导产业人才资本总量的角度来看，根据预测可知，广东省主导产业人才资本量的需求和供给量总体上处于上升趋势。但通信设备、计算机及其他电子设备制造业的人才资本需求存量及批发和零售业的人才资本供给存量在未来几年内会出现下降趋势。另外，石油与天然气开采业、金融业的人才资本的供给量在未来几年内上升速度十分缓慢，完全不能满足产业发展对人才资本的巨大需求量。交通运输、仓储和邮政业，专用设备制造业，化学纤维制造业，房地产业的供给量在预测年份中将出现巨大过剩，而产业发展对人才资本的需求量却没有相应程度的增长，这种趋势会愈演愈烈。预测 2010 年，通信设备、计算机及其他电子设备制造业，交通运输设备制造业，金属制品业，化学原料及化学制品制造业，专用设备制造业，通用设备制造业，化学纤维制造业，房地产业，交通运输、仓储和邮政业，批发和零售业的人才资本量都处于供过于求的状态；电气机械及器材制造业、石油与天然气开采业、金融业的人才资本量处于供不应求的状态。预测 2015 年，通信设备、计算机及其他电子设备制造业，交通运输设备制造业，金属制品业，化学原料及化学制品制造业，专用设备制造业，化学纤维制造业，房地产业，交通运输、仓储和邮政业的人才资本量仍然都处于供过于求的状态，而且愈演愈烈；通用设备制造业、批发和零售业的人才资本存量扭转了供过于求的态势，处于供不应求的状态，电气机械及器材制造业、石油与天然气开采业、金融业的人才资本量仍然处于供不应求的状态，供需缺口越来越大。

从主导产业人才资本中的人才总量和人才结构角度来看，在本书中因为资源数据的不足，虽然没有对主导产业的人才总量和人才结构进行进一步的定量预测，但根据常用的比例法：主导产业人才资本总量：主导产业人才总量或主导产业人才结构总量 = 三次产业人才资本总量：三次产业人才总量或人才结构总量，也可以粗略地知道，在主导产业中，同样存在着人才的巨大缺口，人才的结构矛盾问题同样十分严峻。这必将制约主导产业的发展。

（二）简要建议

根据上述所总结分析的情况，提出两点针对性的政策性建议：

第一，广东省有关部门首先应该准确把握哪些产业属于广东省的主导产业，抓住发展重点。广东省主导产业出现人才资本供需匹配问题，除了市场因素以外，很大程度上是因为广东省政府有关部门没有很好地把握主导产业，从而实施正确的宏观政策引导。

第二，要优先重视培养、开发和引进主导产业发展过程中的人才资本问题，努力致力于主导产业人才资本供需动态匹配调整和优化主导产业人才资本结构。从以上的分析中可以看出，广东省主导产业在预测年份处于供过于求或供不应求的状态，而且有些主导产业的供需缺口是十分巨大的。同时通信设备、计算机及其他电子设备制造业的人才资本需求存量及批发和零售业的人才资本供给存量在未来几年内会出现下降趋势。这些问题都十分不利于主导产业的持续发展。因此，需要对有突出人才资本供需问题的主导产业予以重点关注，并快速采取针对性的人才资本引进政策，制定可持续的人才资本培养政策，以解决目前人才缺口及长久人才缺口的问题。

附件 7 - 1

附表 7 - 1 - 1　　　　广东省主导产业累计总产值　　　单位：千元

年份	石油与天然气开采业	化学原料及化学制品制造业	化学纤维制造业	金属制品业	通用设备制造业
2003	25170800.00	110533521.00	5553971.00	84949638.00	32210399.00
2004	35268720.00	139443012.00	4846959.00	113802767.00	44762749.00
2005	47957472.00	163926415.00	7297450.00	142866098.00	62582151.00
2006	55167025.00	208702474.00	8431407.00	189907980.00	80223933.00
2007	57339447.00	258850697.00	18249985.00	261372266.00	108292550.00
2008	80292256.00	306278040.00	17330042.00	315058819.00	133520637.00

年份	专用设备制造业	交通运输设备制造业	电气机械及器材制造业	通信设备、计算机及其他电子设备制造业	
2003	23130664.00	91899678.00	211612162.00	565192922.00	
2004	28779137.00	118984075.00	268717963.00	746588267.00	
2005	52798932.00	155768138.00	374940524.00	959951123.00	
2006	64520780.00	209703884.00	475359756.00	1186182625.00	
2007	86941616.00	288709850.00	616819876.00	1377265542.00	
2008	112436169.00	345364758.00	732486745.00	1539325127.00	

年份	交通运输、仓储和邮政业	批发和零售业	金融业	房地产业	
2003	126338556.72	200933446.13	53427503.10	95566068.09	
2004	141978000.00	232159000.00	60268000.00	110375000.00	
2005	99052963.46	222271943.71	67365046.41	145614370.14	
2006	111376682.52	254245383.26	93238904.08	178468378.87	
2007	125458099.45	280516416.00	179821864.88	214146994.67	
2008	139333199.51	310123102.01	377061351.31	235950424.73	

资料来源：原始数据来源于中国国家统计局，经国研网整理，下同。

附表 7 - 1 - 2 　　　　　　化学纤维制造业累计总产值 　　　　单位：千元

2003 年 1—3 月	2003 年 1—6 月	2003 年 1—9 月	2003 年 1—12 月
1245376.00	2549885.00	3885221.00	5553971.00
2004 年 1—3 月	2004 年 1—6 月	2004 年 1—9 月	2004 年 1—12 月
1009831.00	2155924.00	3327109.00	4846959.00
2005 年 1—3 月	2005 年 1—6 月	2005 年 1—9 月	2005 年 1—12 月
1544991.00	3385142.00	5366349.00	7297450.00
2006 年 1—3 月	2006 年 1—6 月	2006 年 1—9 月	2006 年 1—12 月
1837369.00	4076462.00	6112998.00	8431407.00
2007 年 1—3 月	2007 年 1—6 月	2007 年 1—9 月	2007 年 1—12 月
3445444.00	8123736.00	13019664.00	18249985.00
2008 年 1—3 月	2008 年 1—6 月	2008 年 1—9 月	2008 年 1—12 月
4053496.00	9311370.00	13668289.00	17330042.00

附件 7 - 2

附表 7 - 2 - 1 　　　广东省主导产业全部从业人员平均人数 　　　单位：人

年份	石油和天然气开采业	化学原料及化学制品制造业	化学纤维制造业	金属制品业	通用设备制造业
2003	372.00	174153.00	12988.00	362932.00	127507.00
2004	1483.00	184258.00	13022.00	418817.00	151421.00
2005	1526.00	212277.00	15667.00	544404.00	219308.00
2006	1787.00	232398.00	16825.00	650556.00	247260.00
2007	2410.00	271555.00	21185.00	787184.00	294340.00

年份	专用设备制造业	交通运输设备制造业	电气机械及器材制造业	通信设备、计算机及其他电子设备制造业
2003	103949.00	192092.00	758994.00	1090411.00
2004	119371.00	200545.00	909328.00	1363236.00
2005	234431.00	234151.00	1253989.00	1978729.00
2006	248039.00	274995.00	1448523.00	2210396.00
2007	311769.00	330947.00	1609437.00	2532960.00

续表

年份	交通运输、仓储 和邮政业	批发和零售业	金融业	房地产业	
2003	1080000.00	4189100.00	290400.00	266700.00	
2004	1132700.00	4907500.00	296500.00	353600.00	
2005	1176500.00	5621800.00	298300.00	443100.00	
2006	1225900.00	6045900.00	305000.00	500800.00	
2007	1239431.00	6269280.00	334700.00	641618.00	

附件 7 – 3

附表 7 – 3 – 1　　广东省主导产业 2003—2007 年的在业人数　　单位：人

年份	石油和 天然气 开采业	化学原料 及化学制 品制造业	化学纤维 制造业	金属 制品业	通用设备 制造业	专用设备 制造业	交通运输 设备制造业
2003	372	174153	12988	362932	127507	103949	192092
2004	1483	184258	13022	418817	151421	119371	200545
2005	1526	212277	15667	544404	219308	234431	234151
2006	1787	232398	16825	650556	247260	248039	274995
2007	2410	271555	21185	787184	294340	311769	330947

年份	电气机械及 器材制造业	通信设备、 计算机及 其他电子 设备制造业	交通运输、 仓储和 邮政业	批发和 零售业	金融业	房地产业
2003	758994	1090411	1080000	4189100	290400	266700
2004	909328	1363236	1132700	4907500	296500	353600
2005	1253989	1978729	1176500	5621800	298300	443100
2006	1448523	2210396	1225900	6045900	305000	500800
2007	1609437	2532960	1239431	6269280	334700	641618

附表 7 - 3 - 2　　　广东省主导产业 2003—2007 年的求职人数　　　单位：人

年份	石油和天然气开采业	化学原料及化学制品制造业	化学纤维制造业	金属制品业	通用设备制造业	专用设备制造业	交通运输设备制造业
2003	18	7675	7675	7675	7675	7675	7675
2004	34	10534	10534	10534	10534	10534	10534
2005	5	22400	22400	22400	22400	22400	22400
2006	3	45479	45479	45479	45479	45479	45479
2007	2	53826	53826	53826	53826	53826	53826

年份	电气机械及器材制造业	通信设备、计算机及其他电子设备制造业	交通运输、仓储和邮政业	批发和零售业	金融业	房地产业
2003	7675	7675	49129	360514	58046	45632
2004	10534	10534	123794	589870	63924	42457
2005	22400	22400	135456	656348	41265	55020
2006	45479	45479	152388	1011256	47742	116702
2007	53826	53826	291063	1259485	100598	181747

附表 7 - 3 - 3　　　广东省主导产业历年行业供给人数　　　单位：人

年份	石油和天然气开采业	化学原料及化学制品制造业	化学纤维制造业	金属制品业	通用设备制造业	专用设备制造业	交通运输设备制造业
2003	390	181828	20663	370607	135182	111624	199767
2004	1517	194792	23556	429351	161955	129905	211079
2005	1531	234677	38067	566804	241708	256831	256551
2006	1790	277877	62304	696035	292739	293518	320474
2007	2412	325381	75011	841010	348166	365595	384773

年份	电气机械及器材制造业	通信设备、计算机及其他电子设备制造业	交通运输、仓储和邮政业	批发和零售业	金融业	房地产业
2003	766669	1098086	1129129	4549614	348446	312332
2004	919862	1373770	1256494	5497370	360424	396057
2005	1276389	2001129	1311956	6278148	339565	498120
2006	1494002	2255875	1378288	7057156	352742	617502
2007	1663263	2586786	1530494	7528765	435298	823365

注：历年分行业供给人数 = 在业人数 + 正在求职人数。

附件 7 – 4

附表 7 – 4 – 1 广东省主导产业 2003—2007 年的求职

人数和求职比例 单位：人

年份	采矿业（6— 11 类）（％）	正在求职 人数	石油和天然 气开采业（％）	正在求职 人数	制造业（13— 43 类）（％）	正在求职 人数
2003	0.79	13812	0.13	18	36.89	644973
2004	0.92	21944	0.15	34	37.00	882539
2005	0.32	9569	0.05	5	48.19	1440976
2006	0.20	9645	0.03	3	54.07	2607469
2007	0.14	9389	0.02	2	49.88	3345213
年份	化学原料及 化学制品制 造业（制 造业）（％）	正在 求职人数	化学纤维 制造业（制 造业）（％）	正在 求职人数	金属制品业 （制造业）（％）	正在 求职人数
2003	1.19	7675	1.19	7675	1.19	7675
2004	1.19	10534	1.19	10534	1.19	10534
2005	1.55	22400	1.55	22400	1.55	22400
2006	1.74	45479	1.74	45479	1.74	45479
2007	1.61	53826	1.61	53826	1.61	53826
年份	电气机械及 器材制造业 （制造业）（％）	正在 求职人数	通信设备、 计算机及其 他电子设备 制造业（制 造业）（％）	正在 求职人数	交通运输、 仓储和邮政 业（交通运 输、邮政、 仓储业）（％）	正在 求职人数
2003	1.19	7675	1.19	7675	2.81	49129
2004	1.19	10534	1.19	10534	5.19	123794
2005	1.55	22400	1.55	22400	4.53	135456

续表

年份	电气机械及器材制造业（制造业）（%）	正在求职人数	通信设备、计算机及其他电子设备制造业（制造）（%）	正在求职人数	交通运输、仓储和邮政业（交通运输、邮政、仓储业）（%）	正在求职人数
2006	1.74	45479	1.74	45479	3.16	152388
2007	1.61	53826	1.61	53826	4.34	291063

年份	批发和零售业（批发和零售贸易、餐饮业）（%）	正在求职人数	金融业（金融保险业）（%）	正在求职人数	房地产业（房地产法）（%）	正在求职人数
2003	20.62	360514	3.32	58046	2.61	45632
2004	24.73	589870	2.68	63924	1.78	42457
2005	21.95	656348	1.38	41265	1.84	55020
2006	20.97	1011256	0.99	47742	2.42	116702
2007	18.78	1259485	1.50	100598	2.71	181747

资料来源：历年求职总人数和行业门类需求比例数据（粗略代替行业门类求职比例）来源于广东省劳动和社会保障厅（政务公开栏 2001—2007 年广东劳动力市场供求状况）；行业大类的求职比例是按照行业门类的划分计算出来的平均比例。

第八章 广东省人才资本动态优化配置模型及政策性建议

人才资本配置是指依据社会经济发展的需要，在一定的制度下，科学合理地配置人才资本的行为，包括微观配置和宏观配置。本书研究的是区域产业结构调整与人才资本之间的互动关系，因此侧重于讨论宏观配置，即人才资本在一定区域范围内各产业之间的分配和流动。而人才资本在产业间的配置，是指人才资本在各产业部门的分配比例以及由此决定的产业内部人才资本与物质资本的组合情况。它以产业间的投入产出关系为基础，并将影响到产业结构升级及国民经济运行和发展协调状况。

动态优化配置区域人才资本，是指在一区域内，科学合理地预测因产业结构优化升级所需的区域人才资本，以及预测区域未来可以供给的人才资本，通过评价区域人才资本供需的匹配程度，动态调整区域人才资本供给或调整产业结构升级目标，以便使区域人才资本供给较优地满足区域产业结构优化升级目标的需要。

本书提出动态优化配置区域人才资本来支撑产业结构优化升级，基于的理由及逻辑链是：随着生产力发展和科技进步以及经济体制改革与创新，区域产业结构总是沿着高度化方向不断优化升级；而区域人才资本又是支撑区域产业结构优化升级的重要因素之一，其具体作用表现在：区域人才资本有效供给有助于提高产业转换速度；区域人才资本的雄厚积累有助于增强产业创新能力；区域人才资本合理配置有助于加速产业转移与扩散进程。所以，区域产业结构的动态持续的优化升级，要求动态优化配置区域人才资本来匹配和支撑。

第一节 广东省人才资本动态
优化配置模型构建

一 动态优化配置区域人才资本的机理

（一）动态均衡及静止均衡适配性分析

1. 动态均衡的调节机制和过程描述

区域人才资本支撑区域产业结构优化升级的动态均衡就是系统内两大子结构相互动态匹配的过程，亦即区域人才资本需求和区域人才资本供给两大子结构的动态化均衡过程。区域人才资本动态性变化的内生性动力机制就是，由区域产业结构升级诱发的区域人才资本需求和区域人才资本自发或政策性供给的结构匹配关系，并耦合于产业结构动态演化之中促其动态变化。区域人才资本需求和供给的结构性匹配关系变化，由不平衡—平衡—不平衡—平衡……进行着动态交替的调整。当动态调整过程中，区域人才资本需求和区域人才资本供给处于相互平衡状态时，则可称之为区域人才资本支撑区域产业结构优化升级处于动态均衡状态。

2. 静止均衡适配性分析

从一个时间阶段来看，区域人才资本需求和供给的结构匹配关系变化，由不平衡—平衡—不平衡—平衡……进行着动态交替的调整。当动态调整过程中，区域人才资本需求和区域人才资本供给处于平衡状态时，则可称之为区域人才资本支撑区域产业结构优化升级处于动态均衡状态。而仅从一个时间点来看，即从区域人才资本支撑区域产业结构优化升级处于动态均衡状态的那个时间点，此时，也可称之为区域人才资本支撑区域产业结构优化升级的静止均衡。当静止均衡时，此时间点上的区域人才资本需求和区域人才资本供给必定处于平衡状态。但有一点要说明的是，区域人才资本需求和区域人才资本供给处于平衡状态时，二者有可能是绝对适合匹配，而又有可能是相对适合匹配。但大多数时，二者是相对适合匹配。当具体论证区域人才资本需求和区域人才资本供给是否达到静止匹配时，便需要构建一个二者匹配性的考量框架，其中包括一些考量指标及指标相对应的合理的浮动范围。只有当区域人才资本需求和区域人才资本供给满足这些考量指标导向的浮动范围，才可以说明二者达到了静止匹配。本书第三章即初步构建了广东省人才结构优化与产业结构升级协调适配的评价指标体系。

（二）动态系统分析与动态系统管理

1. 动态系统分析与动态系统管理的必要性

随着区域经济的发展和科技的进步，必然要求产业结构也要由低到高，不断优化升级，区域产业结构的优化升级是区域经济发展永恒的主题。区域产业结构的优化升级必然要求区域人才资本的动态优化匹配，故而，区域人才资本支撑区域产业结构优化升级的系统具有鲜明的动态特性，需要对该系统进行动态的分析与动态管理。

2. 动态系统分析与动态系统管理的内容

区域人才资本支撑区域产业结构优化升级的动态系统分析与系统管理，是指在某一时期阶段内对区域人才资本支撑区域产业结构优化升级的系统的目的、功能、环境、费用、效益等问题，运用充分调查研究，在收集、分析、处理所获得信息资料的基础上，确定系统目标，制订出为达到此种目标的各种方案，通过模型仿真实验和优化分析，并对各种方案进行综合评价，从而为系统设计、系统决策、系统实施提供可靠依据。

（1）动态系统分析的内容。区域人才资本支撑区域产业结构优化升级系统分析的内容，通常包括系统的环境分析、目标分析和结构分析。

环境同区域人才资本支撑区域产业结构优化升级的系统之间存在相互依存的关系，环境影响的作用，主要表现为系统的输入发生变化。因此，要重点分析环境因素有哪些、各自的影响权重、影响途径和方式等。

区域人才资本支撑区域产业结构优化升级系统的目标，是系统分析和系统设计的出发点，是系统所要达到的目标的具体化。目标分析的任务：一是论证区域人才资本支撑区域产业结构优化升级的系统的目标的合理性、可行性和经济性；二是获取区域人才资本支撑区域产业结构优化升级的系统目标分析结果，即建立目标的指标体系。

区域人才资本支撑区域产业结构优化升级系统的结构分析，是系统分析中主要组成部分，其目的是找出系统构成上的整体性。环境适应性、相关性、层次性特征，使区域人才资本支撑区域产业结构优化升级系统的组成要素及其相互关联在分布上达到最优状态。

（2）动态系统管理的内容。区域人才资本支撑区域产业结构优化升级系统管理的内容，通常包括区域产业结构升级对人才资本需求预测的管理、区域人才资本供给预测的管理和区域人才资本支撑产业结构升级动态调整匹配管理。

区域产业结构升级对人才资本需求预测的管理，有以下几个方面的工作内容：确定区域产业结构优化升级的目标；确定区域人才资本支撑产业结构演进适配性目标和指标；对区域人才资本需求的具体预测。

区域人才资本供给预测的管理，有以下几个方面的工作内容：区域人才资本既有存量测定；区域人才资本正负增量预测；对区域人才资本供给的具体预测。

区域人才资本支撑产业结构升级动态调整匹配管理，主要解决对区域人才资本需求和供给在适配与否的状态下进行动态调整匹配的问题。

二　动态优化配置区域人才资本的思路

动态优化配置区域人才资本的宏观思路是：（1）要体现动态性。区域产业结构是动态持续升级的，因而，区域人才资本就要动态地匹配区域产业结构升级需要。（2）要体现匹配性。这种匹配是指产业结构升级对区域人才资本的需求与区域人才资本未来供给要相匹配。（3）要体现优化性。即当产业结构升级对区域人才资本的需求与区域人才资本未来供给不相匹配时，又要能够调整优化区域人才资本供给或调整优化产业结构升级目标，使区域人才资本供需最终能够较优地匹配。动态优化配置区域人才资本的具体思路是：（1）明确区域产业结构优化升级的目标。确定区域产业结构优化升级的目标，要充分考虑本区域的如下实际因素：区域要素禀赋因素、区域需求结构导向因素、区域之间的经济联系因素、区域产业结构重组弹性因素和区域政策体制因素等。（2）在区域产业结构优化升级目标的指导下，科学合理地预测能够支撑产业结构升级目标的区域人才资本需求。（3）根据区域的客观实际情况，科学合理地预测本区域的未来人才资本供给。（4）将支撑产业结构升级的区域人才资本需求和区域人才资本供给进行匹配评价，并评价适配度是否满意。（5）如适配度满意，则按既定方案执行；如适配度不满意，则要动态优化调整区域人才资本供给或优化调整产业结构升级目标，以便使区域人才资本供给较优地满足区域产业结构优化升级目标的需要。

三　理论模型具体建构

依据上文论述的动态优化配置区域人才资本的思路，可建构一个支撑区域产业结构升级的区域人才资本动态优化配置理论模型（见图8-1），

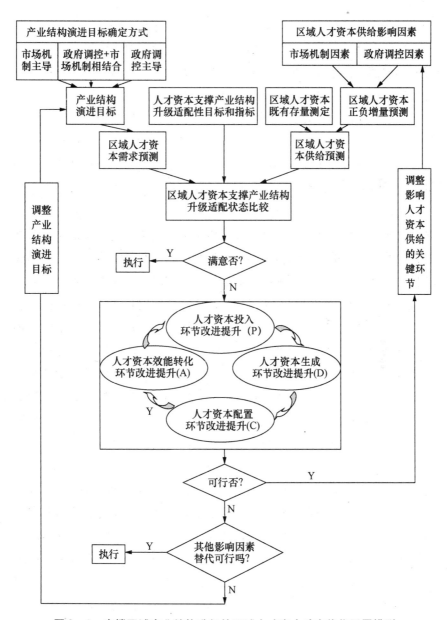

图8-1　支撑区域产业结构升级的区域人才资本动态优化配置模型

该理论模型由三个子系统构成，分别是区域产业结构升级对人才资本需求预测子系统、区域人才资本供给预测子系统和区域人才资本支撑产业结构升级动态优化调整匹配子系统。下面分别对三个子系统进行简要阐述。

（一）区域产业结构升级对人才资本需求预测子系统

这一子系统主要解决如何对区域产业结构升级需求的人才资本进行预测的问题。该子系统须解决的重点问题有两个：

1. 确定区域产业结构优化升级的目标

确定产业结构优化升级的目标有三种模式，分别是依据市场机制主导来预测、依据政府调控主导来预测和依据政府调控加市场机制相结合来预测。市场机制主导预测模式即依据历史的市场自发调整产业结构的规律来预测未来本区域产业结构升级目标。这一预测模式仅适用于这样的区域，即该区域的历史产业结构优化升级层次是较好的，并且预计未来该区域的市场功能依然良好，凭借价格信号引导，通过要素流动和重组，能使该区域的生产结构和需求结构相吻合。政府调控主导预测模式即指政府确定产业结构发展的方向和目标，同时为实现这一发展的方向和目标确立必要的政策和经济机制。政府在制定实现产业结构目标的政策和经济机制时需要充分考虑本地区一些现实的重要因素，如自然环境、自然资源、人口和劳动力因素、资金因素、市场因素、交通运输因素和科技发展状况等。政府调控加市场机制相结合预测模式即指预测时充分考虑本区域的市场机制影响功能，政府部门再制定相宜的政策和经济机制，双机制共同推动区域产业结构的优化升级。在三种模式中具体选择哪一种模式进行预测要依据不同区域的具体情况来确定。

2. 对区域人才资本需求的具体预测

对区域人才资本需求的预测要以区域产业结构升级的目标为导向。预测的内容包括区域人才资本存量需求预测、区域人才资本结构需求预测和区域人才资本质量需求预测，另外，还要明确对区域人才资本需求预测的方法。对区域人才资本需求预测的方法很多，简单非系统的预测方法有回归分析预测方法、时间序列分析模型预测方法、随机时间序列模型预测方法、投入产出分析预测方法和马尔可夫预测法等；系统的预测方法有灰色系统预测法和系统动力学预测法等。在上述这些方法中，系统动力学方法可以更好地解决产业结构调整过程中的复杂的非线性问题，这种方法按照一定原则把各个系统模型化，然后将其输入电子计算机，通过系统优化模拟，对各种政策实施的结果予以显示，为决策者提供待选的各种政策方案。系统动力学方法虽然很好，但应用起来有一定的难度。

（二）区域人才资本供给预测子系统

这一子系统主要解决如何对区域人才资本的供给进行预测的问题。该子系统需解决的重点问题有三个：（1）区域人才资本既有存量测定，即对本区域现有的人才资本存量进行测定。区域人才资本既有存量是指一个区域内劳动力群体所具有的人才资本的整合，可以理解为劳动力数量乘以人才资本水平（人才资本水平是指劳动力具有的平均人才资本水平）。目前有关人才资本存量核算的方法可以分为两类：一类是从产出的角度进行核算，例如劳动者报酬法；另一类是从投入的角度进行核算，例如学历指数法、教育经费法和受教育年限法等；测定的具体指标包括区域人才资本存量供给预测、区域人才资本结构供给预测和区域人才资本质量供给预测。（2）区域人才资本正负增量预测。区域人才资本的未来增量是正还是负，主要受到两大方面因素的影响。一是市场机制因素，影响区域人才资本供给市场机制方面的因素有区域经济发展水平、区域人才资本投资情况和区域人才资本吸引力等；二是政府调控因素，即指政府制定相关政策和法规，通过行政和法律手段影响区域人才资本投资和区域人才资本吸引力等市场因素。区域人才资本正负增量预测的指标，包含区域人才资本存量供给正负增量预测、区域人才资本结构供给正负调整预测和区域人才资本质量供给增量预测；区域人才资本正负增量预测的方法有简单的回归分析预测方法、时间序列分析模型预测方法和马尔可夫预测法，也可采用复杂的 BP 神经人工网络的人才资本预测方法。（3）对区域人才资本供给的具体预测。经过前两步的测定和预测，即区域人才资本既有存量测定和区域人才资本正负增量预测，就可以具体地预测区域人才资本的供给。其中，区域人才资本数量供给量预测计算公式是：区域人才资本数量供给量＝区域人才资本既有数量存量＋区域人才资本正负数量增量；供给结构预测则可按两种思路进行预测，一是按人才资本类型结构进行预测，二是按照产业类型结构进行预测；质量预测则可采用定性预测加定量预测相结合的综合预测方法。

（三）区域人才资本支撑产业结构升级动态优化调整匹配子系统

这一子系统主要解决如何对区域人才资本需求和供给在适配与否的状态下进行动态调整匹配的问题。具体流程为：（1）评价时点一及时点二的区域人才资本支撑产业结构演进静止适配性。这需要预先确定区域人才资本支撑产业结构演进适配性目标和指标。这是一个建立系统性评价指标体系的问题，目的是衡量预测的区域人才资本需求和供给的匹配程度。现有的文献大都认为，区域人才资本需求和供给的匹配程度主要考量数量、结构和质量，其实这有些片面，也不够科学合理。如何确定区域人才资本支撑产业结构演进适配性目标和指标，已在本书第三章进行了详细论述。（2）比较两时点区域人才资本支撑产业结构演进静止适配状态的演化趋势，一是比较时点二的区域人才资本支撑产业结构演进静止适配状态是否优于时点一；二是如果优于的话，再进一步判断是否满意。（3）如判定适配状态演化趋势整体满意，则按既定人才资本需求和供给方案执行。（4）如判定适配状态演化趋势整体不满意，则考虑调整人才资本供给因素是否可行，如果可行，则调整影响人才资本供给因素来获得满足产业结构升级的人才资本供给。这里需要特别说明的是，调整人才资本的供给需进行系统性的思考，即采用戴明博士的质量管理的"P—D—C—A"闭环管理思想，从区域人才资本的"投入环节—生成环节—配置环节—效能转化环节"进行系统性的闭环优化调控，以保障区域人才资本的供给调整是可持续的；另外需要特别说明的是，调整人才资本供给的因素，主要是先通过政府调控各项政策因素，进而影响市场机制因素，在双因素的影响作用下达成区域人才资本供给的调整目标。（5）如判定调整人才资本供给不可行，则考虑其他影响因素替代是否可行。这里所说的其他影响因素是指像区域人才资本一样可影响区域产业结构升级的因素，具体有供给因素，包括区域自然条件和资源禀赋、技术进步、资金供应、商品供应和环境因素；需求因素，包括消费需求和投资需求；国际贸易因素和国际投资因素。（6）如判定其他影响因素替代不可行，则只有重新调整产业结构演进目标，进行新一轮的动态优化配置。

上述三个子系统如能够系统性地契合，则构成了一个完整的支撑区域产业结构升级的区域人才资本动态优化配置闭环路径。具体的动态优化配置理论模型见图8-1。

广东省在配置区域产业人才资本以支撑产业结构升级时，可遵照上述的理论模型执行。但在执行时，除了做好产业结构升级对人才资本需求的预测及人才资本供给的预测工作外，尤其要在人才资本支撑产业结构升级动态调整匹配方面加强工作，提高判断、分析和调整的实践能力。

第二节　广东省人才资本动态优化配置目标任务的确定

本书的前三个专题属于对广东省动态优化配置基础目标任务情况的研究，即分别研究了广东省产业人才资本贡献率的状况、广东省人才资本结构优化与产业结构升级协调适配状况和广东省产业人才资本发展环境状况，并分别评析出各方面存在的问题及不足。本书的另外两个专题属于对广东省动态优化配置所面临的新的目标任务情况的研究，即分别研究了广东省产业转移背景下三次产业人才资本供需状况以及广东省"十二五"时期主导产业人才资本供需状况，并分别评析出各方面存在的问题及不足。

所以，可汇总分析各研究专题中所评析的动态优化配置人才资本方面的不足及问题，并依此设定广东省动态优化配置人才资本的目标任务。

依据本书的六个专题研究分析，发现的主要问题如下：

问题一：广东省人才资本对区域产业结构优化升级的贡献率仍然较低，人才资本的存量与结构不能满足产业结构优化升级的需要。

问题二：广东省的人才结构与产业结构升级的协调适配度等级及持续提升能力低，其中区域人才结构投入及生成两个环节是"瓶颈"环节。

问题三：广东省五个代表性城市的产业结构与人才结构不协调。其中，粤北、粤东、粤西两翼地区的代表性城市协调适配状态相对较差。

问题四：广东省人才资本的生成综合环境因素得分不高及广东省人才资本的效能转化综合状态欠佳。

问题五：在"十二五"时期广东省三次产业人才资本总量供需、三次产业人才资本总量供需和人才结构（学历、职称和技能三个方面）供需匹配都不十分乐观。

问题六：在"十二五"时期广东省主导产业人才资本量的需求和供给匹配程度参差不齐。

依据动态优化配置模型及上述问题分析，故确定广东省人才资本动态优化配置的总目标为：在"十二五"时期，能够可持续地支撑广东省产业结构优化升级；具体任务有：优化广东省人才资本发展的环境因素，提升人才资本结构与产业结构尤其是主导产业的协调匹配度，平衡区域及城市间的协调适配度满足产业转移的动态调整需求，提高人才资本支撑产业结构升级的贡献率。

第三节　广东省人才资本动态优化配置的政策性建议

下面分别从宏观及微观两个层面提出对广东省动态优化配置人才资本的政策性建议。

一　动态优化配置宏观政策建议

为了保证实现广东省人才资本动态优化配置的总目标，即在"十三五"时期，能够可持续地支撑广东省产业结构优化升级。则在总体上必须依据如图 8 - 1 所示的区域人才资本动态优化配置思路进行宏观动态安排广东省的人才资本的投入、生成、配置及效能转化方面的工作。在此方面，提出的宏观层面的政策建议如下：

（一）广东省产业结构调整目标层面的政策性建议

1. 大力发展第三产业作为重中之重，优化工业结构

对于产业结构的调整，广东省应该利用市场机制与计划机制两个手段对全省的产业结构作出调整。根据预测结果，广东省 2015 年产业结

构将演变为 3.1∶53.3∶43.7。这表明第二产业的比重仍然是上升的，第三产业的生产总值虽然会继续攀升，但产业比重会出现下降的趋势。这要求广东省在制订"十三五"发展计划时，仍然要以大力发展第三产业，逐渐加大第三产业的比重，以优化工业结构为首要任务，对产业结构作出适当的调整，促进产业结构的优化升级。

2. 树立以人为本调整产业结构目标的新思路

21 世纪的广东产业结构应是一个既能适应广东生态环境需求，又能促进广东社会经济快速而又稳定发展的高级化的产业结构。高级化的产业结构离不开高新技术产业作支撑，而高新技术产业的发展又必须以人才资本的合理开发和人才的合理使用为基础，因此广东产业结构的调整必须首先树立以人为本的新思路。以人为本就是要把人才资本的合理开发和使用放在产业结构调整工作的首位，即调整产业结构必须从人才资本结构的调整开始做起，而人才资本结构的调整又必须以教育和科技的优先发展为前提，没有发达的教育和科技，计划重点发展的产业就失去了人才和技术的基础，没有人才和技术，何谈产业结构的调整和产业结构的高级化。

3. 高度重视广东省主导产业的发展，推进产业结构优化升级

根据国内外的研究表明，区域主导产业是推动区域经济发展的核心力量，大力推动区域主导产业发展是实现区域资源有效配置的必然途径，是推进区域产业结构合理化、高级化的关键。

（二）支撑广东省产业结构优化升级的人才资本需求层面的政策性建议

1. 正确处理好产业结构调整目标和人才资本需求的关系

产业结构调整目标决定了人才资本的需求，而人才资本的需求是实现产业结构调整目标的关键，是推动产业结构实现合理化和高级化的重要方面。

2. 将人才资本需求由数量扩张转到质量提高上来

广东省产业结构调整对人才资本的需求在未来的一段时期内是人才资本短缺与闲置并存，因此，调整广东省产业结构所需要的人才资本更主要的是质量上的需求。优化人力资源的任务也主要是提高人才资本的素质及人才资本在各产业间的合理分布。这就要求广东省的人才资本管

理必须从以往的人才资本数量扩张为主转变到人才资本质量提高上来，以高质量的人才资本及人才的合理配置来推动和适应广东省产业结构的调整。

（三）支撑广东省产业结构优化升级的人才资本供给层面的政策性建议

1. 正确处理好人才资本供给的培养、开发、引进的关系

广东省产业结构的调整是一个长期而又艰巨的任务，因此必须从合理开发人才资本和建立人才留用机制入手，稳定广东省人才队伍。要不断创造优惠条件，积极吸引国内外优秀人才到广东省来。同时要创造人才能够充分发挥作用的良好环境，使其能够人尽其才。另外，要建立合理的激励机制，鼓励人才进行技术创新，用技术创新成果来不断改变产品结构，继而改变广东省的产业结构。

2. 解放思想，抓住机遇，不应错过广东省人才资本供给的"战略期"

广东省应充分利用目前至 2015 年的人才资本供给的"黄金时期"大力进行广东省产业结构优化升级，不应错过这个历史机遇。同时，在追求经济增长和产业结构调整的同时，与人口调控目标之间达到一个平衡。

（四）支撑广东省产业结构优化升级的人才资本动态优化配置层面的政策性建议

1. 正确处理好人才资本的供需匹配和动态调整关系

产业结构理论认为，一个国家或地区的产业结构合理化应是一个动态调整与优化过程。国家在宏观调整过程中，要遵循市场规律，依据市场的需求导向设定人才资本培养目标，通过宏观手段调节供给量来满足人才资本需求，从而实现人才资本的供需匹配和动态优化。

2. 在人才资本供需匹配和动态调整中，要注重人才资本供需信息的对称

只有通过各种渠道实现人才资本供需信息的对称，才能够把"有形之手"和"无形之手"更好地结合，不会失效。

3. 动态优化配置人才资本坚持闭环优化的思想

产业管理有关政府部门及社会人力资源管理有关部门应共同遵从戴明博士的质量管理的"P—D—C—A"闭环管理思想，从区域人才资本

的"投入环节—生成环节—配置环节—效能转化环节"进行系统性的闭环优化调控广东省人才资本的供给的数量及质量,以保障区域人才资本的供给调整是可持续的。

(五)动态优化配置总的宏观政策性建议

1. 充分发挥动态优化调控"两只手"的作用

广东省应该利用市场机制与宏观调控机制两个手段打造广东省的人才资本优势,努力致力于广东省人才资本的动态供需平衡调整,从而有力支撑广东省产业结构的优化升级。坚持以市场为基础和导向,依据产业结构发展对人才资本的需求,合理配置人才资本,逐步打破计划条件下形成的僵硬的人才资本调配体制,发挥人才资本的最佳效能;同时强化宏观决策职能,积极发挥政府在人才资本中的宏观调控作用,保障人才资本的有效供给,从而发挥人才资本的最佳效益。

2. 提升动态优化配置人才资本的综合效果

广东省在"十三五"时期需要进一步壮大人才资本的规模,提高人才在人口和社会劳动力人口中的比重,保持人才总量增长速度上升趋势。同时优化人才资本结构,提高人才资本质量,使中低层学历人才、技能人才、专业技术人才朝高层次人才方向转化。这样既能够解决低端人才资本过量的问题,又能够解决中高端人才资本供给不够,不能有效满足经济发展过程中对中高端人才资本巨大需求的问题。从而促进产业结构优化升级,实现广东省经济的协调健康发展。

二 动态优化配置具体政策性建议

为了能够顺利实现本书所设定的广东省"十三五"时期人才资本动态优化配置目标,特提出如下政策性建议:

(一)大力优化人才资本发展的环境

现代产业人才资本的发展环境是一个开放的体系,企业员工的需求与行为深受周围环境的影响;不仅如此,企业本身的运作也总是处在一定的环境条件下,企业需要从环境中取得各种生产要素,而产品也需要通过外部环境给予承认,其价值才能得到体现。可见,一个地区的环境不但会对企业的员工产生直接的影响,而且还会通过对企业的制度建设与经营状况产生相应的影响,进而间接地通过各种因素对企业员工的行动产生作用。因此,在考虑人才资本发展管理工作时,必须对环境因素

给予充分的重视。针对广东省在人才资本发展环境方面的问题,特提出如下几点政策性建议:

1. 进一步优化省级区域宏观环境

其中具体包括优化教育环境、引进人才环境和知识产权保护环境。

优化教育环境,更多地需从教育软环境优化开始。优化教育软环境具体包括:(1)优化教育导向环境。可逐渐建立起以社会评价与满足社会需求为导向的高等教育质量检测体系,高等教育专业设置强调应用型、与职业需求的紧密结合。(2)调整和建立高等教育新的学科体系,以产业结构调整为导向,对原有的学科和专业重新设计,合并重复设置的专业。(3)改造传统学科,建立新兴学科和交叉学科,重点发展信息科学、生命科学、新材料科学等学科领域,使人才在各行业分布合理。(4)建立专业设置预测机制。每年根据各专业学生的报考率、报到率和就业率,提出广东省每年控制和鼓励发展的专业,指导学校做好专业设置和专业调整改造工作;建立信息服务咨询平台。建立高等学校专业信息资源库,定期公布高等学校专业设置、专业布点、专业招生、学生就业等情况,及时提供全省经济、科技、产业发展对人才的需求信息,定期向社会公布高等学校的学科专业办学信息,强化社会舆论监督机制,为高等学校专业设置和调整提供服务。(5)开展多种形式的联合办学。在企业与高等学校之间,以人才培养和科技开发为纽带,进行多种形式的联合与协作。

优化引进人才环境,具体包括:(1)进一步提高被引进人才的基本待遇,如提供住房、安家费、科研经费。(2)进一步提高被引进的科研团队的基本待遇。(3)进一步办好广州留交会、深圳高交会和国际人才交流大会以及各类留学人员创业园,拓宽引才引智渠道。(4)在珠三角地区打造若干个世界性营销服务中心和中央商务区,逐步形成能为全球客户提供金融、物流、信息、科技、外包、商务会展、文化创意、总部经济等服务的国际高端生产性服务业中心,吸引一大批国内外现代生产性服务业高层次人才来粤创业。

优化知识产权保护环境,具体包括:(1)进一步提高全社会知识产权保护意识和法制观念,加大知识产权保护和执法力度,营造良好的法制环境。(2)引导和帮助企业、科研机构和高等院校建立和完善知识产权管理制度。（3）抓紧知识产权人才的培训工作，大力发展知识产权中介服务机构建设，为推进知识产权工作以及知识产权工作的国际化服务，知识产权中介服务机构是知识产权工作的主体，也是与市场及社会连接的纽带。（4）提供世界一流的专利权申办服务，创设专利市场，建立专利信息高速公路，实现专利申请、审查、批准全过程的电子化开展专利国际合作，建立世界通行的专利制度和申请程序。

2. 进一步优化企业层面的环境

企业层面的因素是影响产业人才资本的最直接的环境因素。进一步优化广东省企业层面的环境有：（1）建立全方位的企业培训体系，可以分别从创新培训机制和培训方式方面入手。（2）完善企业人力资源绩效考核制度，可从以下几个方面抓起：注意日常评估相结合的综合考核；考核指标必须细化、量化，具备可操作性；建立绩效考核与员工个人收入之间的联动关系和考核程序贯彻民主集中制。（3）健全人才价值激励机制，最根本的追求是在企业中建立起人才资本产权制度。（4）完善企业人才资本退出机制，解决人才资本退出的后顾之忧。

（二）提升人才资本结构与产业结构的协调匹配度

广东省须注重提升人才资本结构与产业结构尤其是主导产业的协调匹配度，具体包括两项具体协调匹配性的任务：一是要提升人才结构的投入及生成环节与产业结构的协调匹配度；二是要提升人才资本结构与主导产业结构的协调匹配度。

1. 提升人才结构的投入及生成环节与产业结构的协调匹配度的政策性建议

在人才结构投入环节方面，广东省要加大教育和高等教育的投入力度，除要争取实现每年30%的增长率外，还要注意提高教育投入及高等教育占全省的 GDP 比重，其中教育投入占全省的 GDP 比重要突破4%的水平线，争取赶超北京和上海；而高等教育投入占 GDP 的比重要突破1%的水平线，争取赶超上海；另外还要加大科技投入力度和 R&D 投入力度，要争取实现每年30%的增长率。加大教育投入力度，可采取拓宽教育经费来源渠道的方式，实现以政府财政性教育经费为主体，社会团体、企业、学校、集体和个人多元投资相结合的多渠道投资教育。

在人才结构生成环节方面，广东省要提升人才占人口的比率，在人才引进、人才培养及借助产业转移促使低级劳动力流出等方面采取措施，使广东省的人才占人口比例及人才占从业人员比例有一个更高层次的提升，在"十三五"时期基本实现人才占人口的比率为10%的目标；另外，广东省的第三产业人才数量比例高度化并不十分理想，广东省有关部门需着手调整第三产业人才比例规模的结构，在第三产业人才引进及人才培养等方面采取措施，使广东省第三产业人才占三次产业的比率及第三产业人才增长率都有一个更高层次的提升，力争实现第三产业人才的比例规模在"十三五"时期与上海市和北京市持平。

2. 提升人才资本结构与主导产业结构的协调匹配度方面的政策性建议

从主导产业人才资本总量的角度来看，根据预测可知，通信设备、计算机及其他电子设备制造业的人才资本需求存量及批发和零售业的人才资本供给存量在未来几年内会出现下降趋势。另外，石油与天然气开采业、金融业的人才资本的供给量在未来几年内上升速度十分缓慢，完全不能满足产业发展对人才资本的巨大需求量。交通运输、仓储和邮政业，专用设备制造业，化学纤维制造业，房地产业的供给量在预测年份中将出现巨大过剩，而产业发展对人才资本的需求量却没有相应程度的增长，这种趋势会愈演愈烈。

其中，对于石油与天然气开采业、金融业的人才资本供不应求的趋势，提出的对策性建议有：

第一，加强石油与天然气开采业、金融业方面的人才的培养和开发，其中包括高等教育、职业教育和"干中学"等方式。

第二，加强石油与天然气开采业、金融业方面的人才的引进工作。为了能够确保引进人才的工作顺利实施，广东省需要不断创新人才机制。建立健全以能力和业绩为导向的人才评价机制；建立健全有利于优秀人才脱颖而出的选拔使用机制；建立健全体现人才价值的分配机制；建立健全优秀人才奖励机制；建立健全体现公平合理的人才社会保障机制。使人才评价、选拔使用、分配激励、人才保障机制运转顺畅，人才聚集能力不断增强，形成更具吸引力的人才环境，以及适合各类人才干事创业和可持续发展的长效机制，使广东省成为国内外人才创业发展的首选地之一；另外，还要能够采取有效的措施，多渠道、全方位引进国内外人才智力资源。通过简化手续，提高办事效率，结合各地实际制定一系列优惠措施；定期传播广东的人才需求信息；加强与台、港、澳的合作与交流，大力推进大珠三角区域人才资源共享，构建泛珠三角区域人才交流合作平台。积极吸引海外留学人才来粤工作，积极引进国外人才智力，优化引才结构，开辟多元化引才渠道。

而对于交通运输、仓储和邮政业，专用设备制造业，化学纤维制造业，房地产业的人才资本供给量在"十二五"时期将出现巨大过剩，提出的对策性建议有：

第一，加快广东省第三产业的发展，从而提升上述第三产业及其他相关的第三产业吸纳人才的能力。

第二，提前对上述第三产业的从业人员进行再就业能力培训，使其能够顺利实现跨产业的再就业。

（三）提高人才资本支撑产业结构升级的贡献率

广东省一方面经济增长主要受物质资本投入和劳动力拉动的影响；另一方面人才资本对于经济增长的贡献率低，即劳动力供给结构性短缺。要改善经济增长方式，加快产业升级调整步伐，必须加大人才资本培育力度，即全面落实"科学技术是第一生产力"的思想，坚持以教育为本，把科技和教育放在经济社会发展的重要位置，这将为广东省经济发展提供持续动力。积极加大对人才资本的重视和投入，确保人才资本的增长与经济发展同步。扭转一些地方政府出于追求政绩的考虑，只重视经济建设而忽视教育发展的做法，全面认识教育投资对经济增长和产业结构升级的重要作用。一方面要努力提高财政性教育经费支出的比例；另一方面还要拓宽教育经费的来源渠道，实现以政府财政性教育经费为主体，社会团体、企业、学校、集体和个人多元投资相结合的多渠道投资教育。同时，积极培育职业教育发展。一方面加大政府对职业技术教育的投入，适当提高公共教育经费中用于职业技术教育的比重，降低职业技术学校的收费标准；另一方面构建投资主体和经费渠道多样化的机制，积极促进职业教育社会化，允许社会团体、中外企业及个人等进入职教领域，拓展职业教育的供给渠道。

（四）综合参与实现人才资本动态优化配置的效应

动态优化配置人才资本支撑区域产业结构的优化升级属于复杂的系统性问题。因而在推动广东省人才资本动态优化配置工作就有着复杂性及系统性的属性。动态优化配置人才资本的主体就不能是一个单一主体，而应是一个各相关主体的集合。因此，建议广东省应构建一个具有广泛主体参与下的专家系统，来开展动态优化配置人才资本的工作。

该专家系统要满足如下要求：

其一，专家系统是指将相关的各行专家组合在一起，需具有明显的多派特性。所谓的多派特性，也是指多学科性及多领域性，具体来说就是，组合的专家系统中的专家分属不同学科领域以及来自的行业领域具有广泛性。其中，越是更高层次的专家系统（如总控专家系统）越能体现出多派性。如广东省在制定《珠江三角洲地区产业布局一体化规划（2010—2020 年）》时，就是建立了由佟星副省长为第一召集人的编制工作联席会议制度，组织专家对珠三角九市进行了调研，召开座谈会，并征求省直有关部门、珠三角九市、行业协会、有关专家的意见，形成初稿。

其二，专家系统要满足多层特性。即推动人才资本动态优化配置的专家系统设有三个层次，分别为总控专家系统、中控专家系统和局控专家系统，如图 8 - 2 所示。

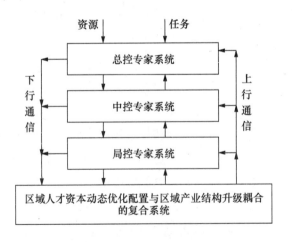

图 8 - 2　专家系统的层次

该专家系统的成员构成及职责划分建议如下：

（1）总控专家系统的主体成员构成及职责。总控专家系统的主体成员构成采用政府、产、学和研相关专家联合的模式。具体来讲，政府人员包括产业政策制定部门、教育部门、人事部门等产业发展及人才规划的相关部门主要负责人；产业人员主要包括企业联合会、行业协会和人才市场的主要负责人及专家；学和研指的是学校和科研单位，学校和科研单位主要的专家也需纳入总控专家系统中，因为该领域的专家更擅长判断产业未来发展趋势。说明一点，总控专家系统是整个协调管控系统中的最高级专家控制系统，因此进入该专家系统的专家一定是相关领域的最高层次的主要负责人以及相关领域的高水平的专家。

总控专家系统的职责主要是综合评价区域人才资本与区域产业结构升级间的协调适配程度，依据相关协同信息制定出预期协调适配目标和最高层次的协同实施政策及协同准则，指挥和协调中控专家系统进行调控配置人才资本的工作。

（2）中控专家系统的主体成员构成及职责。中控专家系统的主体成员构成也采用官、产、学和研相关专家联合的模式，政府人员包括产业政策制定部门、教育部门、人事部门等产业发展及人才规划的相关部门主要负责人；产业人员主要包括企业联合会、行业协会和人才市场的主要负责人及专家；学和研主要包括学校和科研单位主要的专家。说明一点，中控专家系统是整个协调管控系统中的执行协调专家控制系统，因此进入该专家系统的专家一定是相关领域的具有实践工作经验的专家。

中控专家系统的职责主要是在接受总控专家系统关于调控人才资本的目标及相关要求的信息后，中控专家系统会进行进一步识别协同需求，指挥和协调局控专家系统进行调控配置人才资本的工作。

（3）局控专家系统的主体成员构成及职责。局控专家系统的主体成员是各相关需调控具体工作的专家，如区域人才数量结构的投入高级化视角下的教育投入占 GDP 比重及教育投入增长率两个序参量指标（见第三章）的调控，所涉及的专家有教育部门的政府人员、产业政策制定部门人员和教育系统的专家等，上述相关人员组建成的局控专家系统专门制定相应政策和措施进行调控教育投入占 GDP 比重及教育投入增长率两个序参量；再如二元序列产业人才数量供需结构协调化视角下的传统产业人才数量供需结构协调化及高新技术产业数量供需结构协调化两个序参量指标的调控，所涉及的专家有教育部门的政府人员、教育系统的专家及行业协会人员、产业政策制定部门人员、人才市场负责人及企业代表等，上述相关人员组建成的局控专家系统专门制定相应政策和措施进行调控传统产业人才数量供需结构协调化及高新技术产业数量供需结构协调化两个序参量。可见，局控专家系统的主体构成人员是动态变动的，根据需调控的序参量的变化而变动；但政府教育部门人员及产业政策制定部门的人员是局控专家系统的常规人员。

局控专家系统的职责主要是在接受中控专家系统关于调控的任务及相关要求的信息后，局控专家系统会针对相应需调控人才资本的具体任务以及遵循协同准则制定相应的调控政策和手段，进行相应的人才资本投入、生成、配置及效能转化环节的调控，以期达到中控专家系统的预期目标。

参考文献

［1］ 蔡国栋、洪玉琼：《从创新的角度构建企业培训模式》，《企业家天地》2009 年第 3 期。

［2］ 查有梁：《人才资源供需总量预测模式》，《教育与经济》1998 年第 2 期。

［3］ 常进雄、楼铭铭：《关于我国工业部门就业潜力问题的研究——基于产业结构偏离度的分析》，《上海财经大学学报》2004 年第 3 期。

［4］ 陈功、曹桂英、刘玉博、庞丽华、张蕾、任强、王海涛、郑晓瑛：《北京市未来人口发展趋势预测》，《市场与人口分析》2006 年第 4 期。

［5］ 陈建新、蔡勇：《技术进步对广东工业经济发展的贡献研究》，《华南理工大学学报》2001 年第 3 期。

［6］ 陈鲁梅：《经济转型中的国有企业人才资本退出机制与构建策略》，《中州大学学报》2007 年第 7 期。

［7］ 崔莎莎：《广东省产业结构与高校专业结构关系的统计研究——基于就业结构的视角》，硕士学位论文，广东商学院，2012 年。

［8］ 董玉芬：《北京市未来劳动力供给趋势的预测与分析》，《北京联合大学学报》2007 年第 4 期。

［9］ 杜娟：《人才资本形成与区域经济增长——以新疆为例》，硕士学位论文，新疆大学，2005 年。

［10］ 关爱萍、王瑜：《区域主导产业的选择基准研究》，《统计研究》2002 年第 2 期。

［11］ 广东省统计局、广东省科技厅：《广东省科技统计年鉴 2001—2012》，广东科技出版社 2001—2013 年版。

［12］ 广东省统计局：《广东省统计年鉴 2001—2012》，中国统计出版社

2002—2013 年版。

[13] 广东省统计局：《广东统计年鉴（2005）》，广东统计出版社 2005
年版。

[14] 广东省统计局：《广东统计年鉴（2008）》，广东统计出版社 2008
年版。

[15] 广东省政府：《广东省中长期人才发展规划纲要 2010—2020 年》，
http：//wenku. baidu. com/view/181c8f09bb68a98271fefae1. html。

[16] 广州市统计局：《广州市统计年鉴 2001—2012》，中国统计出版社
2002—2013 年版。

[17] 广州市委市政府：《广州市国民经济和社会发展第十二个五年规划纲
要》，http：//wenku. baidu. com/view/943954c558f5f61fb73666d3. html。

[18] 郭海：《认识人才资本理论：一个扩展的读书笔记》，《复旦教育
论坛》2004 年第 3 期。

[19] 郭显光：《改进的熵值法及其在经济效益评价中的应用》，《系统
工程理论与实践》1998 年第 12 期。

[20] 郭治安：《协同学入门》，四川人民出版社 1988 年版。

[21] 韩银娥：《广东产业结构优化升级的驱动力分析》，《现代商业》
2009 年。

[22] 武汉理工大学经济学院电子教案，http：//jpkc. whut. edu. cn/
cyjjx/oldcyjjx/kj/article_ show. asp？id＝67。

[23] 何慧芳：《广东省产业结构与人力资源结构的互动效率研究》，
《广东科技》2007 年第 3 期。

[24] 何万宁：《广东产业结构调整对高等教育的影响及其对策》，《广
东工业大学学报》（社会科学版）2003 年第 2 期。

[25] 赫尔曼·哈肯：《高等协同学》，郭治安译，科学出版社 1989
年版。

[26] 胡建权：《江西省经济—社会—资源—环境可持续发展协调度分
析》，硕士学位论文，江西师范大学，2009 年。

[27] 加里·贝克尔：《人才资本》，北京大学出版社 1987 年版。

[28] 江永红：《中国可持续发展背景下人才资本研究》，经济科学出版
社 2007 年版。

［29］教育部高等教育司：《中国物流发展与人才需求研究报告》，中国物资出版社 2007 年版。

［30］菊莲：《论产业结构及相应的人才结构调整》，《北方经济》2007年第 5 期。

［31］孔令丞：《论中国产业结构优化升级》，博士学位论文，中国人民大学，2003 年。

［32］况卫东：《巴音郭楞蒙古自治州生态环境与经济发展协调度研究》，硕士学位论文，新疆大学，2009 年。

［33］李灿光、潘玉君等：《区域发展研究：发展条件与空间结构》，科学出版社 2007 年版。

［34］李嘉明：《企业人力资本投资研究》，博士学位论文，重庆大学，2004 年。

［35］李军、孙彦彬：《产业结构优化模型及其评价机制研究》，华南理工大学出版社 2009 年版。

［36］李玉江：《区域人才资本研究》，科学出版社 2005 年版。

［37］李悦：《产业经济学》，东北财经大学出版社 2002 年版。

［38］利霞：《江西省人才吸引力分析和对策研究》，《企业导报》2009年第 10 期。

［39］林峰：《可持续发展与产业结构调整》，社会科学文献出版社 2006年版。

［40］刘军：《人力资源配置与产业结构演进关系》，《改革与战略》2003 年第 1 期。

［41］刘亚静、陈国洲：《新型工业化下区域主导产业的选择》，《价值工程》2008 年第 11 期。

［42］刘玉斌：《基于 SECI 模型的高技能人才隐性人才资本转化机制研究》，《北京工商大学学报》（社会科学版）2008 年第 7 期。

［43］刘铮、邬沧萍、查瑞传：《人口统计学》，中国人民大学出版社 1981 年版。

［44］卢纹岱：《SPSS for Windows 统计分析》，电子工业出版社 2007 年版。

［45］卢钟鹤：《广东省人才规划研究》，广东人民出版社 1998 年版。

［46］罗瑞荣：《中国产业升级中的人力资源开发研究——基于全球价

值链分工视角》，知识产权出版社 2012 年版。

[47] 罗润东、杨新铭：《珠三角、长三角与京津冀地区人力资本形成模式比较》，《华东经济管理》2008 年第 2 期。

[48] 罗文标：《产业结构调整过程中人才结构的构建》，《科技进步与对策》2003 年第 9 期。

[49] 马建会：《广东经济增长过程中人才资本贡献率差异分析》，《改革与战略》2008 年第 1 期。

[50] 毛军：《产业集聚与人力资本积累——以珠三角、长三角为例》，《北京师范大学学报》（社会科学版）2006 年第 6 期。

[51] 毛瑞福：《浙江人才发展报告》，浙江人民出版社 2006 年版。

[52] 牛冲槐、李刚、百建新：《山西第二、第三产业人才供求情况预测与产业结构调整》，《太原理工大学学报》2003 年第 6 期。

[53] 潘晨光主编：《中国人才发展报告 NO. 3》，社会科学文献出版社 2006 年版。

[54] 潘晗：《区域主导产业选择的理论模型及应用》，硕士学位论文，郑州大学，2004 年。

[55] 潘群儒主编：《经济管理动态系统优化》，中国科学技术大学出版社 1993 年版。

[56] 邱俊、刘晓东：《广东人才资源测算与现状分析统计与预测》，《统计与预测》1999 年第 1 期。

[57] 汕头市统计局：《汕头市统计年鉴 2001—2012》，中国统计出版社 2002—2013 年版。

[58] 汕头市委市政府：《汕头市国民经济和社会发展第十二个五年规划纲要》，http：//wenku. baidu. com/view/6b4445eb5ef7ba0d4a733bde. html。

[59] 韶关市统计局：《韶关市统计年鉴 2001—2012》，中国统计出版社 2002—2013 年版。

[60] 韶关市委市政府：《韶关市国民经济和社会发展第十二个五年规划纲要》，http：//wenku. baidu. com/view/aca412ebaeaad1f346933f79. html。

[61] 深圳市统计局：《深圳市统计年鉴 2001—2012》，中国统计出版社 2002—2013 年版。

[62] 深圳市委市政府：《深圳市国民经济和社会发展第十二个五年规划纲

要》，http：//wenku. baidu. com/view/f69811e8f8c75fbfc77db28e. html。

［63］ 石洪华：《关于人才资本转化模型的探讨》，《科学管理研究》
2004 年第 6 期。

［64］ 孙晋众、林健：《人才需求预测指标体系及其实证研究》，《沈阳
航空工业学院学报》2007 年第 1 期。

［65］ 王崇曦、胡蓓：《产业集群环境构成要素对人才吸引的作用浅
议》，《理论前沿》2007 年第 11 期。

［66］ 王光振、谢衡晓：《论广东主导产业的选择》，《岭南学刊》1998
年第 2 期。

［67］ 王维、李仕明、李钰：《2005—2010 年四川省人才需求预测》，
《电子科技大学学报》2005 年第 2 期。

［68］ 威廉·配第：《政治算术》，马妍译，中国社会科学出版社 2010
年版。

［69］ 吴克功：《论人力资源与人才资本及其转化》，《科技与管理》
2002 年第 3 期。

［70］ 吴跃明、郎东锋：《新型环境经济协调度预测模型及应用》，《南
京大学学报》1996 年第 3 期。

［71］ 西蒙·库兹涅兹：《各国的经济增长》，商务印书馆 1985 年版。

［72］ 西蒙·库兹涅兹：《现代经济增长》，北京经济学院出版社 1985
年版。

［73］ 肖黎春：《上海产业结构和从业结构变动发展趋势及特征分析》，
《人力资源研究》2003 年第 3 期。

［74］ 谢晓辉、孙东川：《广东主导产业选择分析》，《统计与预测》
2000 年第 106 期。

［75］ 熊肇煜、夏帆：《对人口预测方法的思考》，《统计与预测》2001
年第 4 期。

［76］ 徐强：《人力资本结构与产业结构互动的机理分析》，硕士学位论
文，青岛大学，2007 年。

［77］ 徐现祥、周吉梅、舒元：《中国省区三次产业资本存量估计》，
《统计研究》2007 年第 5 期。

［78］ 徐卓：《广东产业结构升级与人力资本协调发展研究》，硕士学位

论文，暨南大学，2011年。

[79] 杨世琦、王国升等：《区域生态经济系统协调度评价研究——以湖南省益阳市资阳区为例》，《农业现代化研究》2005年第4期。

[80] 杨世琦：《不同协调函数对生态、经济、社会复合系统协调度影响分析——以湖南省益阳市资阳区为例》，《中国生态农业学报》2007年。

[81] 杨万义：《论人力资本的生成途径及其运营机制的构建》，《现代财经》2002年第4期。

[82] 杨有旺、施中传：《湖北省全面建设小康社会人口发展战略研究》，武汉大学出版社2007年版。

[83] 於世为、诸克军：《人才资本转化因素分析》，《科学管理研究》2005年第6期。

[84] 喻汇：《广东省县域经济发展中的人才资本研究》，博士学位论文，西北农林科技大学，2007年。

[85] 曾健、张一方：《社会协同学》，科学出版社2000年版。

[86] 湛江市统计局：《湛江市统计年鉴2001—2012》，中国统计出版社2002—2013年版。

[87] 湛江市委市政府：《湛江市国民经济和社会发展第十二个五年规划纲要》，http://wenku.baidu.com/view/2d9f760103d8ce2f0066231c.html。

[88] 张军、吴桂英、张吉鹏：《中国省际物质资本存量估算：1952—2000》，《经济研究》2004年第10期。

[89] 张萍、李平祎：《河北人才资本与产业结构升级》，《合作经济与科技》2009年第11期。

[90] 张萍：《山东省产业结构优化升级研究》，硕士学位论文，天津财经大学，2009年。

[91] 张琦：《人才资本和生产力的跨越式发展》，《山东省青年管理干部学院学报》2004年第5期。

[92] 张少红：《论区域人力资本与产业结构调整》，《东岳论丛》2004年第2期。

[93] 张陶新：《经济分析的随机动态系统方法》，《求索》2007年第3期。

[94] 张小平：《区域主导产业选择模型以及实证研究》，《现代商贸工业》2008 年第 1 期。

[95] 张延平、王满四：《区域人才资本动态优化配置及适配性评价体系研究——基于支撑区域产业结构优化升级的视角》，《生产力研究》2008 年第 9 期。

[96] 张延平：《区域人才结构动态适配区域产业结构升级研究》，博士学位论文，中南大学，2011 年。

[97] 张延平、李明生：《我国区域人才结构优化与产业结构升级的协调适配度评价研究》，《中国软科学》2011 年第 3 期。

[99] 赵光辉：《人才结构与产业结构互动的一般规律研究》，《商业研究》2008 年第 2 期。

[99] 赵光辉：《人才结构与产业结构互动机理及相关政策研究》，博士学位论文，武汉理工大学，2006 年。

[100] 赵静茹：《劳动力的非均衡分析》，硕士学位论文，东北财经大学，2005 年。

[101] 赵蔚蔚：《浅析人才资本产权的激励机制》，《经济论坛》2008 年第 2 期。

[102] 周洁：《长三角产业转移与人才开发战略研究：基于世界主要都市圈和部分国家的经验》，北京大学出版社 2010 年版。

[103] 周均旭、胡蓓、翁清雄：《高科技产业集群人才吸引影响因素的分层研究》，《科技进步与对策》2009 年第 12 期。

[104] 周祝平：《北京市劳动力供求趋势预测》，《北京社会科学》2007 年第 3 期。

[105] 朱杰：《企业吸引人才的影响因素分析》，《中国管理信息化》2007 年第 11 期。

[106] 朱卫明：《人才资本对三大经济区域发展的实证——以甘肃、河南、广东为例》，《甘肃农业》2006 年第 12 期。

[107] 朱翊敏：《人才资本及其在经济增长中的贡献——对广东省的实证研究》，博士学位论文，暨南大学，2002 年。

[108] Adam Smith, *The Wealth of Nations*, New York, 1937.

[109] Becker Gary, "Investment in Human Captial: A Theoretical Analy-

sis" *Journal of Political Economy*, 1962, S5 (70): 9 – 49.

[110] Clark, C., L. Rewritten. *The Conditions of Economic Progress*. London: Macmillan, 1957.

[111] Denison E. F., "Measurement of Labor Input: Some Questions of Defintion and the Adequacy of Data", *Output, Input, and Productivity Measurement*, 1960: 347 – 372.

[112] Edward J. Feser, "Jun Koo. Kentucky Clusters. Industrial Interdependence and Economic Competitiveness", *Kentucky Science and Technology Corporation*, 2001 (6).

[113] Elisa Barbour, *Metropolitan Growth Planning in California*, 1900 – 2000, Public Policy Institute of California, 2002.

[114] Jacob Miner, *Schooling, Experience and Earning*, New York: Columbia University Press, 1974.

[115] Marshall Alfred, *Principles of Economics*, London, 1920.